조선후기 중인교육

▌저자 약력

이동기李東基

영남대학교 교육학과 졸업(교육학 박사)
영남대 학교교육연구소 선임연구원
영남대 연구교수 및 객원교수
논문 : 퇴계학파의 교육사상 외 20여편
저서 : ≪한국의 전통교육≫,
≪교육학개론≫,
≪사람됨의 길은 예절이다≫ 등

조선후기 중인교육

발행일 | 2014년 2월 27일 초판 1쇄
지은이 | 이동기
펴낸이 | 노석균
펴낸곳 | 영남대학교출판부
출판등록 | 1975년 9월 5일 경산 제16-1호
주소 | 경북 경산시 대학로 280
전화 | 053) 810-1801~3 | FAX 053) 810-4722
홈페이지 | book.yu.ac.kr
ISBN 978-89-7581-478-5 93370

「이 도서의 국립중앙도서관 출판시도서목록(CIP)은
서지정보유통지원시스템 홈페이지(http://seoji.nl.go.kr)와
국가자료공동목록시스템(http://www.nl.go.kr/kolisnet)에서
이용하실 수 있습니다.(CIP제어번호: CIP2014005596)」

조선후기 중인교육

이동기 지음

영남대학교출판부

머리말

모든 교육현상은 인간생활의 구체적 표현이며, 삶의 형상화 과정이다. 교육의 역사를 탐구하는 것은 인간사의 흔적을 탐방하는 여행이며, 그것을 통해 오늘의 상황을 판단하고 새로운 미래의 좌표를 설정한다. 이것이 교육사를 배우는 목적이며, 연구하는 의미이다.

이 책은 중인교육의 개념화를 시도하였으며, 중인신분의 학문적 세전世傳을 분석하였다. 여기서 논의되는 중인교육은 저자에 의해 처음으로 제기하는 새로운 용어이기 때문에 저어한 마음으로 동학同學의 질정과 토론을 기대한다.

중인은 조선후기의 새로운 사회를 태동하려는 움직임과 함께 등장한 사회적 신분이며, 이들은 기술학과 하급 행정직에 종사하면서 자신들의 경제적 성장과 지적 기반을 확대하였다. 그리고 중인교육은 중인을 양성할 목적으로 중인이 갖추어야할 전문적 지식과 기술을 전수하고 습득하는 과정을 말한다.

한편, 중인 가계家系는 조선 말기까지 명문씨족名門氏族에 편중되면서 문벌을 형성하였고, 세전世傳의 형식으로 세습화되어 중인신분을 공고하게 유지하였다. 그러나 조선후기에 봉건적 질서의 해체와 사회적 신분의 와해가 발생하자 의역醫譯 중인을 중심으로 신분상승 운동인 통청通淸 운동을 전개하였다. 이것은 조선후기의 사회 변동을 촉진하는 하나의 도화선으로 작용한다. 이에 대한 구체적인 논의를 소개한다.

이 책은 이미 오래전에 출판부와 간행을 약속하였으나 저자의 완색玩索하지 못한 나태함으로 이제야 펴내게 되었다. 이 책을 이정표로 삼아 지난날의 안일한 학문적 자세를 반성하고, 새로운 각오로 학문연구를 다짐한다. 저자의 학문적 좌우명인 학이불사즉망學而不思則罔(배우고 생각하지 않으면 공허함)이요, 사이불학즉태思而不學則殆(생각하고 배우지 않으면 위태함)에 더욱 정진한다.

끝으로 오랫동안 원고의 완성을 기다려 준 출판부에 감사를 드리며, 교정과 편집에 노력하신 출판부 관계자님께 고마운 마음을 전한다.

이동기 삼가 씀

2014. 2. 13.

차례

제1장 | 서론

교육사 인식의 새로운 지평 13

조선후기의 중인과 사회변동의 관련성 15

제2장 | 중인신분의 등장과 중인교육의 성립

1. 중인의 의미와 형성 시기 20

1) 새로운 신분의 탄생 20

2) 중인의 형성 시기 27

3) 중인의 사회적 지위 30

2. 중인교육의 의미와 영역 35

1) 새로운 용어로서 중인교육 35

2) 중인교육의 영역 40

제3장 | 역학교육과 역과입격자

1. 역학교육의 발전과정 42

1) 통문관通文館의 설치 42

2) 사역원司譯院의 출현 44

3) 조선시대의 사역원 47

(1) 연혁과 직제 47

(2) 선발제도와 교육과정 50

(3) 역과입격자의 지위와 역학 권장책 58

2. 조선후기 역과입격자의 분석 62

1) 왕조별 역과입격자 65

2) 세기별 역과입격자 68
3) 전공별 역과입격자 70
4) 품계와 관직별 역과입격자 74

제4장 의학교육과 의과입격자
1. 의학교육의 발전과정 91
1) 고구려의 시의侍醫 제도 91
2) 태의감太醫監의 설치 93
3) 조선시대의 삼의사三醫司 95
(1) 연혁과 직제 95
(2) 선발제도와 교육과정 98
(3) 의과입격자의 지위와 의학 권장책 106
2. 조선후기 의과입격자의 분석 115
1) 왕조별 의과입격자 116
2) 세기별 의과입격자 119
3) 품계와 관직별 의과입격자 120

제5장 율학교육과 율과입격자
1. 율학교육의 발전과정 138
1) 율령전律令典의 박사제도 138
2) 경사육학의 확립 141
3) 조선시대의 율학 143
(1) 연혁과 직제 143
(2) 선발제도와 교육과정 147
(3) 율과입격자의 지위와 율학 권장책 148
2. 조선후기 율과입격자의 분석 150
1) 왕조별 율과입격자 151
2) 세기별 율과입격자 153
3) 품계와 관직별 율과입격자 154

제6장 산학교육과 산과입격자

1. 산학교육의 발전과정 164

1) 산학박사의 임용 164
2) 경사육부제京師六部制의 확립 167
3) 조선시대의 산학 169
(1) 연혁과 직제 169
(2) 선발제도와 교육과정 172
(3) 산과입격자의 지위와 산학 권장책 175

2. 조선후기 산과입격자의 분석 177

1) 왕조별 산과입격자 178
2) 세기별 산과입격자 180
3) 품계와 관직별 산과입격자 181

제7장 중인교육과 조선후기의 사회변동

1. 신분적 지위의 변화 193

1) 중인신분의 세전성 193
2) 중인의 지방관 진출 196

2. 새로운 사회세력의 등장 202

1) 중인 가문의 등장 202
2) 오경석 가문의 세전성 202
3) 장현 가문의 세전성 206
4) 최유태 가문의 세전성 208
5) 개화관료와 교회지도층으로 진출한 중인 209

제8장 결론

중인교육의 교육사적 함의 214

참고문헌 224
부　　록 229
색　　인 240

표차례

〈표 2-1〉 조선시대 십학의 확립과정 37
〈표 3-1〉 고려시대의 역학기구 변천과정 46
〈표 3-2〉 조선시대 역과의 선발과정 50
〈표 3-3〉 조선시대 역학교육의 교육과정 52
〈표 3-4〉 조선시대 역과 설행 횟수와 입격자 수 64
〈표 3-5〉 조선후기 역과입격자의 왕조별 인원 66
〈표 3-6〉 조선후기 역과입격자의 세기별 인원 69
〈표 3-7〉 조선후기 역과입격자의 전공별 인원 71
〈표 3-8〉 조선후기 역과입격자의 세기별 전공 인원 73
〈표 3-9〉 조선후기 역과입격자의 품계 75
〈표 3-10〉 조선후기 역과입격자의 왕조별 품계 76
〈표 3-11〉 조선후기 역과입격자의 세기별 품계 79
〈표 3-12〉 조선후기 역과입격자의 관직별 현황 80
〈표 3-13-1〉 조선후기 왕조별 역과입격자의 관직1 83
〈표 3-13-2〉 조선후기 왕조별 역과입격자의 관직2 85
〈표 3-14〉 조선후기 역과입격자의 세기별 관직 현황 87
〈표 4-1〉 조선시대 의과의 선발과정 99
〈표 4-2〉 조선시대 의과 설행횟수와 입격자 수 116
〈표 4-3〉 조선후기 의과입격자의 왕조별 인원 117
〈표 4-4〉 조선후기 의과입격자의 세기별 인원 119
〈표 4-5〉 조선후기 의과입격자의 품계 120
〈표 4-6〉 조선후기 왕조별 의과입격자의 품계 123

〈표 4-7〉 조선후기 의과입격자의 세기별 품계 현황 126
〈표 4-8〉 조선후기 의과입격자의 관직별 현황 128
〈표 4-9〉 조선후기 의과입격자의 세기별 관직 현황 130
〈표 4-10-1〉 조선후기 의과입격자의 왕조별 관직1 132
〈표 4-10-2〉 조선후기 의과입격자의 왕조별 관직2 134
〈표 5-1〉 조선시대 율과의 선발과정 148
〈표 5-2〉 조선시대 율과 설행횟수와 입격자 수 151
〈표 5-3〉 조선후기 율과입격자의 왕조별 인원 152
〈표 5-4〉 조선후기 율과입격자의 세기별 인원 153
〈표 5-5〉 조선후기 율과입격자의 품계 154
〈표 5-6〉 조선후기 왕조별 율과입격자의 품계 155
〈표 5-7〉 조선후기 율과입격자의 세기별 품계 현황 156
〈표 5-8〉 조선후기 율과입격자의 관직별 현황 158
〈표 5-9〉 조선후기 율과입격자의 세기별 관직 현황 159
〈표 5-10-1〉 조선후기 왕조별 율과입격자의 관직1 160
〈표 5-10-2〉 조선후기 왕조별 율과입격자의 관직2 161
〈표 6-1〉 조선시대 산과 설행횟수와 입격자 수 177
〈표 6-2〉 조선후기 산과입격자의 왕조별 인원 179
〈표 6-3〉 조선후기 산과입격자의 세기별 인원 181
〈표 6-4〉 조선후기 산과입격자의 품계 182
〈표 6-5〉 조선후기 왕조별 산과입격자의 품계1 182
〈표 6-6〉 조선후기 산과입격자의 세기별 품계 현황 183
〈표 6-7〉 조선후기 산과입격자의 관직별 인원 185
〈표 6-8〉 조선후기 산과입격자의 세기별 관직 현황 186
〈표 6-9-1〉 조선후기 왕조별 산과입격자의 관직1 188
〈표 6-9-2〉 조선후기 왕조별 산과입격자의 관직2 189
〈표 7-1〉 조선후기 잡과입격자의 부父의 잡과입격 현황 195

〈표 7-2〉 조선후기 중인의 지방관 진출 현황 197
〈표 7-3〉 조선후기 잡과입격자의 관직 현황 199
〈표 7-4〉 조선후기 잡과입격자의 세기별 관직 현황 200
〈표 7-5〉 오경석 가문의 역관 세전표 203
〈표 7-6〉 오경석 가문의 역관 이력 204
〈표 7-7〉 장현 가문의 역관 세전표 206
〈표 7-8〉 장현 가문의 역관 이력 207
〈표 7-9〉 최유태 가문의 의관 세전표 208
〈표 7-10〉 최유태 가문의 의관 이력 209
〈표 7-11〉 조선후기 중인출신의 개화관료의 신분배경 210
〈별표 3-1〉 조선후기 역과 설행 연도와 입격자 수 89
〈별표 4-1〉 조선후기 의과 설행 연도와 입격자 수 136
〈별표 5-1〉 조선후기 율과 설행 연도와 입격자 수 162
〈별표 6-1〉 조선후기 산과 설행 연도와 입격자 수 191

제1장

서 론

교육사 인식의 새로운 지평

교육사는 과거의 사회문화적 상황 속에서 교육현상이 어떻게 구체적으로 전개되었으며, 또한 그것이 왜 이루어져야 했는가를 탐색하는 학문이라 할 수 있다. 그렇기 때문에 교육사는 본질적으로 과거에 전개되었던 교육의 역사를 연구한다. 교육의 역사를 탐구하는 것은 현재의 교육현상을 보다 정확하게 이해하기 위해서이다.

이런 맥락에서 본다면, 해방 이후 한국교육사에 대한 연구는 그동안 여러 분야에 걸쳐 상당한 성과를 이루었고, 현재도 계속적으로 새로운 분야의 연구논문이 발표되어 큰 진전을 보고 있다. 특히 자료의 발굴이나 연구의 다양한 시각이라는 측면에서 한국교육사의 연구는 상당한 발전을 보여 왔다고 할 수 있다. 이것은 한국교육사의 학문적 성장을 나타내는 것이고, 또한 한국교육사에 대한 연구방법론이 더욱 다양화되어 가고 있다는 증거이기도 하다.

그러나 교육사의 연구는 여전히 연구영역이 제한되어 있으며, 연구관심이 편중되어 있다. 즉 그동안 한국교육사의 관심영역이 내용면에서는 제도사적인 연구와 인물의 연구, 그리고 시대적으로는 조선시대의 교육에 관한 연구가 주류를 이루었다. 또한 한국교육사의 연구는 분류적 측면이 강하였다. 즉 교육현상에 관련된 자료를 수집하고, 수집된 자료를 편리하게 이용하기 위하여 체계적으로 분류하였다.

교육사 연구에 있어 연구영역의 편중과 분류적 경향은 한국교육사에 대한 총체적인 연구를 등한시한 원인이 되었을 뿐만 아니라 창의적인 연구방법론의 개발에 걸림돌이 되기도 하였다. 이에 대한 문제제기와 비판, 그리고 해결방안이 제시되기도 하였다.[1] 이를 달리 말한다면, 한국교육사의 연구영역이 보다 확대되어야 하며, 한국교육사의 연구방법론이 더욱 다양화되어야 하며 새롭게 이루어져야 한다는 논리이다. 따라서 연구자가 중인교육을 연구하려는 이유는, 중인교육의 발전과정을 탐색함으로써 한국교육사를 총체적으로 혹은 체계적으로 이해하는 데에 있어 하나의 기초자료를 제공하려는 데에 있다. 이는 한국교육사의 연구영역을 확대하는 측면이라고 볼 수 있다. 아울러 이 연구는 교육제도와 교육현상을 사회구조의 변동과 연계시켜 논의하고자 한다. 이는 한국교육사의 연구방법론을 새롭게 하는 측면이라고 볼 수 있다.

한편, 정도의 차이가 있을지는 모르지만, 한국의 역사는 변혁의 역사라 할 수 있다. 특히 한국사의 전체적인 발전과정에서 볼 때, 조선후기[2]는 전근대 사회에서 근대사회로 이행하는 시기였다. 그

---

1) 한국교육사의 연구에 대하여 여러 학자들이 문제 제기와 비판을 하였다. 이를 통해서 몇 가지 해결방안이 제시되기도 하였다. 예컨대, 정순목(1981)은 한국교육사학韓國教育史學의 발전을 위해서 해결해야 할 구체적 과제로 교육용 교재의 개발, 한국교육사료선韓國教育史料選의 발간, 한국교육사 연구의 폭을 심화시키기 위하여 향토교육사鄕土教育史와 서민교육사庶民教育史의 활발한 연구 등을 제안하였다. 그리고 손인수(1985)는 한국교육사를 올바르게 이해하고, 또 이를 체계화하기 위해서는 교육사관教育史觀의 좌표정립, 연구자료의 발굴·정리, 지방교육사의 연구추진 등을 제시하였다.

2) 조선후기라는 시대구분의 문제는 조선후기를 언제까지로 보느냐와 직결된 문제이다. 일반적으로 역사분야에서 조선후기는 임진왜란(1592년) 이후부터 개항(1876년)

래서 조선후기는 바로 중세적 봉건질서의 변동과 해체, 신분적 사회구성의 해이와 와해현상이 일어났던 시기였고, 그러한 변동과 해체의 과정 속에서 새로운 사회세력이 형성되기 시작하였다. 아울러 실학적 의식과 근대적 사고가 일어났던 시기였다. 그러므로 조선후기는 어느 시대보다도 격동의 시기였고 변혁의 시기였다.

이와 같은 역사인식을 바탕으로 다양한 방면에서 조선후기의 성격을 해명하려는 작업이 있어 왔다. 예를 들면, 정치제도 및 정치사상(강주진, 1971; 김운태, 1971; 박동서, 1967; 진덕규, 1982)과 사회사상 및 경제사상(금장태, 1984; 김용섭, 1976; 배종호, 1984; 윤사순, 1971; 이을호, 1974; 이태진, 1974) 등의 분야에서 연구가 이루어져 왔다. 이러한 연구의 성과는 조선후기 사회를 올바르게 이해하는 데 많은 시사점을 주었다. 특히 전근대 사회구성에 대한 해명의 단서를 찾았고, 근대사회의 새로운 세력에 대한 이해의 지평을 확대하였다.

조선후기의 중인과 사회변동의 관련성

조선후기에 이르면 조선시대에 있어 독특한 신분인 중인이 새롭게 등장한다. 여기서 언급되는 중인은 조선후기에 새로운 사회를 태동하려는 움직임과 함께 등장한 사회세력이며, 기술직과 하급행정직에 종사하는 사람들을 일컫는 말이다. 그리고 중인은 양반과 일반 평민의 중간에 위치한 중간지배신분[3)]으로서 국가경영에

까지로 보고 있다. 그러나 연구자는 이 논문에서 조선후기를 1910년까지로 설정하였다. 왜냐하면 잡과방목에 기록된 입격자가 1890년 중반까지 기록되어 있기 때문이다. 예컨대, 역과입격자는 1891년 증광시까지를 기록하고 있으며, 의과입격자는 1894년 식년시까지를 기록하고 있다.

필요한 제반 전문지식으로 통치체계의 하층부에서 행정실무를 맡았고, 전공영역에 따라서는 행정실무를 보좌하기도 하였다.

때문에 조선후기의 중인신분은 경제적 성장과 지적 기반의 확대 등 여러 분야에서 사회적 지위를 획득하게 되었고, 이후 이들은 의식의 고양과 자기역할의 증대, 신분상승운동[4] 등을 통해 양반신분에 버금가는 사회세력으로 성장하게 되었다. 중인이라는 새로운 신분의 등장은 조선후기의 사회변동을 촉진시킨 하나의 세력이 될 수 있었다. 이러한 중인신분의 존재는 조선후기 사회사를 이해하는 데 중요한 의미를 지녔음에도 불구하고, 중인에 대한 연구는 깊이 있게 논의되지 못했다. 그러나 정옥자(1986)와 한영우(1986a) 등이 중인의 의미와 형성시기에 대하여 논의하였다.

그리고 조선후기의 중인은 그들의 전문지식과 기술을 세전하는 형식으로 교육하였다. 그러므로 중인에 의해 이루어진 중인교육의 정확한 이해는 한국교육사의 총체적인 이해를 위해서 필요하다. 그러나 중인교육에 대한 연구는 거의 없을 뿐만 아니라 중인교육이라는 용어를 교육사에서는 사용하지도 않았다. 연구자가 중인교

3) 여기서 우리가 혼동해서 사용해 온 신분과 계층, 그리고 계급에 관해서 간략하게 언급하고자 한다. 신분은 대체로 전근대 사회의 서열에 따라 사회적 지위나 직업이 제도적으로 고정되어 신분간의 우열 관계가 법제에 의해 외적으로 표현되는 집단으로서 귀속적이면서 동시에 선천적인 요소를 가진다. 그러나 근대 사회에서 생성된 용어라 할 수 있는 계층은 사회적 지위나 직업이 현실적인 의미에 의해 결정되는 집단으로서 획득적이며 후천적인 요소를 가진다. 또한 계급은 신분에 종속되는 개념으로서 사회적 지위나 직업을 경제적 측면에서 구분하는 위계라 할 수 있다.
한편, 조선시대의 신분제도의 성격을 ① 귀속적 지위, ② 세습성, ③ 출생 신분에 의한 사회 참여, ④ 특권성과 차별성, ⑤ 세습적 고정성, ⑥ 신분이동의 폐쇄성, ⑦ 생활양식의 규제 등으로 설명하고 있다(신용하, 1994:22).

4) 중인의 신분상승은 중인의 사회적 혹은 경제적 지위상승으로 이해해야 한다. 왜냐하면 조선조는 신분의 위계가 엄격하게 정해져 있었고, 뿐만 아니라 신분제도가 귀속적이면서 동시에 세습성을 지니고 있었기 때문이다. 따라서 예외적인 사례가 있기는 하지만, 중인신분이 양반신분으로 이동하는 것은 불가능했다.

육을 연구하려는 이유가 바로 여기에 있다.

또한 우리는 교육제도에 대하여 단순히 제도적 차원에서만 접근하려는 편협성을 탈피해야 한다. 그 이유는 사회구조 전체를 제도적 차원으로만 설명할 수 없기 때문이다. 따라서 교육제도는 사회구조 내지는 사회적 변화와 관련성을 지닌 것으로 보아야 하고, 그러한 관점에서 교육제도를 연구할 필요가 있다.

이러한 관점에서 볼 때, 이성무 · 최진옥 · 김희복(1990)의 자료집은 잡과입격자의 자료발굴이라는 측면에서는 큰 의의가 있다. 하지만 자료집을 이용해서 중인교육과 조선후기의 사회변동이나 중인의 신분이동에 따른 사회적 변화를 고찰한 후속 연구가 없었다. 때문에 본 연구자가 중인교육을 조선후기의 사회변동과 관련시켜 연구하려고 한다.

조선후기에 이르면 조선시대의 독특한 신분이라 할 수 있는 중인신분이 새롭게 등장한다. 이 연구는 바로 중인신분과 관계있는 중인교육을 연구한다. 따라서 이 연구의 목적은 중인교육의 발전과정을 밝히며, 중인교육에 의하여 양성된 중인의 신분이동을 분석하며, 이를 통하여 중인교육과 조선후기의 사회적 변화가 어떤 관련성을 지니고 있었는가를 밝히려는 데에 있다. 때문에 이 연구는 조선후기의 교육제도, 특히 중인교육을 정확하게 이해하기 위한 자료를 제시하며, 또한 중인교육과 조선후기의 사회변동을 역동적으로 구명하고자 한다.

그래서 연구자는 연구내용을 몇 개의 영역으로 나누어 연구를 진행하고자 한다.

우선, 제2장에서는 중인의 의미와 형성시기, 그리고 중인의 형성배경과 사회적 지위를 살펴보고, 동시에 중인교육의 확립과 중인교육의 의미 및 중인교육의 영역에 대해서 고찰한다.

다음으로, 제3장에서부터 제6장까지는 중인교육의 영역이라 할 수 있는 역학·의학·율학·산학의 발전과정을 살펴본다. 그리고 조선후기 중인의 신분이동을 분석하고, 중인의 신분이동과 조선후기의 사회적 변화와는 어떤 관련성을 갖고 있는지를 구명한다.

마지막으로, 제7장에서는 중인교육과 조선후기의 사회변동을 신분적 지위의 변화와 새로운 사회세력의 출현이라는 측면에서 논의한다. 그리고 제8장에서는 이 책에서 논의된 내용을 전체적으로 요약하고, 그 후에 결론을 도출한다.

이 연구의 방법은 당시의 문헌자료를 분석하고 해석하는 문헌연구이다. 이를 위한 구체적인 접근방법은 다음과 같다.

첫째는 중인의 의미와 형성배경, 그리고 중인교육의 발전과정을 구명하기 위해 고문서나 실록 및 각종 법전을 활용한다. 또한 이와 관계되는 기존의 연구물도 참고문헌으로 활용한다. 특히 왕조실록에 관련된 자료는 ≪조선왕조실록≫을 이용하고, 여기에서 발견하지 못했던 역사적 전거는 ≪CD-ROM 조선왕조실록≫을 검색해서 활용한다.

둘째는 잡과입격자를 분석하기 위해 일차적인 자료로 잡과방목雜科榜目을 활용한다.[5] 연구자는 ≪역과방목≫, ≪의과방목≫, ≪조선

---

5) 잡과방목에는 ≪역과방목譯科榜目≫, ≪의과방목醫科榜目≫, ≪율과방목律科榜目≫, ≪운과방목雲科榜目≫이 있다. ≪역과방목≫은 2권 2책으로 편자는 미상이며, 권1에는 1498년부터 1773년까지, 권2에는 1774년부터 1891년까지의 입격자가 수록되어 있다. ≪의과방목≫은 2권 2책으로 권1에는 1498년부터 1754년까지, 권2에는 1756년부터 1894년까지의 입격자가 수록되어 있다. ≪율과방목≫은 1책으로 시작 연도는 알 수 없으나 1861년까지의 입격자가 수록되어 있다. 그리고 산학 취재에 의하여 입격한 사람의 명단이 ≪주과입격안籌科入格案≫이 있다. ≪주과입격안≫은 2권 2책으로 홍치년도부터 1879년까지의 입격자과 수록되어 있다.
잡과방목에 수록된 내용은 크게 시험에 관한 사항, 입격자 본인에 관한 사항, 그리고 가족에 관한 사항으로 구분되어 있다. 이를 보다 자세하게 살펴보면 다음과 같다(이성무 외, 1990 ; 이남희, 1997).
① 시험에 관한 정보 : 시험명(시험년도 및 형태), 시험관의 관청과 관직 및 이름.

시대잡과합격자총람≫[6])을 이용해서 조선후기의 잡과입격자를 분석한다. 잡과방목은 입격자의 명단을 기재하고 있으며, 동시에 입격자들의 신분과 배경을 살펴볼 수 있는 다양한 정보를 수록하고 있다. 그렇기 때문에 잡과방목은 조선시대의 기술관과 조선후기의 중인을 연구하는 데 있어 가장 기본적인 자료라 할 수 있다. 잡과방목에 수록된 입격자를 분석함으로써 중인의 세전성과 신분변화 및 중인교육 제도의 변천을 규명할 수 있고, 이를 통해 조선후기의 사회변동과 교육현상의 관련성을 추론할 수 있다.

셋째는 잡과입격자 중에서도 분석대상을 역관·의관·율관·산관으로 한정한다. 이들을 중요 연구대상으로 삼은 이유는 이들이 핵심적인 중인이고, 중인의 기본 자료인 방목榜目과 입격안入格案이 남아 있어 구체적인 연구가 가능하기 때문이다.

넷째는 잡과입격자의 분석을 왕조별, 세기별, 품계와 관직별로 도표화한다. 왕조별로 잡과입격자를 분석한 이유는 각 왕조의 교육정책과 과거제도의 변화가 어떻게 전개되었는지를 밝히기 위해서이며, 세기별로 분석한 이유는 각 세기의 사회적 특징과 교육현상의 관련성을 구명하기 위해서이다. 그리고 잡과입격자를 품계와 관직별로 분석한 이유는 중인의 신분변동을 알아보기 위해서이다.

---

② 본인에 관한 정보 : 이름, 자字, 초명 또는 개명, 생년, 본관, 전공(역과와 운과에 한함), 과거 사항(타과에 합격한 경우), 품계, 관청 및 관직.

③ 가족에 관한 정보 : 부·생부·증조부·외조부·처부·처조부·처외조부·생모·부친에 각각에 대한 이름, 전공, 과거사항, 품계, 관청 및 관직, 본관.

6) 한국정신문화연구원(이성무 외, 1990)에서 발간한 ≪朝鮮時代雜科合格者總攬≫(雜科榜目의 電算化)은 잡과입격자의 면모를 알아보는 데 매우 중요한 자료이다. 그래서 연구자는 이 자료를 활용해서 조선후기의 잡과입격자를 분석한다.

제2장

중인신분의 등장과 중인교육의 성립

1. 중인의 의미와 형성 시기

1) 새로운 신분의 탄생

조선시대의 신분제도는 이전에 볼 수 없었던 독특한 구조를 지니고 있었다. 즉 양반에는 미치지 못하고 양인良人보다는 우월한 중간 신분층이 있었다는 점이다. 이들은 중간 신분층이기 때문에 중인이라 칭한다. 중인에는 기술관·향리·서리·서얼·장교 등이 포함된다. 중인에 대한 의미와 범위에 대하여 지금까지 많은 논의가 있어 왔다. 그리고 중인에 대한 용어도 여러 가지로 혼용되어 왔다.

예컨대, 중인·중인층·중인신분·중간계급·중간계층 등으로 불려졌다. 이러한 많은 논의와 용어의 혼용이 이루어진 것에는 두 가지 이유가 있다. 하나는 중인을 하나의 신분 범주로 인식할 수 있을 것인가에 대한 연구자들의 견해가 달랐기 때문이며, 다른 하나는 중인이라는 신분의 범위가 시대와 상황에 따라 일정하지 않았기 때문이다. 그래서 연구자는 우선 그동안 논의되어 왔던 중인의 의미와 범위를 세 가지 범주에서 살펴보고자 한다.

먼저, '신분계층'으로서 중인을 파악하자는 견해이다. 이는 중인 연구의 출발점을 제시했던 이성무(1971; 1977)에서 찾아 볼 수 있는데, 그는 중인을 협의의 중인(기술관)과 광의의 중인(기술관, 서얼, 서리, 향리, 군교, 사관)이 있다고 하였다. 그래서 그는 중인은 '양반과 양인 사이의 중간 신분층'을 이룬다고 하여, 중인을 하나의 신분계층으로 간주할 것을 제안하였다.

그러나 여기서 문제가 되는 것은 신분계층이라는 애매한 개념에 기초하고 있고, 그 결과 중인의 범위를 지나치게 넓게 잡고 있다는 사실이다. 그것은 "신분의 개념과는 거리가 있고, 하급관료(행정 실무자)의 범주를 이론적으로 재구성한 것이므로 조선시대의 신분제보다는 오히려 관료제를 이해하는 데에 적합한 개념이라"(김필동, 1993)고 주장한다. 그리고 계층은 근대사회에서 생성된 용어이며, 사회적 지위나 직업이 현실적인 의미에 의해 결정되는 획득적이며 후천적 요소를 지님으로 중인의 성격에 적합하지 않다.

다음으로, '중간계급'으로서 중인을 파악하자는 견해이다. 이는 최근의 한영우(1986a; 1988)가 중인을 '계급적 중간성'에 붙여진 이름이라고 정의하면서, 중인을 기술직 중인과 행정직 중인으로 구분하였다.[7] 여기서 주목해야할 것은, 조선후기 중인은 중세적 신분제의 골간이던 양천제良賤制를 대신해서 나타난 새로운 '계급구조'인 반상제班常制의 산물로서 양반과 상한常漢의 중간계급으로 성립되었다는 주장이다. 그러나 양반, 중인, 상민(상한)의 개념은 많은 변질을 겪고 있지만, 여전히 일차적으로는 계급적인 측면보다는 신분의

7) 중인의 개념은 일반적으로 역 · 의 · 산 · 율학譯 · 醫 · 算 · 律學 등에 종사하는 잡직 기술관雜職 技術官과 서리 · 향리 · 군교胥吏 · 鄕吏 · 軍校 등의 하급 행정직 관리下級行政職 官吏를 포함하는 말로 사용한다(한우근, 1970) 그러나 본 연구자는 기술직 중인(역관 · 의관 · 산관 · 율관 등)과 행정직 중인(서리 · 향리 · 군교 등)으로 구분한 견해(한영우, 1986a; 1988)를 따르고자 하며, 본 논문에서는 기술직 중인이라는 개념으로 중인의 의미를 제한적으로 사용하고자 한다.

개념을 통해서 이해되어야 할 것이다.

마지막으로, '신분범주'로 중인을 개념화하자는 제안이다. 이는 최근의 연구논문(지승종, 1991; 김필동, 1991; 1993)에서 주장된 것으로 중인을 신분제의 맥락 속에서 파악하자는 것이다. 여기서 말하는 신분의 개념을 김필동(1993)은 다음과 같이 규정했다.

> 신분이란 법 또는 사회적 통념에 의해 그것에 속하는 사람이 다른 범주에 속하는 사람들과 사회적 특권과 차별에 있어 위계적으로 구별되며, 특히 그 특권과 차별이 자손에게도 세습된다고 법에 의해 규정되거나 다른 사람들이 인식하는 상당히 큰 사회적 범주를 가리킨다.

사회적 범주로서 '사회적 신분'이란 동시대의 사람들 사이에서 그들의 직업 및 혈통에 기초한 사회적 명망에 있어 동류로 인식되면서, 사회적 위계서열상 다른 사회적 범주와 구별되며, 그 위계서열적 구별이 세대 간에도 영향을 미치게 되는 것을 가리킨다(김필동, 1991).

그러나 연구자는 중인신분의 범위를 잡과, 즉 기술직 중인에 한정하고자 한다. 하지만 '광의의 중인'이란 표현은 통용하지 않더라도 하나의 계층 범주로 묶을 수 있는 가능성은 열어두는 것이 좋겠다. 왜냐하면 조선후기에 다양한 중간 계층들이 중인이란 이름으로 불리고 있었음은 그 나름대로 엄연한 객관적 사실이었으며, 바로 조선후기의 신분제 변동[8]에 중요한 양상을 드러내었기 때문이다. 예컨대, 조정의 고급 기술관원을 중인으로 호칭하는 예는 다

---

8) 실제로 조선후기의 신분제를 철폐하자는 논의는 역관이나 의관을 비롯한 기술직 중인을 포함하여 서리, 향리, 그리고 서얼 등을 중심으로 매우 활발하게 전개되었으며, 이것은 특히 "서얼허통庶孼許通"과 "통청운동通淸運動"으로 절정에 도달했다.

산 정약용茶山 丁若鏞(1762-1836)의 〈통색의通塞議〉에서 보이는데, "우리 나라에서는 의 · 역 · 율 · 역 · 서 · 화 · 산수자算數者를 중인이라 한다" 고 하였다(≪여유당전서≫, 〈통색의〉).

따라서 조선후기 사회에 있어 핵심적 중인신분의 관원에는 역관譯官 · 의관醫官 · 음양관陰陽官 · 산관算官 · 율관律官 등이 있다. 이 중에서도 중인교육과 연결 지어 살펴보고자 하는 대상은 역관 · 의관 · 율관 · 산관이다.

그렇다면 중인신분의 개념은 어떻게 유래되었는가? 이에 대한 논의는 여러 가지가 있다. 예컨대, 당론黨論에서 고급 기술관원이 정치적 중립을 견지했다는 것에서 찾는 견해, 중인들이 거주했던 지역에서 찾는 견해, 그리고 중간적 신분이라는 개념에서 찾는 견해 등이다. 그러면 먼저 중인이 정치적 중립을 견지했기 때문에 유래되었다는 주장부터 살펴본다.

치자治者의 교양으로 유학의 이념을 체득한 조선의 사대부들이 권좌에 강렬한 집착을 보였다는 것은 쉽게 이해된다(정무룡, 1991). 조선의 정치가 중기(대체로 선조 시기)로부터 붕당朋黨과 족벌 및 세도가의 전횡에 맡겨진 것은, 유학을 국시國是로 상정하면서부터 그것의 덕목들이 심화되고 실천되었을 때이다. 또한 유학이 권력 지향의 특성을 갖기도 하였다: 때문에 그것은 정치적 세력들에게 파쟁을 강요했으며, 그것에 의존해야만 경세가로서의 입지를 확보하게 되었다. 이러한 정치적 풍조가 중인의 유래를 초래했다는 것이다.

> 숙종 때 우암 선생을 내알內謁한 사람이 있었다. 그의 문하생이 살짝 '어느 당 사람이냐?'고 물었다. 우암은 '중인이다'라고 했다. 대개 이 시기는 당의黨議가 무성하여 동서남북 어느 당에도 가입치 않은 이가 없었으나 의 · 역원만 참여하지 않았음을

일컫는 것이다(≪중인통청운동자료≫, 고딕체는 연구자).

그러나 위와 같은 것은 중인의 역할을 제대로 이해하지 못한 것에 불과하다. 기술직 관료는 정치적 발언권이 봉쇄되었다는 사실과, 그들은 정책 입안자가 아니라 행정 실무자들이었다는 사실에 비추어 보면, 이 해석은 근본적으로 잘못되었다. 그리고 어느 당파에도 관여하지 않았다는 의미로서 중인을 정의하는 것은 무의미하다.

다음으로, 중인이라는 명칭의 연원을 지역적 위치에서 파악한 견해가 있다.

> 선조先祖 때 이루어진 제도에 의하면 **중인과 소민을 조시朝市 인근에 거주케 하여** 그들이 편리하게 생활하도록 했다. 중로中路라는 명칭은 여기서 유래했다(≪비변사등록≫ 권111, 영조 18년 10월 11일, 고딕체는 연구자).

이러한 기록은 국초부터 중인과 소민을 서울의 조시 근처에 살게 했기 때문에 중로라는 명칭이 생겨났다는 것이다. 실제로 중앙 관서의 고급 기술관원이 서울의 중심부에서 거주한 것은 사실이므로 그들을 중인 혹은 중로라고 부를 가능성은 있다. 그러나 조선후기의 중인은 서울의 중로에 사는 기술관원만이 아니라 지방의 교생·향리·서얼까지도 통칭한다. 그러므로 이들의 생활 거주지가 모두 중앙이라고 하여 중인으로 불렸다고 말하기는 어렵다.

그리고 단지 거주지의 위치에 따라 중인이란 이름을 가지게 되었다는 주장에는 숙고해야 될 몇 가지 문제가 있다. 첫째로, 지배자가 서울에만 편재해 있는 것이 아니라 서울 이외에도 산재했으며, 지방에 거주하는 서민들의 통치에도 그들의 수족이 될 전문 기술인이 필요했었고 또한 실재했었다. 둘째로, 중인이란 명칭은 의원·역관 등의 기술직을 세습적으로 전승해 온 이들이 자연발생적으로 부른 명칭이지 당대의 학자나 선비들이 고안해 내지는 않았다. 그들이 스스로 중인이라 지칭했던 것은 사대부보다는 한 등급 아래요, 하인보다는 위라는 중간 계급적 서열의식이 농후하게 작용했기 때문이라고 짐작된다(이이화, 1985). 셋째로, 기술직 중인들은 서리胥吏·이교吏校·약정約正 등 이른바 향리들이 스스로를 중인이라 부른 사실을 달갑지 않게 여겼다(이이화, 1985). 양반계층에 버금간다는 자의식을 지닌 중인이 하층 부류들의 성장이나 이들과 혼인을 꺼렸던 이유는, 자기계층의 우월성을 견지하겠다는 심정에서 유래된 것이라 보아진다. 이런 사실을 통해서 볼 때, 중인의 명칭이 위치나 구역에 근거하고 있다는 주장은 설득력이 부족하다.

마지막으로, 중간적 신분으로서 중인을 정의하는 견해이다. 이는 중인의 의미를 가장 정확하게 나타내 주는 것으로 여러 가지 자료가 있다.

> 형조에서 "천주교를 신봉한 정의혁 등 11명의 죄인들을 체포했습니다. 그 가운데는 본청本廳에서 밝게 가르쳐 감화시킨 자도 있고, 그 집안들이 생각을 돌리도록 간곡히 권유하라고 명령한 자도 있습니다"라고 아뢰었다. 임금께서는 아래와 같이 하교했다. "중인으로서 과오로 미혹에 빠진 자들은 반드시 범죄인들을 같은 통속으로 만들려고 한다. 이유는 그들을 동류로 만들려는 것과 민속을 교화시킨다는 뜻에 가탁했기 때문이다. 대체로 **중인들은 양반도 상인常人도 아닌 그 중간에 놓여** 가장 교화시키기 어려운 인물들이다"(≪정조실록≫ 권33, 정조 15년 11월 임오, 고딕체는 연구자).

인용 부분을 통해 볼 때, 우리는 중인들이 양반과 상인 사이에 존재했다는 것을 알 수 있다. 또한 처음부터 양반, 중인, 상인의 세 집단이 형성되고 상존했음을 의미하는 것은 아니다. 역사의 전개과정에서 권력의 중간적 성격을 띤 집단으로서 중인이 탄생되었음을 암시해 준다. 다른 전거는 다음과 같다.

> 임금께서 말씀하셨다. "만약 추가로 다스리면 이는 오히려 국물을 끓게 했다 식히는 것과 비슷하다. 어찌 정학正學을 크게 밝혀 사설邪說이 스스로 위축되도록 하는 것과 같겠는가? 이른바 **중인의 이름을 띤 자들은 위로는 사대부도 못되고 아래로는 상천도 마다하며** 스스로 웅대한 뜻을 지녔다고 간주하여 실제 일에 뜻을 두지 않는다"(≪정조실록≫ 권51, 정조 23년 5월 임술, 고딕체는 연구자).

이런 사실을 통해 볼 때, 중인은 권력의 중간적 성격을 지녔다고 볼 수 있다. 특히 왕의 교시에서 중인들의 사회 신분적 성격을 표명한 것은 중인이란 신분을 명확히 천명함과 동시에 중인이란 명칭의 근원이 보다 확연해짐을 알려 준다. 또한 하인·중인 등 수직적 신분을 직접으로 표시한 기록을 보면, 정조의 진술이 일반화된 당대의 인식이었음을 짐작할 수 있다.

결국 중인이란 명칭이 지역적 중간성이나 정치적 중립성에 기인한 것이 아니라 신분사회에 상존하게 마련인 지배와 피지배의 중간 신분적 의미를 갖는 데에서 유래되었다는 것이 통설로 볼 수 있다. 즉 중인은 양반과 상인의 중간에 위치한다는 점에서 중인이라 불리게 된 것이지만(한영우, 1986b), 중인의 범주가 약간은 차이가 있다. 한우근(1970)은 중인의 개념을 역·의·산·율학 등에 종사하는 잡직 기술관과 서리·향리·군교 등의 하급 행정직 관리를 포함하는 말로 사용하고 있다. 따라서 중인이라는 의미는 양반과 일반 평민의 중간에 위치한 중간 지배신분이며, 이들은 국가에 필요한 전문지식으로 통치체계의 하층부에서 특정의 업무를 맡고 있는 사람들이라고 할 수 있다.

2) 중인의 형성 시기

조선시대의 독특한 신분범주의 하나인 '중인'이라는 신분층이 형성되어 양반과 평민의 중간적 위치에서 특수한 역할을 담당한 것은 대체로 17세기 중엽 이후부터였다. 중인은 양반 다음의 중간 지배층으로서 일정한 정치적 지위를 차지하고 있었던 까닭에 서얼이나 노비처럼 신분상승운동에 극도로 예민하지는 않았지만, 19세기 이후로 노비와 서얼이 대규모로 해방되는 추세에 자극되어 집단적인 신분상승운동을 벌이게 되었고(한영우, 1986a), 마침내 개항 이후로는 개화파의 선두주자로 부상하게 되었다.

중인의 성립 시기에도 다양한 견해가 있다. 예컨대, 이성무(1971; 1977)는 15세기에 중인층이 성립되었다고 주장하였다. 그러나 최근의 연구들에 의하면, 중인신분이 성립된 시기는 16세기 말에서 17세기 중엽에 이루어졌다고 한다(한영우, 1986a; 1988). 이 견해들은 잡과방목을 분석한 결과와 비교적 최근에 소개된 중인통청운동中人通淸運動 자료에 기초를 두고 있으며, 그 근거를 세전하는 기술직 중인가계의 형성[9]에서 찾고 있다. 그러므로 이것은 객관적이

9) 기술직 중인의 세전世傳은 최근에 와서야 비로소 검증되고 있다(이성무, 1994). 중인의 세전에 관하여 부정적인 견해도 있다. 예컨대, 기술직 중인이 특수한 부류에 의하여 세습되었는지를 검증하지 못했고, 또한 기술직 중인의 가문에 의하여 몇 대에 걸쳐 기술관을 배출하였더라도 그것이 중인의 세전을 정당화할 수 없다는

고 이론적인 타당성을 갖는다고 볼 수 있다.

현재 가장 유력한 견해는 중인신분의 성립 시기를 17세기 전반의 인조 시기로 잡는 견해이다. 한영우(1988)는 그 근거로 중인이란 용어가 17세기 이후부터 사용되어 왔고, 1851년의 "중인통청운동" 자료에서도 중인 자신들이 이구동성으로 중인이란 칭호가 생겨난 시기를 17세기 초의 인조 시기로 보았기 때문이다. 그리고 통청운동 자료에서 중인층이 형성된 시기를 300년 전쯤으로 보고 있다는 점과, 이를 뒷받침할 만한 약간의 경험적 증거, 즉 잡과방목의 분석결과를 제시하고 있다. 때문에 중인의 형성 시기를 일반적으로 16세기 말에서 17세기 초로 잡을 수 있다. 이를 좀 더 구체적으로 살펴보면 다음과 같다.

> ① 신들은 제학諸學을 세습하여 지위는 비록 비미卑微하지만 국초부터 [사족과] 구별되고 제한을 받지는 않았으며 재주에 따라 [일반 관직에] 등용되었습니다. (......) ≪대전통편≫에는 "역 · 의 · 율 · 역譯 · 醫 · 律 · 曆 등에 정통한 사람은 경외의 현관에 제수한다"고 되어 있습니다. (......) **인조 때부터 의 · 역들이 대대로 업을 계승하여 중인이라는 칭호가 생겨난 것입니다**(≪중인통청운동자료≫, 고딕체는 연구자).

> ② 중인들은 스스로 발탁되지 못하고, 학문과 행실이 뛰어난 사람이 있어도 가느다란 목과 누런 얼굴로 평생을 마치고 맙니다. 처음에는 금포金布와 같은 법령法令이 아니었는데 **명도明道에 막힌 지가 300년이 되었습니다**(≪중인통청운동자료≫, 고딕체는 연구자).

것이다(유승원, 1987:18). 그러나 기술직 중인이 스스로 그들의 지위와 특권을 유지하려고 자손들에게 전문적 지식을 전수했기 때문에 가계家系를 통해서 세전되었음을 알 수 있다.

③ 신들이 중인이라는 것은 국초부터 정해진 이름이 아니었습니다. (......) 명문·청족의 박학한 선비들이 역·의·율·역曆 등의 제학에 정통한 이가 있으면 그 장점을 살려 그에 합당한 직책을 주었습니다. (......) 정학에는 힘쓰지 아니하여 사람들이 천하게 생각하고 사대부 밑에 두었으며, 드디어 중인이라는 칭호를 얻게 되었습니다. 대체로 **인조 이후로 그러한 명칭이 생겨났습니다**(≪중인통청운동자료≫, 고딕체는 연구자).

위 세 자료 중에서 ①과 ③에서는 분명히 인조 이후로 중인의 칭호가 생겨났다고 단정하였다. 그러나 자료 ②에서는 300년간의 중인의 차별이 있었다고 주장한다. 1850년대의 시점에서 300년 전이라고 한다면, 그 시기는 대략 16세기 후반이 되어 17세기 초의 인조 시기보다는 다소 앞서지만 여기서는 중인의 칭호가 300년 전에 생겨났다는 뜻은 아니다. 따라서 중인의 칭호는 인조 이후 생겨났지만, 중인 세습화의 경향은 16세기 후반 경부터 두드러지기 시작했다고 해석한다면, 두 기사 사이에 모순이 생기지 않는다.

위 기록을 통해서, 적어도 19세기 중엽의 중인들 스스로가 인식하고 있는 중인 칭호의 출발은 17세기 초이며, 중인의 세습화 경향은 16세기 후반 이후부터 현저해졌다는 사실을 알게 된다. 그리고 대체로 15세기에서 16세기로 넘어가면서 국가시책으로 기술학을 장려하는 정책은 미약해지고, 기술학 장려에 대한 유신儒臣들의 태도도 부정적인 방향[10]으로 흘러간 것이 사실이다. 이러한 추세로

---

10) 기술관을 동반東班에 참여시키지 말자는 논의가 본격적으로 일어난 것은 성종 때부터인데, 이때는 기술관 우대론자도 만만치 않아서 조정의 논의가 차등 쪽으로만 기울어진 것은 아니었다. 그러나 16세기 중엽 이후로 사림학자들이 정치를 주도해 가면서 기술관을 천시하는 경향이 현저하게 나타났다. 예컨대, 김종직은 잡학은 문신들이 배울 학문이 아니라고 윤대輪對하였다(≪세조실록≫ 권34, 10년 8월 정해). 그러나 세조는 오히려 김종직을 파직시켰다.

인하여 양반들이 기술학을 천시하게 되었다. 그래서 결국은 중인이 기술직에 종사하면서 그들의 전문적 지식을 세습함으로써 중인신분을 형성하였다.

그러나 중인신분의 성립, 또는 중인 가계의 형성 시기와 과정에 대한 이해가 심화되기 위해서는 무엇보다 구체적인 자료를 통한 세밀한 추적 작업이 이루어져야 한다. 그리고 기존 자료를 보완해 줄 수 있는 새로운 자료, 특히 16세기 또는 그 이전의 단회방목 및 족보의 발굴이 이루어져야 한다. 하지만 여기서는 중인신분의 성립 시기를 17세기 초로 간주하는 통설을 그대로 받아들이기로 한다.

3) 중인의 사회적 지위

어떤 제도나 사상은 본질적으로 그 당시의 사회적 상황이나 시대정신과 밀접한 관련성을 가지면서 생성되었다. 마찬가지로 중인신분의 형성 배경은 조선후기 사회의 상황과 시대정신의 반영이라는 측면에서 고찰할 필요가 있다. 중인신분의 형성 배경을 두 가지 측면에서 설명할 수 있을 것이다. 하나는 기술학과 기술관직에 대한 차별의식이고, 다른 하나는 기술관직의 세습화 경향이다.

먼저 전자의 입장에서 살펴보면, 조선후기에는 중인신분으로 분류되는 기술관들은 대부분 동반東班(문반) 정직에 속하는 관직을 갖고 있었기 때문에 원칙적으로 다른 동반 관리들에 비해 차별을 받지 않았다. 그러나 중인신분이 수행하는 관직[기술관직]과 그 바탕이 되는 학문[기술학, 잡학]은 다른 양반들로부터 관념적으로 차별을 받고 있었으며, 또한 조선 왕조의 제반 제도가 점차 이를 반영하게 됨으로써 이들에 대한 차별은 뚜렷해져 갔다.

그러나 조선 초기만 해도 기술학에 대한 관념적 차별의식은 그다지 뚜렷하지 않았다. 오히려 기술학을 적극 권장한 측면도 있었다. 예컨대, 태종 때에는 하륜河倫의 계啓에 의해서 국가에 십학十學을 두어 관리를 선발하였고(≪태종실록≫ 권12, 6년 11월 신미), 세조 때에는 칠학七學으로 나누어 학문을 전문화시켰다. 특히 세종 때에는 과학기술에 대한 국가의 적극적인 장려가 있었다. 그러나 기술관에 대한 차별적인 조항이 ≪경국대전≫에 규정되어 있는데 그것은 다음과 같다.

○ 문·무과에는 정3품 당하관(통훈대부通訓大夫)이하가 응시할 수 있고, 생원·진사과에는 정5품(통덕랑通德郎)이하가 응시할 수 있었다. 반면에 잡과에는 정7품(무공랑務功郎)이하가 응시할 수 있었다(≪경국대전≫, 이전 제과).

○ 잡과에는 초시初試와 복시覆試만 있었고, 전시殿試가 없었다(≪경국대전≫, 이전 제과).

○ 문과 입격자의 경우는, 갑과는 정7품(장원은 종6품), 을과는 정8품, 병과는 정9품을 제수한다. 반면에 잡과 입격자의 경우는, 일등은 종7품, 이등은 종8품, 삼등은 종9품을 제수하여 차등을 두었다. 더욱이 같은 잡과 입격자라도 역과와 산과에 비하여 음양과·의과·율과의 경우에는, 일등은 종8품, 이등은 정9품, 삼등은 종9품을 제수하였다(≪경국대전≫, 이전 제과).

○ 문·무과 입격자에게는 홍패紅牌를 주는 데 반하여, 잡과 입격자에게는 백패白牌를 주고, 문과·생원진사과 입격자에게 주는 홍패·백패식에는 국보國寶를 날인하는 데 비하여 잡과 백패식에 예조인禮曹印만을 찍어 주었다(≪경국대전≫, 예전).

○ 기술관들이 받는 관직은 대부분 체아직遞兒職이었고, 그나마 수직受職 기회가 제한되어 있었으며, 직전職田도 받지 못했다(≪경국대전≫, 예전).

그리고 조선 왕조가 15세기에서 16세기로 넘어가면서 성리학에 대한 철학적 이해가 심화되면서 사상적 경향은 성리학 일변도가 되어 갔다. 특히 조선 성리학의 발전을 주도했던 것은 사림계의 학자들로서, 이들은 유학의 교육목적인 수기치인修己治人 중에서 치인보다는 수기를 우선시 하면서 군주에게도 엄격한 도덕성을 요구하는 왕도정치王道政治의 이념을 강조하였다(김필동, 1989). 또한 이들은 성리학의 본말관本末觀을 견지하여 인문학을 존중하였으며, 기술학은 천시하였다. 이러한 조선후기의 정치적 이념이 기술학과 기술관직에 대한 천시를 더욱 고착시켰다.

다음으로 중인신분의 성립 배경은 기술관직의 세습화와 관련된다. 중인신분은 상대적으로 차별을 받았던 기술관직을 세전世傳했고, 나아가 스스로 통혼권까지 형성했던 가문들이 출현함으로써 그 성립의 단초를 보게 되었다.

> 중고中古 이래로 벼슬하는 지름길만 생각하여 가난한 선비들이 한 가지 재주만 익혀 녹祿을 구하는 계책으로 삼았습니다. 그 후 자손들은 가정에서 익숙하게 보아오던 것이므로 학문을 하면 대물림이 되고, 관리로 나가면 창고를 이어받았습니다. 이로써 정학에는 힘쓰지 않았기 때문에 사람들이 모두 천하게 여기고 사대부 밑에 두었으니, 드디어 **중인의 칭호를** 얻게 되었습니다. 대개 인조 이후로 처음 얻게 된 이름입니다(≪상원과방≫, 〈신해의소초〉, 고딕체는 연구자).

여기에서 알 수 있는 것은, 가난한 선비들이 벼슬하는 지름길로 기술관직을 선택했다는 것과 가정에서 익숙하게 보아오던 것이기 때문에 기술직을 쉽게 세습하게 되었다고 한다. 그러나 중인신분의 세습적인 원인을 보다 적극적인 측면에서 본다면, 중인신분이 세전될 수 있었던 매력적인 동인이 있다. 예컨대, 동반의 정직正職을 받는 것, 어린 나이에 입사入仕가 가능한 것, 관직상의 특진의 기회가 주어지는 것, 조부나 증조부에게 증직의 벼슬을 추증할 수 있는 것, 경제적 이익을 도모할 수 있는 것 등이다(≪경국대전≫, 잡직).

그리고 기술학의 내재적 속성과 임용 방법의 특수성도 중인신분을 세습화한 요인이 되었다. 가령 경학經學이나 시문詩文이 당대 사회에서는 하나의 보편적 지식의 성격을 갖고 있는데 반하여, 기술학은 일반인이 쉽게 접근하기 어려운 특수한 전문 지식의 성격을 갖고 있기 때문에 기술관직의 자손이 그것을 익히기에는 결정적으로 유리했다.

더불어 기술관 임용 방법, 즉 절차의 특수성도 중인들이 기술관직을 독점하는데 일조를 하였다. 예컨대, 기술관이 되기 위해서는 원칙적으로 명소과아문明小科衙門에서 기술학도로서 교육을 받아야 했다. 기술학도들은 학업 성적을 토대로 취재를 거쳐 기술관에 임용되는 것이 보통이었다. 그리고 기술관(하급)을 역임하는 동안 잡과에 응시하고 합격을 하는 경우에는 가자加資되어 산관직散官職인 권지權知에 임명되었다(이성무, 1971).

한편, 조선시대 봉건적인 중앙집권적 체제가 확립되고 적극적인 숭유정책을 취함에 따라 새로운 신분체제가 이루어졌다. 즉 고려의 왕족과 구귀족을 대신하여 득세하게 된 신흥 사대부가 지배적인 신분인 양반을 형성하였고, 피지배 신분으로서는 상인(평민)·천인이 있고, 특히 조선 사회에서만 볼 수 있는 신분으로 중인이 등장하였다.

조선시대에 있어 신분체제는 모든 제도기구를 운영하는 데 하나의 기본적인 표준이었다. 뿐만 아니라 조선은 신분제도에 의해 왕조를 형성하고 유지시켰다. 그들 신분 간에는 엄중하고도 두터운 장벽이 있어 지위, 직업, 대우가 다르고 관직에 나가는 데도 신분관계의 여하에 따라 한품서용법限品序用法[11)]이라는 제한과 국가에 대한 권리와 의무에도 차등이 있었다.

조선시대는 국가의 통치이념이 유학을 중시하였기 때문에 자연히 기술을 천시하였고, 뿐만 아니라 기술직에 종사하는 중인에 대하여 관념적이거나 법제적 측면에서 차별적인 대우를 하였다. 조선시대에 중인의 신분적 지위는 양반에는 미치지 못하였지만 양민보다는 높은 위치에 있었다. 이러한 중인도 넓게는 지배신분에 포함되며 대체로 그 하층부를 이루고 있었다. 그러나 넓은 의미에서 양반과 함께 지배신분에 속했다하더라도 중인은 양반과 신분적으로 엄격히 구분되어 서로 간에 교제가 없었다. 특히 조선후기에 와서 향리·교생 등 향촌의 중인과 양민과의 장벽이 더 엄격한 것으로 지적되었다.

이처럼 중인과 양반, 중인과 양민 사이를 구분하는 신분적 장벽은 법제에 의하여 규정되었다. 그러나 신분 간의 차별이 법제의 의한 장벽보다는 사회관습에 의해 더욱 심각했기 때문에 상호 간에 상하 이동이 전혀 불가능한 것은 아니었다.

또한 중인은 그 안에 포함된 잡다한 부류의 사람들이 각기 올라갈 수 있는 최고의 품계, 즉 한품에 따라 상·중·하의 세 계층

11) 한품서용법은 조선시대에 있어서 신분과 직종에 따라 품계를 제한하여 관리를 서용하는 제도로서, 조선 초기에 신분제도와 관직제도가 정비됨에 따라 신분과 직종에 따른 한품서용법이 발달하게 되었다. 예를 들면, 기술관·양반 서얼은 정3품 당하관이, 토관·향리는 정5품이, 서리는 정7품이 한품으로 되어 있었다. 그러나 양반은 한품의 구애를 받지 않았다.

으로 구분된다. 상층은 정3품 당하관이 한품인 계층으로서 상급 기술관인 역관 · 의관 · 천문관 · 지관, 문무관2품 이상의 양첩 자손 등이 이에 속한다. 중층은 정4품 이하 종 6품까지의 참상관이 한품인 계층으로서 하급 기술관인 산관 · 율관 · 화원 등이 이에 속한다. 하층은 7품 이하의 참하관이 한품이거나 품계가 없는 계층으로서 서리 · 육방 · 향리 · 군교 등이 이에 속한다(≪경국대전≫, 한품서용). 이들 중 경우에 따라서는 당상관에 임용되는 경우도 있었지만, 이것은 국왕의 특은에 의한 특별한 경우에 지나지 않는다.

따라서 조선시대의 중인은 양반 관료제에 있어 통치기구의 하층부에서 국가운영에 필수적인 통역, 의학, 천문 기상, 법률, 산술 등의 전문적이고 실용적인 기술을 전담하였다. 또한 국가운영에서 필요한 행정실무를 보좌하는 역할도 담당하였다.

2. 중인교육의 의미와 영역

1) 새로운 용어로서 중인교육

여기에서 논의해야 할 중인교육은 학문적으로 검토된 적이 없으며, 더욱이 논리적인 타당성을 검증받지도 않았다. 그럼에도 불구하고 이 용어를 개념화하려는 의도는 조선후기의 교육사를 설명하는 데에 있어 반드시 필요하고 동시에 조선후기의 역사적 맥락에서 이해해야 할 용어이기 때문이다.

중인교육의 개념화를 위해 교육사 영역에서 중인교육과 관련된 용어를 살펴 볼 필요가 있다. 우선 '기술교육'이라는 것을 검토하고자 한다. 한국의 전통사회에서 기술교육을 정의하는 것은 상당히 어려운 문제였다. 그 이유는 과학 혹은 기술교육이 대개 근대 이후 서양의 영향 속에서 생겨난 것이기 때문이다. 그러나 전통적 기술교육이 현재의 기술교육과는 상당한 차이를 보이고 있지만, 우리의 전통사회에서도 기술교육은 분명히 존재했었다.

예컨대, 고려시대의 과거에는 진사과進士科, 명경과明經科 이외에 복업卜業·의업醫業·명법明法·명서明書·명산明算·삼례三禮·삼전三傳 등의 잡과가 있었다(≪고려사≫ 권73, 권지 27 선거지). 이 가운데 복업, 의업, 명산은 명백히 기술교육 분야에 속한다. 또한 고려시대 공양왕 원년에 십학十學이 설치되었다. 이는 기술교육 기관으로 예학禮學을 성균관成均館, 악학樂學을 전의사典儀司, 병학을 군후소軍侯所, 율학을 전법사典法司, 자학을 전교사典敎司, 의학을 전의사典醫司, 풍수와 음양학을 서운관, 이학吏學을 사역원에 예속시키고 거기에는 각 교수관을 두어 교육을 시행하였다(≪고려사≫ 권77, 권지31 백관2 도사도감각색). 그러나 기록에 보이는 십학은 9개만 보인다.[12)]

조선 초기에 기술교육이 점차로 정비되었다. 구체적으로 조선시대 십학의 설치 과정을 네 단계로 나눌 수 있다. 첫 번째는 태조 2년(1393)에 육학六學, 즉 병학·율학·자학·역학·의학·산학이 설치되었으며(≪태조실록≫ 권4, 2년 10월 기해), 두 번째는 태종 6년(1406)에 하륜河崙의 의견에 따라 십학, 즉 유학·무학·이학·역학·음양풍수학·의학·악학·산학·율학이 설치되었다(≪태종실록≫ 권12, 6년 11월 신미). 세 번째는 세종 12년(1430)에 십학의 종류에 변화가 있었는데, 태종 6년에 없었던 자학字學이 추가되었다(≪세종실록≫ 권47, 12년 3월 무오). 마지막으로 성종 1년(1470)에 ≪경국

---

12) 그렇다고 십학이 9개 밖에 되지 않는다고는 할 수 없다. 다만 그것은 기록이 누락된 것으로 생각되며, 누기累記된 것은 산학일 것이다. 산학은 판도사(호조)에 예속되어 교육이 이루어졌을 것이다. 왜냐하면 산학은 고려나 조선시대에 있어서 매우 중요시되었던 분야로서, 그것이 십학에서 제외될 이유가 없었기 때문이다.

대전≫이 반포됨으로써 비로소 십학, 즉 유학 · 무학 · 역학 · 의학 · 음양학 · 산학 · 율학 · 화학 · 도학 · 악학이 확립되었다(≪경국대전≫, 예전 생도). 여기서 유학과 무학을 제외하면 모두가 기술 및 기능 교육, 혹은 특수 분야의 교육이라 할 수 있다. 조선시대 십학의 확립과정을 표로 나타내면 다음과 같다.

〈표 2-1〉 조선시대 십학의 확립과정

區 分	十學의 內容
太祖 2년	兵學·律學·字學·譯學·醫學·算學
太宗 6년	儒學·武學·吏學·譯學·陰陽風水學·醫學·樂學·算學·律學
世宗 12년	儒學·武學·漢吏學·字學·譯學·陰陽學·醫學·樂學·算學·律學
經國大典	儒學·武學·譯學·醫學·陰陽學·算學·律學·畵學·道學·樂學

그러나 그동안 기술교육과 관련된 논문에 의하면, 일반적으로 기술교육을 너무 광범위하게 해석했다. 예컨대, 이원호(1974)는 ≪한국기술교육사≫를 통해 농업, 수공업, 상업 분야 등을 총망라하여 기술교육이라 하였다. 더욱이 엄연하게 무과가 존재했었던 무술 분야도 기술교육에 포함시켰다. 이는 기술교육을 단순하게 기술의 전수나 연마에 초점을 두면서 개념을 설정했기 때문이라 생각한다. 또한 기술이라는 의미를 기능이라는 측면에서 이해했기 때문에 나타나는 현상이라고 볼 수 있다.

다음으로 기술직 중인이라는 용어를 검토하고자 한다. 이 용어는 주로 역사 분야의 연구에서 사용되어 왔다. 특히 이는 17세기 이후에 나타난 중인신분을 고려하여 부른 말이다. 왜냐하면 중인이 기술관직에 종사하고 그 직을 세습하였기 때문이다. 한영우(1988)는 기술직 중인을 잡과에 입격한 사람이라고 정의하였다.

박성래(1985)는 중인기술교육이라는 용어를 사용하였다. 중인기술교육이라는 용어는 조선후기의 새로운 세력인 중인들이 주로 기술직에 종사하였기 때문에 부른 것이다. 이는 신분적 요소와 그들의 업무인 기술적 측면을 함께 사용하다 보니 오히려 용어의 의미에 혼란을 초래하였다고 볼 수 있다.

또한 정옥자(1993)는 기술직 중인의 용어를 사용하였다. 특히 기술직 중인은 의관, 역관 등의 기술직을 세습해 온 중인 뿐만 아니라 양반의 첩자妾子로서 신분이 격하된 서얼庶孼과 하급관료인 이서吏胥[아전衙前]까지 포함시켰다. 하지만 서얼이나 하급 관료인 이서들은 엄격한 의미에서 중인신분의 범주에 포함될 수 없다(한영우, 1986a)고 하였다.

그렇다면 중인교육을 어떻게 개념화할 수 있을까 하는 문제가 남는다. 연구자는 위에서 언급된 기술교육과 기술직 중인, 혹은 중인기술교육의 용어를 대체할 수 있는 새로운 용어로 중인교육을 제안하고자 한다. 연구자가 중인교육을 제안하는 논거를 다음의 두 가지 측면에서 탐색하고자 한다.

하나는 조선후기의 새로운 신분의 출현이라는 측면에서 중인교육이라고 부를 수 있다. 이미 앞에서도 살펴보았듯이, 조선후기에 이르면 새로운 사회의 세력으로 중인이라는 독특한 신분이 등장한다. 뿐만 아니라 중인들은 자신들의 지위와 특권을 유지하기 위해서 세습이라는 형태로 전문적 기술을 자손들에게 전수하였다. 또한 과거시험도 기술직에 응시함으로써 의도적으로 자신들의 직무를 세전世傳하였고, 자신의 신분인 중인을 양성할 목적으로 교육을 전개하였다. 결국 중인을 양성할 목적으로 교육을 전개하였기 때문에 이를 중인교육이라 할 수 있을 것이다.

다른 하나는 새로운 용어의 개발이라는 측면에서 중인교육을 제안할 수 있다. 그동안 여러 연구에서 사용되어 온 기술교육이나 기술직 중인교육이라는 용어는 조선시대의 지배이념에 따라 개념을 설정한 것이라고 볼 수 있다. 예컨대, 조선시대가 유학의 명분을 중시하는 사회였기 때문에 유학 이외의 학문을 잡학 혹은 기술학이라 하였고, 그것을 위한 과거를 잡과라 칭하였다. 이는 분명히 조선시대의 지배이념이라 할 수 있는 유학의 측면에서 보았기 때문에 불린 용어이다.

따라서 기술학이니, 기술직 중인이니, 혹은 기술교육이니 하는 것은 조선시대의 지배이념에서 보면 그렇게 부르는 것이 타당할 것이다. 그러나 조선후기의 중인신분을 고려하여 중인을 양성할 목적으로 교육이 이루어졌다면, 중인교육이라는 용어가 더 타당할 것으로 믿어진다. 왜냐하면 중인은 조선후기에 새로운 사회 세력으로 성장하였고, 뿐만 아니라 중인은 그들의 전문적 지식과 기술을 세전하는 형식으로 교육하였기 때문에 중인교육이라는 용어가 더욱 적합할 것이다.

조선은 새로운 국가를 건설하면서 기존의 제도와 문물을 혁파하려고 노력하였다. 특히 조선시대는 유학을 국가이념으로 채택함으로써 이전과는 상당히 다른 양상으로 국가의 기틀을 다지게 되었다. 그럼에도 여전히 조선은 고려의 제도를 계승하고 새롭게 발전시키려 하였다.

예를 들면, 이른바 기술교육도 고려의 전통을 계승하였다. 그러나 조선은 유학을 철저하게 신봉하였고 유학적 이념을 국민교화의 수단으로 활용했기 때문에 자연히 기술교육은 지배층으로부터 외면 받게 되었다. 그래서 기술교육은 잡학 혹은 기술학이라 불렸고, 형식적 혹은 비형식적인 훈련 과정에 의해 기능이 전수되었다.

2) 중인교육의 영역

조선후기에 이르면 중인이라는 새로운 신분이 탄생한다. 이미 앞에서 언급했듯이, 중인은 양반과 일반 평민의 중간에 위치한 중간 지배 신분이다. 그래서 중인은 주로 역학·의학·율학·산학 등의 전문적 기술을 갖고 국가 통치에 있어 실질적인 행정을 맡거나 행정을 보좌하는 사람들이다. 또한 중인을 기술직 중인[잡직 기술관]과 행정직 중인[하급 행정직 관리]으로 구분하는 경우도 있다(한우근, 1970).

그러나 이 연구에서 중인교육을 개념화할 때 행정직 중인은 제외하고 기술직 중인을 중인의 의미로 한정하고자 한다. 행정직 중인은 서리, 향리, 군교 등을 들 수 있다. 여기서 행정직 중인을 중인교육에서 제외하는 이유는 두 가지이다. 첫째, 이들은 형식적이고 제도적인 교육의 절차를 통해서 임명되는 것이 아니라 임의적으로 선발함으로써 교육적 요소를 발견할 수 없다. 둘째, 이들은 기술직 중인처럼 교육을 통해서 그들의 전문지식과 기술을 세전하는 것이 아니라 행정책임자의 필요에 따라 결정됨으로 교육의 과정過程을 거치지 않고 선발되었다.

한편, 중인교육을 개념화할 때 기술직 중인을 중인의 의미로 한정하는 이유는 다음과 같다. 첫째, 역관이나 의관을 비롯한 기술직 중인이 조선후기의 중요한 중인 세력을 형성하였고, 이들이 바로 핵심 중인이었기 때문이다. 둘째, 기술직 중인은 교육을 통해서 자신의 전문적 지식과 기술을 세전하였기 때문에 교육적 의미를 함의하고 있다. 셋째, 기술직 중인은 교육을 통해서 지속적으로 자신들의 신분적 지위를 유지했기 때문이다.

그렇다면 중인교육을 어떻게 정의할 수 있을까? 연구자는 중인교육을 다음과 같이 정의하고자 한다. 즉 중인교육은 17세기 초에 새로운 사회 세력으로 등장한 중인신분에 의해서 중인을 양성할 목적으로 중인으로서 갖추어야 할 전문적 지식과 기술을 전수하고 습득하는 과정의 교육을 말한다.

중인교육의 영역에 포함될 수 있는 것은 어떤 것들이 있는가? 조선시대에 기술교육이라 불렸던 것들이 중인교육의 속성을 지녔다고 볼 수 있다. 즉 역학 · 의학 · 음양학 · 산학 · 율학 · 화학 · 도학 · 악학이 중인교육의 영역에 포함될 수 있다.

제3장

역학교육과 역과입격자

1. 역학교육의 발전과정

1) 통문관通文館의 설치

역학이란 잡학교육의 한 분야이다. 잡학은 기술과 관련된 학문을 통칭하는 것으로서, 역학 · 의학 · 율학 · 산학 · 음양학 · 악학 등이 이에 속한다. 이 중에서 과거[13]가 설행設行되었던 것은 역과 · 의과 · 음양과 · 율과뿐이며 나머지는 취재取材만 하였다.

역학은 역관의 양성과 공급, 그리고 외국어 번역 등에 종사하는 인재를 양성하는 교육이다. 오늘날의 외국어 교육이 이에 속한다. ≪설문해자說文解字≫에 의하면, "역譯이란 사이四夷의 언어를 전하는 것이다"라고 하였고, ≪주례추관서관상서소周禮秋官序官象胥疏≫에는 "역譯이란 바꾸는 것, 즉 언어를 번역하는 것이다"라고 하였다. 이런 의미에서 본다면 역은 언어와 문자를 바꾸고 번역하는 것이며, 역학이란 번문飜文과 번역의 학문이라 할 수 있다.

13) 조선시대의 과거에는 문과, 무과, 잡과가 있다. 문과에는 소과인 생원시生員試와 진사시進士試가 있고, 대과에는 문과가 있다. 과거에서 선발되는 인원은 부록의 〈표 1〉과 같다(≪경국대전≫).

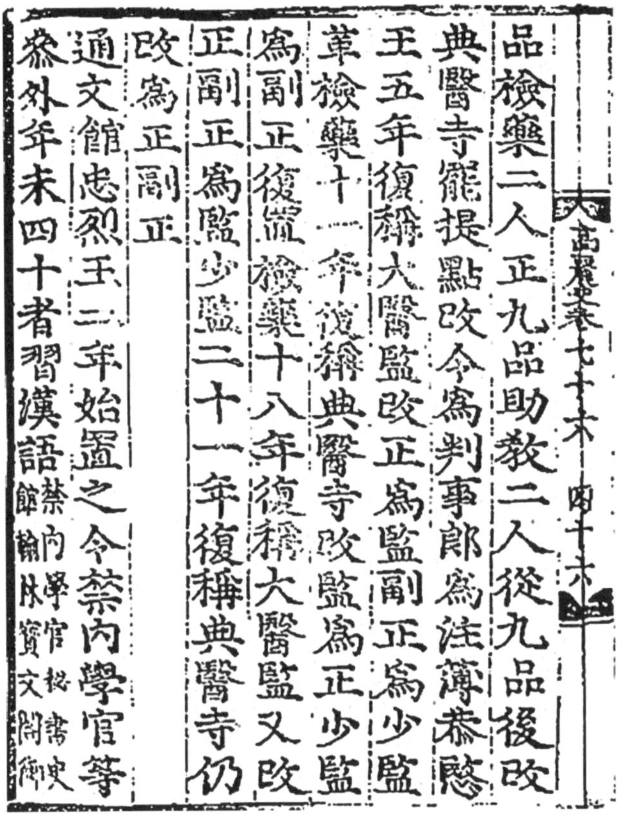
高麗史卷七十六 四十六

品檢藥二人正九品助教二人從九品後改
典醫寺罷提點改令爲判事郎爲注簿恭愍
王五年復稱大醫監改正爲監副正爲少監
革檢藥十一年復稱典醫寺改監爲正少監
爲副正復置檢藥十八年復稱大醫監又改
正副正爲監少監二十一年復稱典醫寺仍
改爲正副正
通文館忠烈王二年始置之令禁內學官等
參外年未四十者習漢語禁內學官秘書史館翰林寶文閣御

〈통문관 설치와 관련한 고려사 기록〉

역학교육은 고려시대의 통문관通文館에서 비롯된 것으로 본다. 하지만 고려 이전에 역학이 설치되지 않았다는 것은 아니다. 왜냐하면 삼국시대나 통일신라시대에 집권체제를 정비하면서 중국이나 일본과의 대외관계로 말미암아 조공사행朝貢使行의 왕래가 빈번하였고, 견당유학생遣唐留學生의 활동이 활발했던 것으로 보아 고려 이전에도 역학이 설치되었던 것으로 보이기 때문이다. 그러나 그 당시에 역학교육이 실시되었던 것으로 보이는 구체적인 자료를 발견할 수 없다.

조선시대 이전의 역학교육 기구가 문헌상에 나타난 기록은 고려시대의 충렬왕 2년(1275)에 설치된 통문관이 그 효시이다(≪고려사≫ 권76, 지권30 백관1 통문관). 그러나 고려시대의 역학교육은 충렬왕 초에 통문관을 설치하기 이전에도 "성종이 동자童子 10여 인人을 선발하여 거란에 보내어 거란어를 학습해 오도록 한 것"(≪고려사≫ 권3, 14년 9월 경무)을 보면, 고려 전기에도 역학교육이 실시되었음을 알 수 있다.

2) 사역원司譯院의 출현

한편, 13세기 몽고의 침략을 몇 차례 받고 고려는 대외적으로 대원관계對元關係를 시작함으로써 양국의 문물교류가 활발해짐에 따라 통문관을 설치하였던 것으로 보인다. 충렬왕 2년에 설치된 통문관은 이후 몇 차례에 걸쳐 명칭이 바뀌었고, 공양왕 대에 이르러서 사역원司譯院으로 개칭되었으며, 이것이 조선시대 역학교육의 바탕이 되었다.

고려시대의 역학의 종류에는 한어, 몽어, 왜어, 여진어가 있다. 여기에서 한어는 삼국시대 이후 역학사譯學史에서 가장 중요시 되었다. 그 이유는 삼국시대와 통일 신라시대에 있어서 중국과의 교류는 주로 한족漢族과의 관계가 중심이 되었기 때문이다. 이 같은 한족과의 관계는 고려시대에도 계속되었으며 그때의 역학은 한어가 중심이었다.

그리고 우리나라는 일찍부터 중국의 유교 문화권의 영향을 받으면서 중국의 한자를 차용하였으며, 한자는 지배계층이나 귀족들의 의사전달의 중요한 수단이 되었다. 또한 대외관계에 있어서 외교문서를 작성하고 사서史書를 편찬하는 데에 있어서도 한자로 기록하였다. 이처럼 한어는 삼국시대 이래로 전통적인 중국외교에 빼놓을 수 없는 역어譯語였다.

대외관계에 있어, 고려는 중요한 외교 업무를 추진하기 위해 유능한 역관의 양성과 선발을 필요로 하였으며, 이와 같은 목적을 달성하기 위해서 독립된 역학교육 기구의 설치가 필요했다. 이에 따라 고려는 초기에 중서문하성中書文下省의 연속조掾屬條에 역사譯史 2인과 통사通史 2인(≪고려사≫ 권76, 지권30 백관1)을, 통례문通禮門에도 통사사인通史舍人(≪고려사≫ 권76, 지권30 백관1)을, 내시부內侍府에도 통사 1人(≪고려사≫ 권77, 지권31 백관2)을 두었던 것으로 보아, 이미 역학교육 기구가 고려 전기에도 설치되었음을 알 수 있다.

그리고 고려의 대외관계가 원元나라로 바뀌면서 역학교육이 더욱 중요시되었던 것으로 보인다. 이러한 사실은 "국가에서 자제·통민자通敏者를 선발하여 몽고어蒙古語를 가르쳤다"(≪고려사≫ 권105, 열전권18 조인규)고 한 것을 보면, 고려는 국가적인 차원에서 독립된 역학 기구를 설치하였다고 볼 수 있다.

고려의 역학기구에 대한 변천은 원종 시기부터 충렬왕 2년까지는 역어도감譯語都鑑이 설치되었으나(≪고려사≫ 권123, 도전권36 강윤소전 부정자전), 충렬왕 2년에 통문관이 설치되면서(≪고려사≫ 권76, 지권30 백관1 통문관) 역어도감은 통문관에 통합된 것으로 보인다(≪고려사≫ 권79, 지권33 식화2 과렴). 통문관은 충렬왕 15년에 한어도감漢語都鑑으로 개칭되었으며, 충혜왕 원년에는 이학도감吏學都鑑을 설치하였고, 충목왕 4년에 직관체계가 확립되었던 것(≪고려사≫ 권77, 지권31 백관2 제사도감각색 이학도감)을 보면, 한어도감과 이학도감을 병치하여 한어와 이문吏文을 가르쳤음을 알 수 있다. 이처럼 몽고 지배 하에서 2개의 역학 기구가 병치되었다는 것은 고려 전기의 역학교육에 비하여 원나라와의 관계를 가지면서 역학교육이 더욱 확대·정비되고 전문화되었음을 알 수 있다.

원나라의 지배하에 설치되었던 역학교육 기구는 여말에 두 차례에 걸쳐서 변경되었다. 첫 번째는 공양왕 원년에 십학十學 교수관을 설치하면서 이학吏學을 사역원에 이속시켰다(≪고려사≫ 권77, 지권31 백관2 제사도감각색 십학). 두 번째는 공양왕 3년에 한어도감을 한문도감으로 개칭하고 교수관을 설치하여 한어漢語를 가르쳤다(≪고려사≫ 권77, 지권31 백관2 제사도감각색 한문도감).

한편, 공양왕 원년에 십학 교수관이 설치되었다는 것은 여말에 이르러 고려시대의 기술교육이 더욱 확대·정비되고 전문화되어 갔음을 의미하는 것으로, 이것은 조선시대의 십학 설치의 바탕이 되었다. 고려시대의 역학교육기구의 변천과정을 표로 나타내면 다음과 같다.

〈표 3-1〉 고려시대의 역학기구 변천과정

역어도감(원종-충렬왕 2년) → 통문관(충렬왕 2년) → 한어도감(충렬왕 15년) → 이학도감(충혜왕 원년) → 사역원(공양왕 원년) → 한문도감(공양왕 3년) → 사역원(조선 태조 2년)·승문원(태종11년)

3) 조선시대의 사역원[14)]

(1) 연혁과 직제

조선을 건국한 후에 조선 왕조는 국가의 지도 노선을 세 가지로 설정하였다. 즉 억불숭유抑佛崇儒, 사대교린事大交隣, 그리고 농본사상農本思想이었다. 특히 조선시대는 사대교린을 외교의 기본정책으로 삼았다. 조선이 지형적으로 반도적 특색을 지니고 있었기 때문에 이로 말미암아 "국가의 사대교린은 반드시 역어에 달려 있으니 그 책임이 중요하다"(≪성종실록≫ 권140, 13년 4월 기유)고 하여 역어譯語를 매우 중요시하였다.

그래서 조선시대는 외교문서의 제술製述과 한어이문교육漢語吏文教育을 담당하는 승문원承文院과, 역관의 행정 및 양성을 관장하는 사역원의 제도를 정비하였다. 또한 조선시대는 사역원에 한학·몽학·왜학·청학(여진학)을 분치分置하는 등 역학교육을 크게 발전시켰다.

조선시대는 여러 잡학[기술학] 중에서도 역학을 의학과 함께 특히 중요시하였으며, 인접 국가와의 외교와 무역 및 문화교류 등에 필요한 역관양성을 위하여 역학교육을 강조하였다. 예컨대, 세종은 "생도 중에서 총민자를 골라 학습을 권장하였고, 그 근만상태謹慢狀態를 살피어 상벌을 주었으며, 심지어 우리말의 사용도 금지하여"(≪세종실록≫ 권97, 24년 8월 무자) 그들의 어학 실력의 향상을 꾀하였다.

---

14) 이 책의 연구 시기는 조선후기이다. 이러함에도 조선 초기에 시행된 역학교육을 설명하는 것은 ≪경국대전≫의 법제가 조선후기에까지 지속적으로 유지된다. 하지만 ≪속대전≫에 추가되는 내용은 논의를 전개하면서 필요한 부분에서 언급할 것이다.

조선시대의 역학교육은 주로 사역원에서 이루어졌다. 사역원의 주요 기능은 국가외교에 중요한 역할을 담당하는 역관의 행정과 교육을 관장하는 것이었다. 태조 2년(1393)에 "사역원을 설치하여 한어를 익히는 데에 힘쓰라"(置司譯院 肄習華言) 하여 고려의 제도에 따라 사역원이 설치되었고, 주로 중국과의 외교를 목적으로 화어華語(한어漢語)의 교육에 치중하였다(≪태조실록≫ 권4, 2년 계유 9월 신유). 그후 기구의 확충에 따라 사역원에는 한학, 몽학, 여진학(청학), 왜학의 사학四學이 부설되었고, 지방의 외교 요지에도 역학이 설치되어(≪통문관지≫ 권1, 연혁 관제와 외임) 역학생을 교육하였다. 그러므로 사역원이 역학교육의 중추적인 기관이 되었다.

사역원의 직제는 크게 세 가지로 나눌 수 있다. 즉 내직內職과 외임外任, 그리고 체아직遞兒職이다(임동석, 1983). 내직은 한성부 사역원에 종사하는 역관이며, 외직은 국경이나 외국 사신이 왕래하는 곳에서 외국 사신들을 접대하고 길을 안내하는 역관이다. 그리고 체아직은 실직의 직무가 없는 벼슬아치들에게 녹봉을 주기 위하여 제정된 직책이다. 역관의 체아직은 번갈아 직책을 맡는 경우도 있었다.

먼저, 내직의 실무 관원을 ≪경국대전≫과 ≪속대전≫에서 보면 아래와 같다. 이는 조선시대 전시기를 통해서 크게 변동되지 않았다(≪경국대전≫, 이전 경관직 ; ≪속대전≫, 이전 경관직).

> 正(正 3品) 1, 副正(從 3품) 1(0), 僉正(從 4品) 1, 判官(從 5品) 2(1), 主簿(從 6品) 1, 漢學敎授(從 7品) 4(2員 文臣兼), 直長(從 7品) 2(1), 奉事(從 8品) 3(2), 副奉事(正 9品) 2, 漢學訓導(正 9品) 4, 蒙學·倭學·女眞學訓導(正 9品) 各 2, 參奉(從 9品) 2, 漢學習讀官 30 (단위:員, 괄호안은 ≪속대전≫의 숫자임)

그러나 실무관 위에 도제조都提調 1[議政이 兼], 제조提調 2, 훈상당상 12원이 있으며, 교수 · 훈도 이외는 체아직遞兒職이고, 지방 역학에는 훈도가 파견되었다. 또한 사역원의 관원은 어학 능력이 크게 중시되어 "한어에 밝지 못한 자는 사역원의 출입을 허가하지 않는다"(≪태조실록≫ 권15, 7년 무인 9월 경인), "사역원은 본업 출신자를 임용하고, 본업 출신이 아니 자는 결원 임용도 하지 않는다. 비록 본업[역학] 출신이 아니더라도 만약 그 업무에 통달하고 밝은 자는 겸임케 한다"(≪세종실록≫ 권100, 25년 5월 임술)와 같이 어학에 통달하고 유능한 자를 등용하였으며, 사역원 부설의 사학四學에는 다음과 같은 별도의 정원이 배속되었다(≪속대전≫, 이전).

> 常仕堂上 정원 없음, 전형관 273(한학 87, 教誨 23, 몽학 45, 왜학 50, 청학 68), 權知 정원 없음, 講肄習讀官 30, 한학관 50, 생도 80(한학 35, 몽학 10, 왜학 15, 청학 20), 豫差生徒 124(한학 40, 몽학 25, 왜학 25, 청학 34)

외임에는 ≪경국대전≫을 반포頒布 할 때에 5명이 있었다. ≪경국대전≫에 보면 경상도 왜학훈도(釜山浦 · 薺浦, 종 9품) 2원, 황해도 역학훈도(황주, 종 9품) 1원, 평안도 역학훈도(平壤 · 義州, 종 9품) 2원이 있었다(≪경국대전≫ 권1, 외관직). 부산포와 제포는 일본 사신의 접견과 왜학생도의 교육을 위하여 설치하였고, 황주 · 의주 · 평양은 중국 사신의 접견과 한학생도의 교육을 위하여 설치하였음을 알 수 있다.

체아직은 한직으로 원래 정원은 정해져 있지 않았다. 그러나 ≪통문관지≫에 보면, 당상체아직(17원), 한학상통사(20원), 교회(23원), 차상통사(20원), 압물통사(50원) 등이 있었다(≪통문관지≫, 연혁). 이상의 직제를 살펴 볼 때, 역학교육의 규모는 상당히 컸으며, 역관의 직무는 어문교육과 번역, 그리고 일반사무에 종사하는 것이었다.

(2) 선발제도와 교육과정

① 선발과정

≪경국대전≫에 나타난 역과의 과시제科試制는 역과와 취재로 나누어 볼 수 있다. 이를 표로 나타내면 다음과 같다.

〈표 3-2〉 조선시대 역과의 선발과정

(단위: 명)

<table>
<tr><th>구분</th><th>단계</th><th>선·발 인 원</th><th>응시자격</th><th>수험과목</th><th>시 기</th><th>합격자의 대우</th></tr>
<tr><td rowspan="2">역과</td><td>초시</td><td>한학 23 몽학 4
왜학 4 청학 4
(대증광시 4학 各科 4)</td><td>제한 없음</td><td rowspan="2">역학의 교과과정 (과시 과목) 참조</td><td rowspan="2">식년 (자, 묘, 오, 유년)</td><td>복시 응시 자격</td></tr>
<tr><td>복시</td><td>한학 13 몽학 2
왜학 2 청학 2
(대증광시 4학 各科 2)</td><td>초시 입격자</td><td>일등 종7품,
이등 정8품,
삼등 종9품
(사역원 권지)</td></tr>
<tr><td>취재</td><td></td><td>정원 없음</td><td>습독관
학관
전형
권지</td><td>역학의 교과과정 (시취 과목)</td><td>사맹월 (1, 4, 7, 10월)</td><td>체아, 실직제수
승직陞職
동반 현직 서용</td></tr>
</table>

선발 인원은 초시에서 한학 23명, 몽학·왜학·여진학 각 4명으로 전체 35명이었고, 복시에서 한학 13명, 몽학·왜학·여진학 각 2명으로 전체 19명이었다. 특히 대증광시가 있을 경우에는 사학四學

에 각 2명씩 추가하여 선발하였다. 그러나 취재는 정원이 정해져 있지 않았으므로 필요한 경우에 적당한 인원을 선발하였다. 응시 자격은 제한이 없다고 규정하고 있지만 주로 중인층이 응시하였으므로 신분상의 제약은 있었다고 할 수 있을 것이다.

한편, 역과의 취재 역시 과거출신 이외의 관원에게 주어지는 특별채용 고시제, 혹은 일종의 승진시험의 성격을 띠었다. 그리고 초시의 선발은 응시자가 대부분 자신의 전공분야에 응시한 데 비하여, 복시나 취재는 관학官學의 수학자가 대상이 되는 경우가 있다. 이것은 국가의 교육시책과 관계가 있다. 즉 과시科試는 인재 등용의 중요한 관건關鍵이었다.

② 교육과정

사역원의 교육과정은 강서講書(배송背誦 또는 배강背講과 임문臨文)[15], 사자寫字, 역어譯語의 3개 영역으로 구분되었다. 그러나 한학에는 사자寫字 과목이 없었고, 몽학(취재는 예외)·왜학·청학에는 강서가 없었다(≪속대전≫, 예전 제과 ; ≪대전회통≫, 예전 제과). 왜냐하면 한학의 사자는 한자이고, 몽학·왜학·청학은 그 자양字樣이 특이하기 때문에 그 내용도 다양하여 의도적으로 제외시킨 조치라 볼 수 있다. ≪경국대전≫과 ≪통문관지≫ 및 ≪속대전≫에 나타난 역학교육의 교육과정은 다음과 같다(부록의 자료에서 몇 가지 교재를 소개함).

15) 배강背講은 책을 보지 않고 뜻을 새기는 것이며, 배송背誦은 책을 보지 않고 글을 외우게 하는 것이며, 임문臨文은 책을 읽고 뜻을 새기는 것이다. 그리고 강독을 날자에 따라 구분하기도 한다. 예컨대, 날마다 하는 일강日講, 열흘마다 하는 순강旬講, 보름마다 하는 망강望講, 한 달에 한 번씩 하는 월강月講이 있다.

〈표 3-3〉 조선시대 역학교육의 교육과정

구 분	≪경국대전≫(1485)	≪속대전≫(1746)	≪통문관지≫(1888)
漢 學	臨文: 四書 背講: 老乞大, 朴通事, 直解小學 臨講: 飜經國大典	背講: 老乞大, 朴通事, 五倫全備 臨講: 四書, 二經, 通鑑	背講: 老乞大, 朴通事, 五倫全備 臨講: 四書,飜經國大典
蒙 學	寫字: 老乞大, 孔夫子, 帖月眞, 吐高安伯顔波豆, 待漏院記, 貞觀政要, 速八實, 章記, 何赤厚羅, 巨里羅 臨講: 王可汗, 守成事鑑, 御史箴, 高難, 加屯, 皇都大訓	寫字: 捷解蒙語, 蒙語老乞大 飜答: 文語	寫字: 守成事鑑, 御史箴, 孔夫子, 伯顔波豆,待漏院記 背講: 新飜老乞大 飜語: 飜經國大典
淸 學	寫字: 千字, 天兵書, 小兒論, 三歲兒, 自待衛, 八歲兒, 去化, 七歲兒, 仇難, 十二諸國, 貴愁, 吳子, 孫子, 太公, 尙書 臨講: 飜經國大典	寫字: 八歲兒, 三譯總解, 淸語老乞大 飜語: 文語	寫字: 八歲兒, 小兒論, 老乞大, 三譯總解 飜語: 飜經國大典
倭 學	寫字: 伊路波, 消息, 書格, 老乞大, 童子敎, 雜語, 本草, 議論, 通信, 庭訓往來, 應永記, 雜筆, 富士 臨講: 飜經國大典	寫字: 捷解新語 飜答: 文語	飜語: 飜經國大典

역학의 교육과정[16)]은 각 전공 영역에 따라 차이가 있고, 한학

16) 조선조 역학교육에서 언급된 몇 가지 교재의 내용을 간단하게 언급하면 다음과 같다(임동석, 1983). 우선, ≪노걸대老乞大≫는 조선조에서 역학을 설치하면서부터 중요한 교재로 사용되었다. ≪노걸대≫는 한어漢語에 관한 어휘, 독음, 어법 등을 설명한 교재이다(부록의 자료1과 자료2를 참조). 그리고 ≪박통사朴通事≫는 기초 회화 교재로서 교역, 의약, 세시歲時, 복식, 사송詞訟, 종교 등 중국의 문물제도에 대해서 상술한 교재이다(부록의 자료3과 자료4를 참조).

이외의 3학의 독서 과정은 시취에서 강서(임문)로 전용되고, 3학의 과시에 역어가 있는 3학의 사자 과정은 바로 그들의 독서 과정임에 틀림없다.

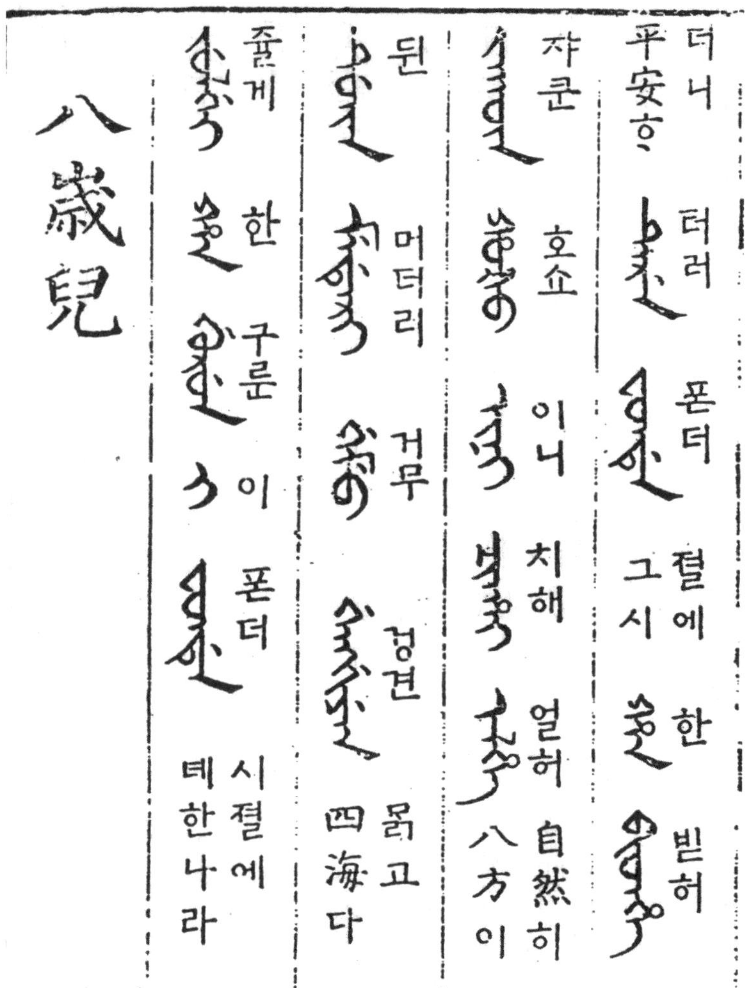

〈청학의 교재인 팔세아八歲兒〉

사역원의 교육과정은 후기에 이르러 한학 이외의 3학은 매우 간소화되었다. 그 이유는 상대국과의 외교정세의 변화나 필요성의 저하에 기인하였으며, 또한 영조 시기에 역학이 부진했기 때문이다(임동석, 1983 ; ≪영조실록≫ 권38, 6년 11월 경인). 과시 과목 이외에도 필요에 따라 새로운 내용이 첨가되기도 하고, 시대의 진전에 따라 언어 자체도 변동하는 것이므로 질정에 의한 어음語音의 개수改修 작업도 추진되었다(≪속대전≫, 예전 제과).

③ 교육방법

교육의 효율성을 최대한으로 올리기 위해서 교육방법에 다양한 시책이 창안되고 추진되었다. 그 내용을 보면, 서종법書從法, 철저한 회화 훈련, 출석 독려, 공동 학습과 분담지도, 엄정한 평가와 누가기록累加記錄의 활용 등이다.

서종법이란 독서권장과 그 실적을 평가하는 방법으로서 매일 또는 매월의 독서 목표량을 정하여 정한필독定限必讀케 하며, 때로는 독서한 내용을 임의로 추출하여 월례고강考講하여 그 평점과 독서 분량을 개인별로 치부, 독서의 한도를 어긴 자나 독서태만 자는 처벌하고 실적이 우수한 자는 근무평정이나 승진에 반영하는 제도이다(≪대전속록≫, 예전 장려). 이러한 서종법은 일반 유생이나 기술관의 교육에도 널리 사용되었던 제도이며, 특히 한학습독관과 역학생에게도 널리 통용된 것이다. 오늘날에도 어학교육에 있어 교재의 읽기가 중시되고 있음을 생각한다면, 서종법은 어학교육에 있어 중요한 의미를 지닌다고 하겠다.

그리고 사역원의 설치목적이 원래 능숙한 역설譯舌(회화)의 육성에 있었던 만큼 조선의 역학교육도 회화의 훈련에 치중하였다. 특히 조선후기에는 사역원 내에 회화 훈련을 위한 전문기관이 설치되었는데 그것이 바로 우어청偶語廳이다. 이 우어청은 숙종 8년(1682) 상신相臣 민정중閔鼎重이 사학생 중 연소하고 재능이 있는 자 100명[17]을 뽑아 창설한 회화 전습 기관으로서 한어 훈장은 중국인 문가상文可尙과 정선갑鄭先甲[18]이 임용되었으며, 한동안 큰 성과를 올렸다(≪통문관지≫ 권1, 연혁 등제 ; ≪숙종실록≫ 권6, 3년 3월 무술 ; ≪영조실록≫ 권28, 6년 11월 경인).

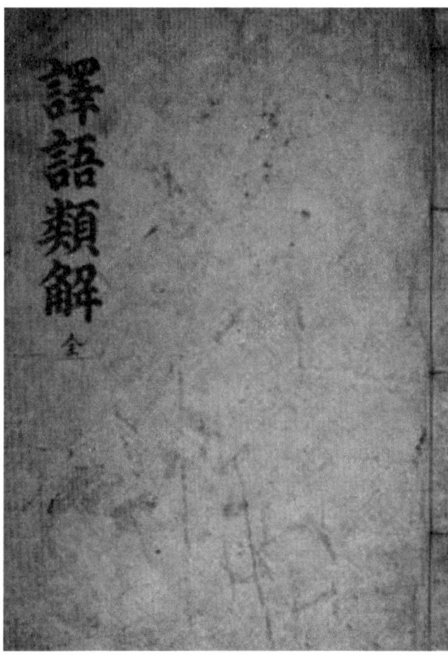

〈중국인 문가상文可尙과 정선갑鄭先甲이 감수한 역어유해譯語類解〉

17) 한학 50명, 몽학10명, 왜학 20명, 청학 20명이다.

18) ≪통문관지通文館志≫에 의하면, 1682년(숙종 8)에 민상국閔相國이 사역원 중국어 역관인 신이행 · 김경준金敬俊 · 김지남金指南 등에게 명하여 역어유해譯語類解를 편찬하게 한다. 이것을 중국인 문가상文可尙 · 정선갑鄭先甲 등의 수정을 받아 1690년에 역시 사역원의 정창주鄭昌周 · 윤지홍尹之興 · 조득현趙得賢으로 하여금 간행하게 하였다.

역학교육에서는 출석이 중시되었다. 조선시대에는 어느 기관이나 급사제給仕制[19]를 중시하였다. 이러한 출석일수는 엄정하게 기록, 성균관 유생의 원점법圓點法[20]에 준하여 부시를 허락하거나 취재, 서용, 부경 등에 반영하였으며, 무단 결석자나 핑계를 이유로 출석하지 않는 자는 정도에 따라 가동家僮을 구속하거나 취재와 서용의 불허, 충군充軍 등의 중벌에 처하였다(≪경국대전≫, 예전 장려). 이러한 벌칙은 다른 잡과교육에서 그 예를 찾아 볼 수 없을 정도로 엄중하였다.

학습의 형태는 상호질의와 솔선수범에 유리하도록 교관, 학생, 관원이 한 자리에 모여 강독하는 공동학습과 함께 개별적인 습업習業의 정숙精熟을 기하기 위하여 분담지도자법分擔指導者法이 적용되었다(≪태조실록≫ 권6, 3년 2월 을묘 ; ≪세종실록≫ 권85, 21년 4월 계묘 ; ≪성종실록≫ 권142, 13년 6월 계묘).

위에서 살펴 본 서종법, 회화, 출석 등의 교육성과는 정기 또는 수시로 공평하게 평가되고, 그 평가 결과는 계속적으로 기록되어 그 성적이 바로 그들의 환로宦路(벼슬길)의 출세와 해외 파견에 직결되었다.

④ 교원

사역원에는 역학 훈도관이 설치되었으나(≪세종실록≫ 권29, 7

19) 급사란 근무일수를 합산하여 취재, 서용, 부경赴京 등에 반영하는 것으로서 원사元仕는 실제의 근무일수이며, 별사別仕는 특근 또는 기능의 우수도를 평정하고 그것을 일수로 환산하여 상급賞給하는 제도이다.

20) 원점법은 성균관 거재居齋 유생의 근타勤惰(근면함과 나태함)를 점수로 평정하여 문과 응시의 자격을 부여하는 제도이다. 이는 조석朝夕에 식당에 들어갈 때, 도기到記(출석부)에 점을 찍게 하여 조석에 도기한 사람에게 1점을 부여한다. 성균관에 거재하는 유생에게만 원점법이 적용되었던 것이 아니라 사학四學의 원생에게도 적용되었다.

년 9월 정사), 사역원이 역학의 전문교육기관으로 정비됨에 따라 학생의 교육을 전담하는 역학교수와 역학훈도를 두었고, 지방의 역학에까지 사역원의 관원이 훈도로 파견되었다(≪통문관지≫ 권1, 연혁 외임). 사역원에는 이러한 전문직원에도 전관원이 본업출신자로 제수되었으며, 훈상당상, 상사당상 및 전어관 등이 역학 출신이므로 광의의 교원이 될 수 있었다.

교원의 임용에 있어서 최우선의 원칙은 역어譯語에 정통한 사람을 서용叙用하였다. 그래서 사역원 관원의 출신자를 채용하거나, 관원의 결원이 생길 경우에는 본업 경력자를 초선抄選하며, 타관 재직자의 겸관교수兼官教授 차정제差定制와 유능 관원의 단망의차單望擬差(한 사람을 천거하여 임명함) 등으로 교원을 확보하였다(≪중종실록≫ 권98, 37년 4월 신해).

그러나 교원의 임용에 있어 특이한 일은 역어에 능통하여도 경학과 의리에 밝지 못한 자는 옳은 역관이 될 수 없다고 하여 교원으로서 채용하지 않았다. 오히려 경학에 밝은 문신훈도를 임용한 것과 귀화한 중국인·여진인 등 외국인을 역학교원(≪태종실록≫ 권25, 13년 6월 을묘)으로 채용한 특수한 사례21)도 있다. 유능한 역관 교원을 확보하기 위하여 국가에서 정책적인 지원도 아끼지 않았다. 예컨대, 녹봉에 대한 우선 지급, 공궤供饋(음식을 제공)와 노비의 지급(≪태조실록≫ 권6, 3년 11월 을묘 ; ≪성종실록≫ 권98, 9년 11월 무인) 등 생계 지원을 하였고, 장래가 촉망되는 역학인(교원 후보)을 왕이 친히 소견召見하여 격려하기도 하였다(≪세조실록≫ 권12, 4년 5월 무신 ; ≪선조실록≫ 권7, 6년 정월 계사).

그리고 중외의 역학교수와 훈도의 업적과 근만勤慢을 고찰하여

---

21) 외국인이 교원으로 채용된 경우는 세종 때에 역학훈도 서사영徐士英·장현張顯, 숙종시 때에 우어청 훈장 문가상文可尙·정선갑鄭先甲(이상 漢人)이 있으며, 세종 때에는 여진자아女眞子牙의 사역원 훈도차정 등의 예가 있다.

출척黜陟에 반영하는 포폄褒貶 제도를 연구 추진하였다(≪세종실록≫ 권63, 16년 2월 계유). 그러나 이러한 시책에도 불구하고 우수한 교원을 확보하기가 쉽지 않았다. 이는 외국어교육에 능숙한 인재를 취재하기가 어려웠고, 외국어교육 또한 쉽지 않았기 때문이다.

(3) 역과입격자의 지위와 역학 권장책

① 입격자의 지위

역과입격자의 대우는 다른 잡과에 비하여 우대되었다. 역과입격자에게는 1등이 종7품, 2등이 종8품, 3등이 종9품을 수여하고, 품계를 받은 자는 모두 사역원의 권지權知로 임명되며(≪경국대전≫, 이전 제과), 그 후의 승진과 영달은 취재에 의하여 결정된다. 그리고 취재는 유능한 역관의 교육과 발탁을 좌우하는 긴요한 고시제도이다. 그래서 취재를 통한 시취試取의 공정을 기하기 위하여 여러 가지 시책이 강구된다. 대표적이 사례를 들면, 고시관의 엄격한 규정(≪경국대전≫ ; ≪속대전≫, 예전 취재), 녹직 제수의 균점均點을 위한 취재 시기의 조정(≪세조실록≫ 권 32, 10년 2월 신축), 회화 능력의 평가와 회화 성적 우선(≪속대전≫, 예전 취재), 취재 응시에 사일수仕日數(출근일수)의 반영(≪수교집록≫ 권3, 예전 장려), 강회 및 사일 동등자의 강서講書 점수와 전력 우선(≪수교집록≫ 권3, 예전 장려 ; ≪속대전≫, 예전 취재) 등이다.

한편, 역관에게는 외교뿐만 아니라 외국 정보를 수집하는 임무도 때로는 주어졌다. 예컨대, 숙종 시기에 청나라 사람이 우리나라의 바다에 표류하자 역관을 시켜 돌려보내고 귀국할 때 청나라에 사정을 알아오게 하였다(≪숙종실록≫ 권12, 7년 11월 정묘). 그러나 역관이 국가의 일을 임의로 처리하여 국문을 받는 경우도 있었다. 실제로 역관 한유상韓有相[22]이 동지사의 소임을 임의로 지휘한 일로 국문을 당하였다(≪숙종실록≫ 권18, 13년 7월 신묘). 한유상의 아들 한석조韓錫祚도 겨우 목숨을 건져 절도로 귀양갔다≪숙종실록≫ 권18, 13년 11월 정해).

② 역학의 권장책

역학교육을 통하여 양성된 역관에 대한 대우는 평상시에는 사역원에 출사하고 정기[사도목四都目] 취재에 응시해야 하며, 그 성적에 따라 상등은 통사通事, 중등은 압물押物·압마押馬, 하등은 타각부打角夫 등의 직형職衡으로 윤번하여 외국 사행에 수반하여 통역에 종사하기도 하고, 국가에 사용되는 당물唐物(서적·약재·악기 등)을 무역하기도 하였다.

또한 부경통사赴京通事의 선임과 파견의 공정을 위한 방법이 강구되기도 하였다. 예컨대, 취재 기피자의 치죄治罪와 출사일수가 많아도 취재 성적이 불량한 자의 부경赴京 불허, 그리고 남의 부경 순번을 탈취한 자는 3년 동안 부경통사의 파견을 금지하였으며, 또한 역관의 충실한 임무수행을 위하여 여비지급을 보장하였다(≪정조실록≫ 권36, 16년 10월 신미). 그리고 역관의 죄과에 대하여는 관대하게 조치하는 한편 공물무역의 부정자, 금제품禁制品의 밀매행위, 출장기한 위반 및 소경연도所經沿道의 작폐 역관을 엄징하는 규정을 법제화하기도 하였다.

한편, 국가에 공로가 있는 역관에게는 포상[23]을 내림으로써 그

---

22) 한유상의 본관은 가은이며, 전공은 한학이며, 관직은 교회이며, 1645년(인조 23)에 입격하였으며, 품계는 가의대부를 역임하였다.

23) 왕조실록에 의하면, 역관들이 사신의 임무를 수행하고 돌아 올 때는 여러 가지 고귀한 물건을 구입하여 국왕에게 선물하는 경우가 매우 많았다. 이에 국왕은 역관들에게 가자加資하고 포상을 하였다.

들의 봉공奉公을 권장하였다. 예컨대, 선조 때 종계변무宗系辨誣[24]에 유공한 통사 오순吳淳과 한리학관漢吏學官 이봉상李鵬祥에게 가자加資하고 전지田地와 집을 하사하였으며(≪선조실록≫ 권22, 21년 5월 갑신), 영조 때 청나라 사신을 접대한 공으로 가자한 역관 김진하金振夏 등이 대표적인 사례였다(≪영조실록≫ 권89, 33년 6월 무자). 김진하는 영조 8년(1732)에 식년시에서 역과(전공은 청어)로 입격하였으며, 본관은 김해이며 자는 여구汝九였다. 관직은 상통사와 지추, 품계는 숭정대부와 숭록대부를 역임하였다. 특히 청학淸學·청어淸語에 능통하여 역관으로 청나라 사신의 접대를 잘해서 왕의 표창을 받았다. 어린이의 청학淸學 공부를 위해 ≪소아론小兒論≫을 편집하여 간행했다.

조선시대에 있어 사역원에 대한 최초의 권장시책은 태조 3년(1394)에 논의된 사역원의 〈습어고시규정習語考試規定〉이라 할 수 있다(≪태조실록≫ 권6, 3년 11월 을묘). 그 내용은 다음과 같다.

○ 교수 정원 3원 중 2원은 한어, 1원은 몽고어로 하고, 녹봉을 우금하며, 생도 정원은 분담 습업시키고 그 근만을 고찰하여 상벌에 참고한다.

○ 생도는 지원자가 적으므로 한성의 오부와 각도 계수부주에서 낭가자제 15세 이하인 자질이 명민한 자를 선발하여 1인씩을 세공한다.

---

24) 조선 개국 초부터 선조 때까지 약 200년간 명明나라에 잘못 기록된 조선 태조 이성계李成桂의 종계宗系를 개록改錄해 줄 것을 주청한 사건이다. 이 사건은 두 나라 사이에 심각한 외교문제로 부각되어 태조 때부터 여러 차례 사신을 보내어 고쳐줄 것을 요구하였으나, 시정 약속만 하고 실현되지 못하여 이는 역대 왕들의 가장 큰 현안문제가 되어 왔다. 선조는 종묘에 가서 종계의 개정을 고하는 제사를 지내고 대사령大赦令을 내렸으며, 백관에게도 벼슬을 올려주었다.

○ 매년도목에 한어, 몽어 각 3인을 천거하되 한어 정통 자를 우선하며, 고시 성적이 동등할 때는 사역원 재임 연수를 우선한다.

○ 학습한 지 3년이 지나도 한몽어에 통하지 못한 자는 파출, 충군한다.

○ 고시 입격자에게는 홍패를 급여한다.

다음으로 상벌제도에 대하여 살펴본다. 포상제도로서 주목할 것은 한어·이문吏文의 전강殿講 제도이다. 문신에 대한 친림강시제親臨講試制는 조선시대에 널리 이용된 시책이다. 이 제도가 한어와 이문사습문신吏文肆習文臣도 대상이 되었다는 것은 특기할 일이다. 한어와 이문의 전강은 세조 초부터 시작되었으며, 사역원의 한어습독관을 궐내의 은정전恩政殿이나 정전正殿에 불러 왕이 친히 또는 관계관에게 명하여 역관에게 시강하던 제도였다.

과차科次에 따라 포상과 하사하였는데, 상사는 수위에게 가자加資하고, 차위에게 아마兒馬하며, 다시 그 다음에는 각궁角弓(뿔로 장식한 활)을 하사하였다. 이러한 한어이문漢語吏文의 전강殿講은 종종·명종 때에 가장 빈번히 실시되었으며(≪중종실록≫ 권15, 7년 5월 경신 ; ≪명종실록≫ 권7, 3년 3월 기축 ; ≪명종실록≫ 권12, 6년 9월 을미), 임진왜란 이후 이러한 제도가 해이해지자 부활할 것을 주장하였다. 영조 때에는 특례로 종신從臣(임금을 따라 다니던 신하)과 역관에게 한어 또는 한학·몽학·청학의 전강이 실시된 적이 있었다(≪영조실록≫ 권105, 41년 6월 을축). 또한 역관을 불러 모아 몽청한학蒙清漢學의 강講을 암송하라고 명하였고(≪영조실록≫ 권119, 48년 10월 정축), 청학훈장清學訓長이 비어있자 청학 당상관인 김이주金履周를 차출하여 역학을 가르치게 하였다(≪승정원일기≫, 고종 13년 1월 신축).

일반 상벌규정은 명문화된 조규가 별도로 정비되어 있지는 않았지만, 포상과 벌칙을 제시하였다. 포상에는 독서실적, 근무일수, 고강성적[푼수; 분수分數에 의하여 결정됨] 등이 동반 현직의 서용과 부경수행 등으로 시행되었다. 그리고 벌칙에는 출석 불량자, 핑계를 만들어 타사에 입속한 자, 근무 불성실자, 학업 태만자, 과정 미달자 등을 처벌하도록 법제를 만들었다(≪수교집록≫ 권3, 예전).

2. 조선후기 역과입격자의 분석

조선시대의 과거에는 문과[생원시와 진사시 포함]·무과·잡과 세 종류가 있었으며, 3년에 한 번씩 열리는 식년시와 수시로 열리는 증광시·별시·알성시·정시·춘당대시 등이 있었다. 하지만 별시·알성시·정시·춘당대시에는 문과와 무과만이 열렸다(≪경국대전≫, 예전 제과).

조선시대 과거의 하나인 잡과는 태조 원년(1392)에 입관보리법入官補吏法이 제정되었을 때, 이과·역과·음양과·의과로 정해져 이조가 주관하도록 하였다. 그 후 태조 2년(1393)에 음양과·의과·역과로 확립되었으며, 세종 원년(1419)에는 역과에 15인, 음양과에 9인, 의과에 9인, 율과에 9인을 선발하였다는 기록이 있다(이홍렬, 1967). 잡과에는 문·무과와 마찬가지로 3년에 한 번씩 실시되는 식년시와 국가에 경사가 있을 때 특설되는 증광시가 있다. 그리고 잡과에는 초시와 복시만 있고 전시殿試는 없었다(≪경국대전≫, 예전 제과). 이와 같은 사실을 통해 볼 때, 잡과는 조선 초부터 실시되어 왔음을 알 수 있으나, 현재 전해지는 잡과방목에는 조선 초에 관한 기록이 누락되어 있어 잡과의 설행設行에 관한 면모를 제대로 파악할 수 없다.

역과는 잡과의 하나로서 조선시대에 역과의 시행 횟수가 밝혀진 것은 1498년부터 1891년까지 394년간에 걸쳐 식년시가 110회, 증광시가 59회로 총 169회이다. 여기서 배출된 입격자는 식년시에서 1,802명과 증광시에서 1,135명으로 모두 2,937명이다(이성무 · 최진옥 · 김희복, 1990). 그러나 연구자는 조선후기[25]의 역과입격자를 분석대상으로 삼았기 때문에, 본 논문에서는 선조 33년(1600)의 식년시부터 고종 28년(1891)의 증광시까지 292년간에 걸쳐 배출된 역과입격자 2,812명을 분석하였다(89-90쪽의 〈별표 3-1〉을 참고).

조선후기에 식년시가 설행되지 않았던 연도는 두 번 밖에 없었다. 즉 광해군 14년(1621)은 후금의 침입으로 국내가 혼란하여 과거가 설행되지 않았으며, 인조 14년(1636)은 청나라 태종이 조선을 침략한 병자호란이 일어난 해였기 때문에 식년시가 설행되지 않았다.

조선후기의 역과입격자를 구체적으로 살펴보면, 식년시가 96회에 걸쳐 1,678명의 역과입격자를 배출하였고, 증광시는 58회에 걸쳐 1,134명의 역과입격자를 배출하였다. 전체적으로 조선후기에는 역관을 선발하기 위한 과거가 154회에 걸쳐 2,812명이 역과에 입격하였다(〈별표 3-1〉을 참고). 이를 표로 나타내면 〈표 3-4〉와 같다.

25) 역사서술에 있어 시대를 구분하는 것은 역사를 이해하는 데 중요한 하나의 지남指南이다. 한국사의 시대구분은 시간의 원근에 의한 구분, 사회발전에 의한 구분, 민족의 성장과정에 의한 구분, 지배세력의 변화에 의한 구분 등이 있다(이기백, 1970). 그러나 앞에서도 언급하였지만, 연구자는 한국사에서 일반적으로 조선후기를 임진왜란 이후로 보는 견해를 따르고자 한다.

〈표 3-4〉 조선시대 역과 설행 횟수와 입격자 수

(단위: 명)

구 분	식 년 시		증 광 시		합 계	
	횟 수	인 원	횟 수	인 원	횟 수	인 원
조선전기	14	124	1	1	15	155
조선후기	96	1,678	58	1,134	154	2,812
합 계	110	1,802	59	1,135	169	2,937

〈별표 3-1〉과 〈표 3-4〉에서 보면, 조선후기 역과입격자는 2,812명이다. 이를 평균으로 환산하면 18.3명이 매회 역과에 입격하였다. 이를 정원 19명에 비교하면, 대체로 정원이 잘 지켜졌음을 알 수 있다.

그러나 개항(1876) 이후 역과입격자는 정원을 훨씬 초과하였다. 예컨대, 1879년부터 1891년까지 식년시가 5회에 걸쳐 185명을, 증광시가 4회에 걸쳐 195명을 배출하였다. 이것은 식년시가 거의 정원의 2배를 합격시켰으며, 증광시는 평소의 1.6배를 합격시켰다. 이렇게 입격자가 증가한 이유는 개항에 따른 외국과의 교류증대로 말미암아 외국어 해독자의 수요증가로 추정된다. 또한 이것은 조선시대 말기의 과거제도의 폐단[26]과 국가기강의 해이[27]에 따른 현

26) 조선후기에 과거제의 폐단에 대한 상소와 과거제의 개선을 위한 상소가 지속적으로 이루어졌다. 몇 가지 사례만 적어본다(≪영조실록≫ 권113, 45년 12월 정사 ; ≪정조실록≫ 권6, 2년 7월 정미 ; ≪순조실록≫ 권30, 28년 2월 갑술 ; ≪철종실록≫ 권12, 11년 7월 경술 ; ≪헌종실록≫ 권15, 14년 2월 갑인). 이외에도 왕조실록에는 과거의 폐단과 과거제의 개선, 그리고 과거장科擧場의 질서를 세울 것에 대한 상소가 매우 많이 기록되어 있다.

27) 영조 시기에 지평 유훈柳薰이 5개 조목의 시폐時弊를 상소하였다(≪영조실록≫ 권113, 45년 12월 정사). 이것의 내용을 살펴보면, 첫째로 과거제를 바꾸는 것이며, 둘째로 기강을 세우라는 것이며, 셋째로 수령을 교체하라는 것이며, 넷째로 사치를 금하는 것이며, 다섯째로 옥송獄訟을 공평하게 하는 것이었다.

상이라고 볼 수 있다.

한편, 증광시[28]는 58회에 걸쳐 1,134명이라는 많은 역과입격자를 배출하였다. 이는 과거제도를 정권의 시혜적 차원에서 다루었다고 볼 수 있다. 즉 입격자의 수적 증가는 "국가 경사의 기쁨을 고루 나누어 주고 혹은 인심을 위로 하는데 두었던 것"(조좌호, 1985)에 기인되었다. 이것은 과거의 본래 목적인 인재양성을 무시하고 왕조의 권력적 기반을 강화하려는 데에 과거제도를 이용했다고 볼 수 있다.

1) 왕조별 역과입격자

왕조별로 구분하여 역과입격자를 분석하는 것은, 각 왕조의 역학정책과 과거제도의 변화를 살펴 볼 수 있다. 그리고 이것은 당시의 사회변화를 재는데 있어 하나의 중요한 척도가 될 수 있다. 왕조별로 역과입격자를 표로 나타내면 〈표 3-5〉와 같다.

---

28) 증광시는 조선시대에 실시된 과거 시험의 하나로서, 나라에 경사가 있을 때 식년시式年試 이외에 실시된 임시 시험이다. 증광시增廣試는 잡과에도 시행되었다. 이것은 1401년(태종1)에 처음으로 실시되어, 주로 임금의 등극을 축하하는 의미에서 즉위년 혹은 그 이듬해에 실시되었다. 그러나 선조 때부터는 나라에 경사가 있을 때마다 실시되어 결국은 과거제도의 문란을 초래하였다.

〈표 3-5〉 조선후기 역과입격자의 왕조별 인원

〈표 3-5-1〉

(단위: 명)

구분	선조	광해군	인조	효종	현종	숙종	경종	영조	정조	순조	헌종	철종	고종	합계
인원	35	67	141	58	117	524	63	504	183	333	141	116	530	2,812
설행횟수	5 (2)	10 (6)	12 (4)	5 (2)	7 (2)	28 (12)	3 (2)	25 (8)	11 (3)	18 (6)	8 (3)	6 (2)	16 (2)	154 (58)

* 괄호 속의 숫자는 증광시를 표시함

〈표 3-5-2〉

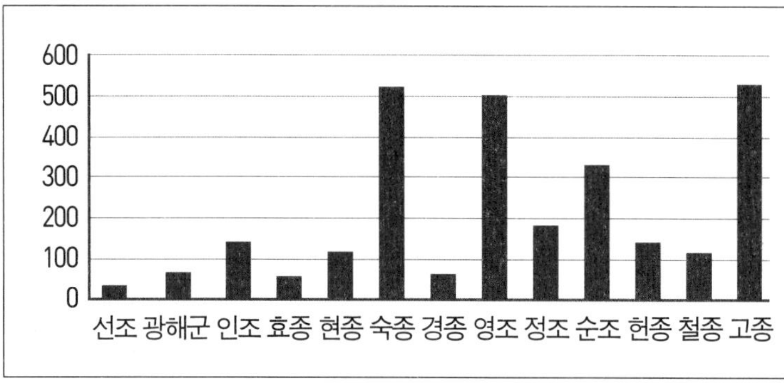

* 선조 왕조는 선조 33년(1600) 이후의 입격자를 표시함

〈표 3-5〉[29]에서 볼 수 있는 바와 같이, 숙종과 영조 및 고종 연간에 역과입격자가 두드러지게 배출되었음을 알 수 있다. 여기서 숙종과 영조는 재임기간이 길어진 이유에서 역과입격자를 많이 배출하였다. 즉 숙종은 46년간, 영조는 50년간이라는 재임기간에 의해서 나타나는 현상이다. 대체로 역과입격자의 정원 19명이 잘 지

29) 이 책에서 제시된 잡과입격자의 분석표는 연구자가 ≪조선시대 잡과합격자총람≫을 토대로 직접 작성한 것이다.

켜졌다(〈별표 3-1〉을 참고).

그러나 고종은 재임 기간이 28년간임에도 불구하고 너무나 많은 역과입격자를 배출하였다. 즉 〈별표 3-1〉에서 볼 수 있는 것처럼, 개항(1876) 이후 특히 1879년 식년시부터 갑작스럽게 인원이 증가한다. 예를 들면, 1879년 식년시에는 역과입격자를 36명이나 배출하였고, 증광시에는 1880년에 역과입격자를 42명이나 배출하였다. 이것은 평상시 입격자의 두 배에 해당된다. 이에 대한 이유는 고종 시기에 과거제의 문란[30]과 신분제의 해이에서 나타나는 현상이라고 설명할 수 있다. 또한 청탁에 의한 입격자를 증가로 볼 수 있다.

> 사역원司譯院의 관리와 생도들이 공부는 다 집어던지고 청탁하러 다니는 것만 일삼아 익혀야 할 것이 무슨 일인지조차 전혀 모르고 있다. 그 중에서도 등제等第를 앞질러 차지하는 폐단이 바로 병통의 근원이다. 한학漢學·청학淸學·몽학蒙學·왜학倭學 사학四學의 등제 중에는 한학의 차상통사次上通事·구압물舊押物·삼압물三押物 및 청학의 피선被選·별체아別遞兒·신체아新遞兒, 몽학의 원체아元遞兒, 왜학의 총민聰敏 등 도합 여덟 가지 등제에는 예로부터 과거에 급제하지 못한 사람이라 하더라도 차임

---

30) 이러한 과거제의 문란은 잡과에만 나타나는 현상이 아니라 문과나 무과에서도 표출되었다. 예컨대, 문과의 생원·진사시의 경우에는 고종 10년(1873)의 식년시에서 생원은 201명, 진사는 277명을 합격시켜 정원 100명을 훨씬 초과하였다. 이외에도 고종 연간에 생원과 진사의 합격수가 200명이 초과되는 경우도 매우 많았다(최진옥, 1993:22). 또한 무과의 경우에는 고종 4년(1867)의 식년시에는 무려 813명을 합격시켰고, 고종 31년(1894)의 식년시에는 1,147명을 합격시켰다(이성무, 1994:160-61). 결국 과거제의 문란은 국가의 권위를 떨어뜨리고 사회적 혼란을 초래하였다.
그래서 고종 시기에 과거의 폐단과 폐해를 시정하는 상소(≪승정원일기≫, 고종 10년 11월 갑술 ; 고종 11월 3월 계축)와 과거장에서 시관들의 공정한 관리 및 엄격한 과거의 실시에 대하여 하교하였다(고종 11년 3월 계해 ; 고종 11년 4월 정축).

을 허락하는 규례가 있었는데, 법이 오래되는 데 따라 폐단이 생겨나서 오늘과 같은 고질이 되었다(≪고종실록≫ 권1, 고종 1년 11월 정사)

이처럼 당시에도 청탁에 의한 입격자가 상당하였음을 알 수 있다.

2) 세기별 역과입격자

100년을 1기로 끊어서 세기별로 시대상의 흐름과 변화를 재는 것은, 자칫하면 기계적이고 도식적인 편의성을 지닐 우려가 있다. 그러나 세기별로 나누어 각 세기[31]의 시대상의 흐름과 변화를 분석하는 것은 각 시대의 특징을 이해하는 데 있어 중요한 지남指南이 될 수 있다. 세기별로 역과입격자를 분석해 보면, 17세기에 724명, 18세기에 968명, 19세기에 1,120명의 역과입격자를 배출하였다. 이를 표로 나타내면 〈표 3-6〉과 같다.

---

31) 17세기는 인조반정(1623)과 병자호란(1636) 및 숙종 시대의 자연 재해로 말미암아 정치적으로 혹은 사회 경제적으로 매우 심각한 혼란에 직면하였다. 특히 숙종 시대의 자연 재해, 즉 홍수나 가뭄 그리고 지진 등에 대해서는 왕조실록에 많이 기록되어 있다(≪숙종실록≫ 권13, 8년 5월 계유 ; 권13, 8년 8월 신묘 ; 권24, 18년 8월 경자 ; 권36, 28년 7월 경술 ; 권37, 28년 7월 계축). 그리고 18세기는 조선후기의 부흥을 꿈꾸었던 영조와 정조 시기가 주류를 이루었다. 이때에는 사회가 안정적이었고, 특히 문운의 부흥이 절정에 달하였던 시기였다. 한편, 19세기는 서구의 신문화가 유입되면서 조선후기의 신분제의 철폐와 근대화 및 개화 의식이 발흥했던 격동의 시기였다.

〈표 3-6〉 조선후기 역과입격자의 세기별 인원

(단위: 명)

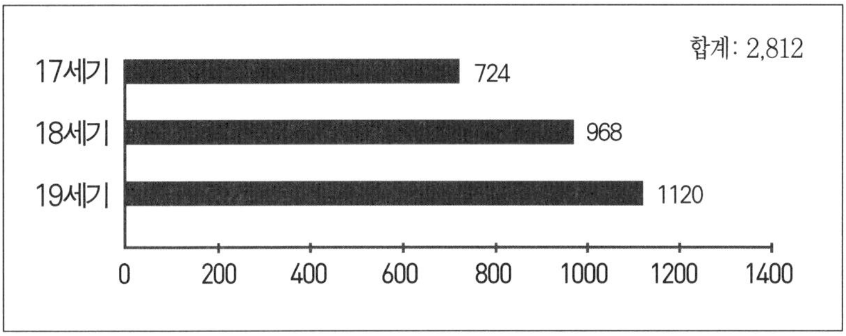

〈표 3-6〉에서 볼 수 있는 바와 같이, 19세기에 역과입격자가 가장 많았다. 특히 〈별표 3-1〉에서 볼 수 있는 것처럼, 19세기 후반에 갑작스럽게 역과입격자가 많이 배출되었다. 이와 같은 현상은 조선후기의 개항(1876년)과 밀접한 관련이 있는 것으로 추정된다. 왜냐하면 개항에 따른 외국과의 교류증대로 말미암아 외국어 해독자의 수요증가로 볼 수 있기 때문이다. 그리고 신분제의 변화에 따른 과거제도[32]의 문란으로 많은 사람들을 합격시켰기 때문이라고 볼 수 있다.

보다 구체적으로 살펴보면, 17세기에는 매회 평균 13.2명이 합격하였고, 18세기의 경우에는 매회 평균 18.9명이 합격하였으며, 19세기에는 매회 평균 23.3명이 합격하였으며, 이는 역과의 정원 19명을 초과하여 역과입격자를 선발하였다.

32) 과거장에서 폐단을 일으키는 일이 허다하였고, 잡류雜類들이 유생이라고 속이는 폐단이 발생하기도 했다. 또한 국가의 시험을 주관하는 사람은 청렴결백하게 시취할 것을 당부하였다(≪승정원일기≫, 고종 12년 7월 계해 ; ≪승정원일기≫, 고종 12년 8월 경진).

3) 전공별 역과입격자

역과의 전공에는 한어, 청어, 몽어, 왜어가 있다. 역과입격자를 전공별로 살펴보는 것은 역학의 전공영역 중에서 중요시한 전공이 무엇인가를 추론할 수 있고, 이를 통하여 외교 정책에 있어 변화의 추이를 유추할 수 있다.

역과의 전공별 인원은 한어가 13명, 청어[33]가 2명, 몽어가 2명, 그리고 왜어가 2명이다(≪경국대전≫, 예전 제과). 조선후기 역과입격자의 전공별로 나타내면 〈표 3-7〉과 같다.

〈표 3-7〉에서 보면, 한어 입격자 수가 1,857명으로서 전체 역과입격자 2,812명의 66%를 차지했다. 이것은 중국과 외교관계에 있어 외교문서를 작성하고, 사서史書를 편찬하는 데에 한자가 중요한 수단이 되었기 때문이며, 한어의 입격자 정원이 13명으로 다른 전공의 입격자 정원이 각 2명에 비하여 많았기 때문이다.

또한 개항 이후 청어 · 몽어 · 왜어의 역과입격자가 거의 두 배로 증가하고 있는 것으로 나타나는 데(≪역과방목≫), 이는 외교정책의 다변화에 따른 외국어 해독자의 수요증가와 관련된 것으로 보인다(홍희유 · 채태형, 1996). 특히 개항 이후에는 중국 중심의 외교관계가 여러 인접국가로 확대되었기 때문에 한어 이외의 역과입격자가 많이 배출되었고,[34] 앞에서 이미 언급하였지만 조선후기의 국가적 혼란 및 과거제의 문란과 관련되어 있다고 볼 수 있다.

---

33) 조선조에서는 청어淸語를 처음에는 여진어女眞語이라 하였으나 1669년부터 청학이라 표기하고 있기 때문에, 본 논문에서는 청어 혹은 청학淸學으로 통일한다.

34) 동래부에 왜인이 출현하자 역관을 별도로 파견하여 조정의 의사를 전달하게 하였고(≪승정원일기≫, 고종 12년 5월 신유), 역관 김계련金繼蓮과 왜인 삼산무森山茂가 교린의 범례를 의논하였다(≪승정원일기≫, 고종 12년 7월 계묘).

〈표 3-7〉 조선후기 역과입격자의 전공별 인원

〈표 3-7-1〉

(단위: 명)

구분	선조	광해군	인조	효종	현종	숙종	경종	영조	정조	순조	헌종	철종	고종	합계
한어	18	44	92	45	80	351	39	328	118	228	96	74	344	1,857
청어	3	7	13	5	15	57	8	58	22	34	14	13	68	317
몽어		3	12	1	9	55	8	58	20	35	15	13	49	278
왜어	2	9	22	7	13	60	8	60	23	36	16	16	69	341
미상	12	4	2			1								19
합계	35	67	141	58	117	524	63	504	183	333	141	116	530	2,812

〈표 3-7-1〉

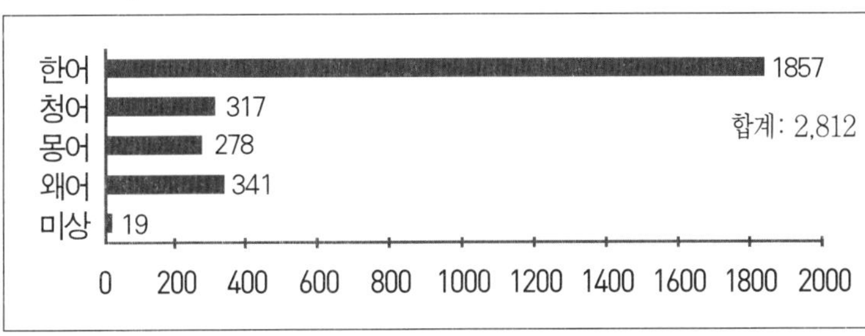

* 선조 왕조는 선조 33년(1600) 이후의 입격자를 표시함

그리고 〈표 3-7〉에서 살펴보면, 인조 시기에 왜어의 입격자 수가 청어나 몽어 비하여 월등히 많다. 이것은 임진왜란 이후 선조 40년(1607)에 일본과의 외교관계가 정식으로 회복되자 왜통사倭通事의 활동이 절실하게 요청되었기 때문이다. 예를 들면, 김효순金孝舜은 당상역관堂上譯官으로 일본에 건너가 전후戰後 문제를 합리적으로 처리한 공로 때문에 자헌대부(정2품)를 받았다(≪선조실록≫ 권207, 40년 1월 무인 ; ≪통문관지≫, 인물항). 김효순은 선조33년(1600)에

식년시에서 역과로 입격하였으며, 본관은 보령保寧이며 자는 백진伯進이었다. 관직은 판관을 역임하였다. 1604년과 1607년 두 번에 걸쳐 일본에 사신으로 파견되어 남녀 수 만인을 쇄환刷還(외국에 유랑하는 동포를 데리고 옴)해왔고, 이로써 당상관에 승진되었다. 한성판윤에 증직되었다.

또한 조선시대 말기에도 왜어 입격자가 많이 증가하였다. 이는 일본과의 외교적 필요성에 따라 왜어 입격자를 많이 입격시켰기 때문이며, 조선 말기의 과거제의 문란과 증광시에서 역과입격자를 많이 입격시켰기 때문에 나타나는 현상이라고 추론할 있다. 몇 가지 사례를 통하여 인조 시기와 조선조 말기의 역과입격자를 전공별로 나타내면 다음과 같다.

설 행 연 도	한 학	청학	몽 학	왜 학	미 상	계
1819증(광해11년)	13	4	1	5		23
1824증(인조2년)	2			2		4
1827식(인조5년)	4			1		5
1830식(인조8년)	15		2	2		19
1835증(인조13년)	14	3	2	4		23
1848식(인조28년)	12	1	1	2		16
1858식(철종9년)	16	3	3	6		28
1874증(고종11년)	24	7	4	4		39
1878식(고종13년)	15	2	2	3		22
1882증(고종19년)	26	5	4	5		40
1885증(고종22년)	35	10	6	11		62
1891증(고종28년)	28	9	4	10		51
합 계	204	44	29	55		332

한편, 역과입격자를 세기별로 나누어 전공인원을 분석하는 것은 조선시대 사회의 외교관계의 추이를 알 수 있는 하나의 중요한 단서가 될 수 있을 뿐만 아니라 외국어의 발전과정을 이해할 수 있도록 한다. 세기별 전공 인원을 살펴보면 〈표 3-8〉과 같다.

〈표 3-8〉 조선후기 역과입격자의 세기별 전공 인원

(단위: 명)

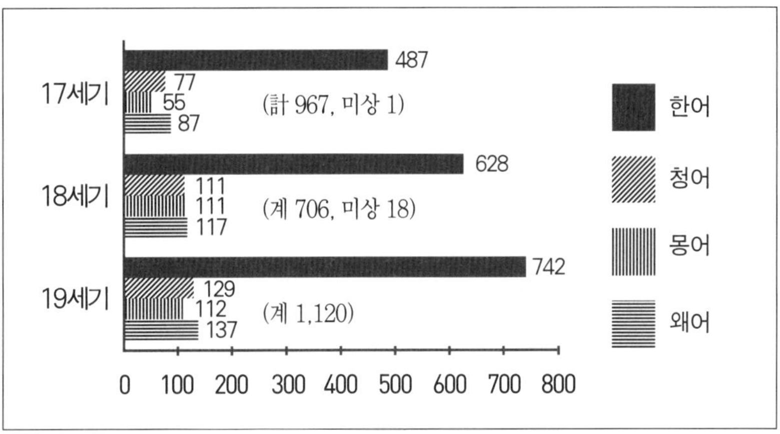

〈표 3-8〉에서 보면, 17세기에 한어 입격자가 487명, 청어 입격자가 77명, 몽어 입격자가 55명, 왜어 입격자가 87명이다. 18세기에 한어 입격자가 628명, 청어 입격자가 111명, 몽어 입격자가 111명, 왜어 입격자가 117명이다. 19세기에 한어 입격자가 742명, 청어 입격자가 129명, 몽어 입격자가 112명, 왜어 입격자가 137명이다.

전공별 입격자의 수는 한어가 두드러지게 많았다. 이것은 한어 입격자의 정원(13명)이 다른 전공(2명)에 비하여 많았고, 조선사회가 대외관계를 중국 중심으로 펼쳤기 때문에 역과입격자를 많이 합격시킨 결과라 볼 수 있다.

4) 품계와 관직별 역과입격자

조선시대에는 신분에 따라 관직에 오를 수 있는 한품限品이 정해져 있었다. 이것이 바로 한품서용법이다. 한품서용법에 따르면, 기술관은 정3품 당하관이 한품으로 되어 있었다(≪경국대전≫, 한품서용). 그렇기 때문에 기술관이 당상관에 오르는 경우는 드물었다. 여기에서도 조선시대 사회가 양반관료사회라는 이념을 철저하게 준수하고 있음을 엿볼 수 있다.

역과입격자에 주어지는 관직을 살펴보면, 일등은 종7품, 이등은 종8품, 삼등은 종9품을 주었다(≪경국대전≫, 이전 제과조). 그래서 역과입격자가 당상관 이상의 품계[35]와 관직을 받는 것은 특별한 경우라고 볼 수 있다.

조선후기의 역과입격자가 받은 품계를 살펴보면, 품계1에서는 종1품이 69명, 정2품이 63명, 종2품 224명, 정3품이 252명이다. 품계2에서는 종1품이 13명, 정2품이 11명, 종2품 28명, 정3품이 182명이다. 이를 표로 나타내면 〈표 3-9〉와 같다.

〈표 3-9〉에서 볼 수 있듯이, 품계를 가진 역과입격자는 전체 입격자 2,812명 중에서 843명이다. 이는 역과입격자 전체의 30%를 차지하는 비율이지만, 중복되는 경우가 있기 때문에 실제로는 609명으로서 전체의 21%를 차지했다. 구체적으로 살펴보면, 품계1을 가진 입격자는 전체 입격자의 21%이며, 품계2를 가진 입격자는 전체 입격자의 9%이다. 그래서 품계를 받은 역과입격자는 실제적으로 낮은 편이라고 생각할 수 있지만 그들이 지닌 신분적 한계를 고려

35) 이 책의 품계1과 품계2, 그리고 관직1과 관직2는 잡과입격자가 품계와 관직을 중복해서 받았을 경우에 사용되었다. 따라서 품계2와 관직2를 가진 입격자는 반드시 품계와 관직을 한 개 이상 받은 잡과 입격자였다.

한다면, 역과입격자는 상당히 높은 품계를 상당히 많이 받았다고 볼 수 있다.

〈표 3-9〉 조선후기 역과입격자의 품계

(단위: 명)

<table>
<tr><th colspan="2">구 분</th><th>품 계 1</th><th>계</th><th>품 계 2</th><th>계</th><th>합 계</th></tr>
<tr><td rowspan="2">從 1</td><td>崇祿大夫</td><td>47</td><td rowspan="2">69</td><td>6</td><td rowspan="2">13</td><td rowspan="2">82</td></tr>
<tr><td>崇政大夫</td><td>22</td><td>7</td></tr>
<tr><td rowspan="2">正 2</td><td>正憲大夫</td><td>21</td><td rowspan="2">63</td><td>4</td><td rowspan="2">11</td><td rowspan="2">74</td></tr>
<tr><td>資憲大夫</td><td>42</td><td>7</td></tr>
<tr><td rowspan="2">從 2</td><td>嘉義大夫</td><td>59</td><td rowspan="2">224</td><td>10</td><td rowspan="2">28</td><td rowspan="2">252</td></tr>
<tr><td>嘉善大夫</td><td>165</td><td>18</td></tr>
<tr><td rowspan="2">正 3</td><td>通政大夫</td><td>209</td><td rowspan="2">252</td><td>1</td><td rowspan="2">182</td><td rowspan="2">434</td></tr>
<tr><td>折衝將軍</td><td>43</td><td>181</td></tr>
<tr><td>從 4</td><td>宣略將軍</td><td>1</td><td>1</td><td></td><td></td><td>1</td></tr>
<tr><td colspan="2">합 계</td><td colspan="2">609</td><td colspan="2">234</td><td>843</td></tr>
</table>

그리고 품계1에서 당상관[통정대부 이상]을 지낸 역과입격자는 565명으로 전체 입격자 2,812명의 20%에 해당된다. 또한 품계2에서는 53명이 당상관의 품계를 받았으며, 이는 전체 입격자의 1.8%에 지나지 않는다. 그 이유는 조선시대 사회가 유교사회이므로 기술학이라 할 수 있는 잡과를 천시했기 때문이다. 하지만 한품서용법에 비추어 본다면, 역과입격자의 품계가 반드시 낮은 것만은 아니다. 왜냐하면 조선시대 사회가 기술학을 천시하였다하더라도 국가경영에 있어 역과입격자의 전문적인 지식과 신분적 역할을 등한시할 수 없었기 때문이다.

한편, 역과입격자가 받은 품계를 왕조별로 나타내면 〈표 3-10〉과 같다.

〈표 3-10〉 조선후기 역과입격자의 왕조별 품계

〈표 3-10-1〉 품계 1

(단위: 명)

구분		선조	광해군	인조	효종	현종	숙종	경종	영조	정조	순조	헌종	철종	고종	합계
從 1	崇祿大夫		2	2		2	8	1	8	5	15	1	2	1	47
	崇政大夫					1	6		3	4	6	1	1		22
正 2	正憲大夫			2	1	3	4	2	4		2	2	1		21
	資憲大夫	1		3	1	5	12	3	8	4	4	1			42
從 2	嘉義大夫	1	1	4	1	5	11	1	7	6	10	10	1	1	59
	嘉善大夫	7	3	7	6	10	38	4	46	13	23	6	2		165
正 3	通政大夫	2	7	15	7	9	48	6	34	14	59	6	1	1	209
	折衝將軍	1	2	2		2	10	1	5		9	6	2	3	43
從 4	宣略將軍												1		1
합계		12	15	35	16	37	137	18	115	46	128	33	11	6	609

〈표 3-10-2〉 품계 2

구분		선조	광해군	인조	효종	현종	숙종	경종	영조	정조	순조	헌종	철종	고종	합계
從 1	崇祿大夫					1	2		1		1	1			6
	崇政大夫						1				3	3			7
正 2	正憲大夫								1		1	2			4
	資憲大夫										5	2			7
從 2	嘉義大夫				1		3		2	1	2	1			10
	嘉善大夫	1	1	1	3	1	2		5		4				18
正 3	通政大夫					1									1
	折衝將軍	2	7	14	7	8	45	5	32	9	49	3			181
합계		3	8	15	11	11	53	5	41	10	65	12			234

* 선조 왕조는 선조 33년(1600) 이후의 입격자를 표시함

〈표 3-10〉에서 보면, 품계1을 받은 역과입격자 609명 중에서 숙종 시기[36]에 137명으로 전체의 23%를 차지하여 가장 많다. 다음으로 순조 시기에 128명, 영조 시기에 115명 순이다. 그리고 품계2를 받은 역과입격자는 234명으로 순조 시기에 65명을 차지하여 가장 많다. 다음으로 53명의 숙종 시기, 41명의 영조 시기 순이다.

그리고 종1품의 품계를 가장 많이 받은 시기는 순조 시기이다. 예컨대, 품계1에서 21명이, 품계2에서 4명이 종1품의 품계을 받았다. 대체로 순조 시기에 높은 품계를 받았는데 이는 당시의 사회현상과 관련이 있다. 즉 19세기의 시작이라 할 수 있는 순조 시기는 세도정치의 폐단으로 정치의 기강이 문란해져서 민생이 도탄에 빠졌고, 각종 비기와 참설이 유행하는 등 사회혼란이 일어났다. 특히 세도정치에 의한 전횡과 뇌물 등으로 공평한 인사의 기본인 과거제도가 문란해지고[37] 매관매직이 성행했다. 그래서 역과입격자에게도 높은 품계가 주어졌으리라 생각된다. 이러한 매관매직은 결국 조선후기의 신분질서를 급속하게 와해시켰으며, 봉건제도의 붕괴로 나타나 조선후기의 사회적 위기를 초래한 동인이 되었다.

---

36) 하나의 예를 들면, 이 시기에 김근행金謹行은 대마도의 사신을 잘 주선한 공로로 자품을 올려 받았다. 그는 자헌대부의 품계와 지추의 관직을 받았다(≪숙종실록≫ 권6, 3년 2월 무신). 그는 1627년(인조 5년) 왜학의 역관 취재에 합격하여 관직은 사역원교회司譯院教誨를 거쳐 자헌대부資憲大夫 지중추知中樞에 이르렀다. 부친은 역관 김득기金得祺이며, 자는 선회鮮悔, 본관은 김해金海이다. 1630년대부터 대마도에 파견되는 문위행問慰行의 통역관으로 다녀왔고 1643년과 55년에는 통신사의 수행원으로 일본 본토를 다녀왔으며, 1663년에는 직접 문위행에 임명되어 모두 7차례 대마도를 다녀왔다. 문위행은 조선후기 조선에서 일본의 대마도주對馬島主에게 파견한 공식적인 외교사절이다. 일본에 파견한 외교사절로는 조선국왕이 막부장군幕府將軍에게 파견하는 통신사通信使와 예조참의의 명의로 대마도주에게 파견하는 문위행이 있다.

37) 순조 시기에 과거제도의 엄격한 실시와 과거장의 질서유지, 과거의 폐단을 시정하는 하교下教와 상소가 지속적으로 이루어졌다(≪순조실록≫ 권7, 5년 10월 임오 ; ≪순조실록≫ 권9, 6년 8월 임진 ; ≪순조실록≫ 권12, 9년 8월 계축 ; ≪순조실록≫ 권31, 30년 10월 임인).

조선후기의 역과입격자가 받은 품계를 세기별로 살펴보면, 품계1에서는 18세기에 236명을 배출하였고, 17세기에 195명을, 19세기에 177명을 배출하였다. 품계2에서는 18세기에 81명을 배출하였고, 19세기에 78명을, 17세기에 76명을 배출하였다.

이를 좀 더 구체적으로 살펴보면, 품계1에서 종1품의 품계를 받은 입격자는 18세기에 29명, 19세기에 27명, 17세기에 13명 순으로 나타났고, 정2품의 품계를 받은 입격자는 17세기에 29명, 18세기에 24명, 19세기에 10명 순으로 나타났다. 종2품의 품계를 받은 입격자는 17세기에 71명, 18세기에 102명, 19세기에 53명 순으로 나타났다. 정3품의 품계를 받은 입격자는 17세기에 82명, 18세기에 82명, 19세기에 87명 순으로 나타났다.

그리고 품계2에서는 종1품의 품계를 받은 입격자는 17세기에 2명, 18세기에 3명, 19세기에 8명 순으로 나타났고, 정2품의 품계를 받은 입격자는 18세기에 1명, 19세기에 10명 순으로 나타났다. 종2품의 품계를 받은 입격자는 17세기에 11명, 18세기에 10명, 19세기에 7명 순으로 나타났다. 정3품의 품계를 받은 입격자는 17세기에 63명, 18세기에 67명, 19세기에 52명 순으로 나타났다. 이를 표로 나타내면 〈표 3-11〉과 같다.

〈표 3-11〉에서 보면, 대체로 18세기에 품계를 받은 입격자가 가장 많았고, 품계에서는 정3품의 품계를 많이 받았다. 그리고 품계2에서는 정3품의 품계를 많이 받았는데, 이는 역과입격자가 품계1에서 품계를 받았기 때문에 다시 품계를 줄 때는 낮추어 주었다고 볼 수 있고, 혹은 방목을 기록할 때 품계1에서는 높은 품계를 적고, 품계2에서 낮은 품계를 적었기 때문이라고 볼 수 있다. 실제로 역과방목에는 품계1에서 대부분 높은 품계가 기록되어 있다.

〈표 3-11〉 조선후기 역과입격자의 세기별 품계

(단위: 명)

구 분		품 계 1				품 계 2				합 계
		17세기	18세기	19세기	計	17세기	18세기	19세기	計	
從1品	崇祿大夫	9	19	19	69	2	2	2	13	53
	崇政大夫	4	10	8			1	6		29
	計	13	29	27		2	3	8		82
正2品	正憲大夫	9	7	5	63		1	3	11	25
	資憲大夫	20	17	5				7		49
	計	29	24	10			1	10		74
從2品	嘉義大夫	21	16	22	224	2	5	3	28	69
	嘉善大夫	50	84	31		9	5	4		183
	計	71	102	53		11	10	7		252
正3品	通政大夫	67	75	67	252	1			182	210
	折衝將軍	15	8	20		62	67	52		224
	計	82	82	87		63	67	52		434
從4品	宣略將軍			1	1					1
합 계		195	236	177	609	76	81	78	234	843

조선후기 역과입격자의 관직을 살펴보면, 관직1을 가진 역과입격자는 기타의 관직을 가진 자를 포함하여 2,278명이다. 이는 역과입격자 전체 2,812명 중에서 81%를 차지했다. 관직2를 가진 역과입격자는 기타의 관직을 가진 자를 포함하여 1,483명이다. 이는 역과입격자 전체 2,812명 중에서 53%를 차지했다. 그러나 실질적인 관직이라 할 수 있는 종9품 이상의 관직을 가진 입격자는, 관직1에서 764명으로 전체 입격자의 27%, 관직2에서 1,179명으로 전체 입격자의 42%를 차지했다. 이를 표로 나타내면 〈표 3-12〉와 같다.

〈표 3-12〉 조선후기 역과입격자의 관직별 현황

(단위: 명)

구분		관직1	계	관직2	계	합계
堂上官	從一品		48	1	251	1
	正二品	4		89		93
	從二品	28		87		115
	正三品	16		74		90
參上官	正三品	47	361	277	691	321
	從三品	3				3
	從四品	83		159		242
	從五品	111		114		225
	正六品			2		2
	從六品	117		139		256
參下官	從七品	69	355	61	237	130
	正八品	1				1
	從八品	183		120		303
	正九品	43		42		87
	從九品	59		14		73
소계			764		1,179	1,943
기타			1,514		304	1,818
합계			2,278		1,483	3,761

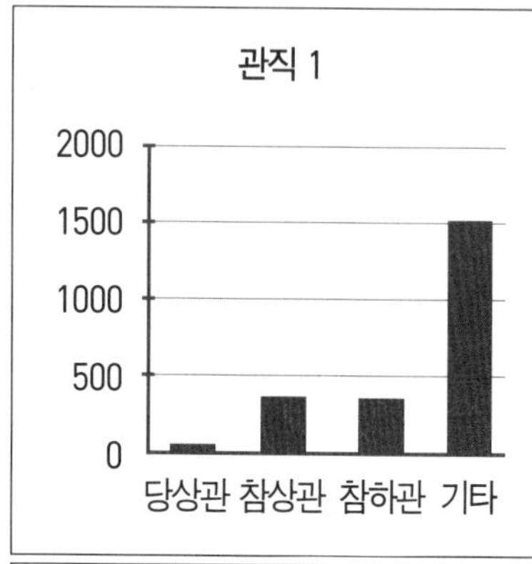

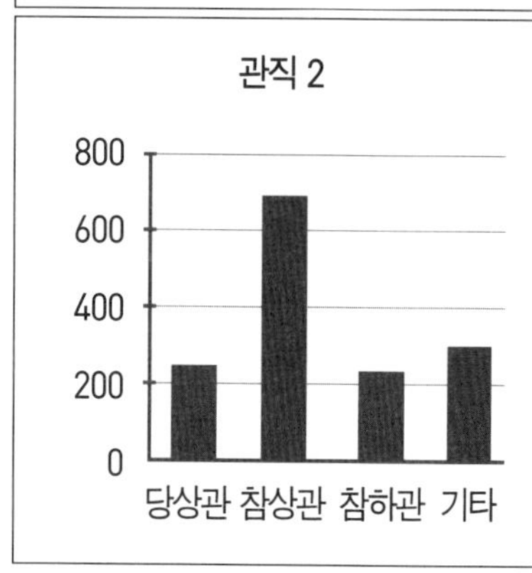

또한 당상관 이상의 관직을 가진 역과입격자는 관직1에서 48명으로 전체 역학입격자 2,812명 중에서 1.8%를 차지했고, 관직2에서 251명으로 전체 역학입격자 2,812명 중에서 9%를 차지했다. 그리고 참상관은 관직1에서 361명으로 13%, 관직2에서 691명으로 25%를 차지했다. 참하관은 관직1에서 355명으로 13%, 관직2에서 237명으로 8%를 차지했다.

〈표 3-13-1〉을 보면, 역과입격자 중에서 관직1을 가장 많이 부여

받은 시기는 영조 시기로 438명이다. 영조는 역과 초시에 합격한 사람을 불러들여서 그가 강講하였던 바를 외우게 하고 번갈아 서로 문답할 것을 명하였다. 그리고 하교하기를 "저들이 비록 역서譯胥이지만, 뒷날 국가에 힘이 될 것이다"라고 하였다(≪영조실록≫ 권 105, 41년 3월 병신). 이처럼 영조는 역관이 국가발전에 원동력이라고 보았으며, 이런 생각 때문에 관직도 많이 부여하였다.

다음은 숙종 시기로 429명, 고종 시기는 309명이 관직1을 가졌다. 이 세 시기는 관직1을 가진 전체 입격자 2,278명 중에서 1,176명으로 전체의 52%를 차지했다. 숙종과 영조 시기는 재임기간이 길었고, 고종 시기[38]는 사회의 혼란과 왕조가 패망의 조짐을 보이자 관직을 남발했었고, 다른 한편에서는 고종 시기에 대외관계[39]가 활발하여 그에 따라 역관이 많은 관직을 부여받았다.

특히 고종 시기는 세도 정치에 의하여 왕권이 극도로 약화되었으며[40], 그것은 곧 사회의 혼란과 불안으로 이어졌다. 이러한 사회불안은 결국 과거제도의 문란[41]을 초래하게 되었고, 동시에 매관

---

38) 한학 당상 오응현에게 특별히 자급을 더해주고, 한학 당하인 역관 방천용方天鏞·김인식金仁栻·이응창李應昌은 특별히 가자하였다(≪승정원일기≫, 고종 12년 5월 병오).

39) 한학 당상역관 현제원玄濟元, 몽학 당상역관 고진화高鎭華, 한한 당하역관 김재우金載禹·이용숙李容肅·이응상李應相, 왜학 당하역관 고재건高在建에게 가자하였고(≪승정원일기≫, 고종 11년 5월 신미), 당상 역관 오경환吳景煥과 이경인李敬仁을 가자하였고(≪승정원일기≫, 고종 11년 6월 갑신), 동지사의 수역首譯 오경석을 특별히 가자하였다(≪승정원일기≫, 고종 12년 4월 신미). 또한 수역 이용숙李容肅을 특별히 가자하였고(≪승정원일기≫, 고종 12년 4월 무인), 청학 당상 김이주金履周를 가자하였다(≪승정원일기≫, 고종 12년 3월 신해).

40) 나라의 기강紀綱과 명분이 무너져 국민이 법을 두려워하지 않았다. 이에 법률을 엄중히 다스릴 것을 좌의정 이최응李最應이 상소하였다(≪승정원일기≫, 고종 12년 5월 병오).

41) 과거제의 문란에 대하여 "대체로 과거 폐단의 원인은 첫째는 시관이 공평하지 못한 것이고, 둘째는 응시하는 선비들이 염치가 없어서이다. 공평하지 못한 마음은 임금을 두려워할 것이 없다고 여기는 데에서 나오는 것이고, 염치가 없는 버릇은

매직에 의해 관직을 남발했다.

〈표 3-13-1〉에서 보면, 정2품(지추)의 관직을 받은 역과입격자는 영조 시기에 3명과 순조 시기에 1명으로 모두 4명이다. 정2품의 관직을 받은 역관을 적기摘記하면 다음과 같다.

성 명	입격년도	본관(자)	품계(1, 2)	관직(1, 2)
윤득운尹得運	영조39년(1763 증)	파평平仲	숭록대부(1)	지추(1)
박종행朴宗行	영조49년(1773 증)	무안仁甫	정헌대부(1)	지추(1)
김형우金亨禹	영조50년(1774 증)	김해禮甫	정헌(1) 가선(2)	지추(1)
최준식崔俊植	순조10년(1810 식)	경주季良	자헌(1) 가선(2)	지추(1)

* 식은 식년시이며, 증은 증광시이다.

정2품의 관직을 받은 역과입격자 모두가 전공은 한어漢語이다. 이는 중국과의 사행使行이 조선시대에서 가장 많았고, 이런 이유로 한어역관이 공로를 세울 기회가 많았다.[42]

특히 〈표 3-13-2〉에서 보면, 종1품(판사)을 받은 사람이 있는데, 이는 역과입격자 중에서 최고의 관직을 획득한 방예남方禮男이다. 그는 1612년 식년시에 입격하여 관직2에서 판사의 직위를 받았으며, 관직1에서는 정(정3품)의 관직을 받았다. 그의 본관은 온양이며, 자는 여공汝恭이요, 전공은 한어였다. 역과입격자가 판사의 관직을 받는 것은 매우 드문 일이라 할 수 있다. 왜냐하면 조선시대는

부형父兄이 단속하지 못한 데에서 나온 것이다. 문란하고 해이하기가 이루 말할 수 없고 심지어는 공공연히 뇌물이 성행하여 앞 다투어 청탁을 함으로써 당당한 나라의 과거가 거간꾼들의 마당이 되었다"(≪고종실록≫, 고종 11년 3월 계해)고 하였다.

42) 통역을 맡은 사람에게 시상하는 것이 전례前例가 되었다. 그래서 진향사進香使의 수역首譯 한문규韓文奎에게 특별히 가자하였다(≪승정원일기≫, 고종 12년 10월 무자).

유학을 국시로 삼았을 뿐만 아니라 기술학인 잡학을 의도적으로 등한시했기 때문이다. 또한 한품서용법을 만들어 잡과입격자의 승진을 제도적으로 막았기 때문이다.

〈표 3-13-1〉 조선후기 왕조별 역과입격자의 관직1

(단위: 명)

구분		선조	광해군	인조	효종	현종	숙종	경종	영조	정조	순조	헌종	철종	고종	합계
正 2	知樞								3		1				4
從 2	同樞	1	2				5		11	4	2		2		27
	中軍									1					1
正 3	僉樞			1		1	3		1		1	6	1	2	16
正 3	正	1	8	1	1	2	10	2	14		5	3			47
從 3	虞候								1						1
	僉使						1		1						2
從 4	僉正		4	5	5	1	14	4	24	6	7	1	1	5	77
	萬戶			1	1	1	1			2					6
從 5	判官	5	4	2		11	13	2	28	7	13	8	6	12	111
從 6	主簿	5	1	14	3		28	7	35	1	9	3	3	5	114
	教授			1					1						2
	察訪								1						1
從 7	直長	5		4	3	1	6	3	15	4	5	3	2	18	69
正 8	司猛		1												1
從 8	奉事	3	2	1	2	4	36	2	28	10	26	8	5	50	177
	計士						1		3		1			1	6
正 9	副奉事						1	1	1					22	25
	訓導	2	1	2					4	2	4	1	1		17
	司勇			1											1
從 9	參奉		1	1			3	1	6	1	3	7	6	30	59

구 분		선조	광해군	인조	효종	현종	숙종	경종	영조	정조	순조	헌종	철종	고종	합계
其他	教誨	9	15	51	16	41	101	11	86	47	87	29	35	19	547
	上通事	1	9	11	4	12	43	3	32	18	29	12	10	20	204
	聽敏		2	9	7	9	41	3	36	10	19	6	6	21	169
	舊押物			2	2	8	40	3	27	12	19	8	4	21	146
	別遞兒			4		3	26	1	26	12	19	10	8	9	118
	次上通事		1		4	3	17	3	13	6	11	3	5	24	90
	三押物						15	1	13	3	6	6	2	11	57
	漢學官								1		5	21	12	11	50
	被選			3	1	4	6		9	3	6	2	1	2	37
	新遞兒						12	3	9	1	4			8	37
	元遞兒						5		3	3	10			5	26
	別選												1	10	11
	同參								5	1					6
	二押物													2	2
	押物			1	1										2
	上等遞兒			1	1										2
	吏文學官										1			1	2
	前啣		1	4											5
	教鍊官								1						1
	權知										1				1
	未許參						1								1
합계		32	52	120	51	101	429	50	438	154	294	137	111	309	2,278

* 선조 왕조는 선조 33년(1600) 이후의 입격자를 표시함.

〈표 3-13-2〉 조선후기 왕조별 역과입격자의 관직2

(단위: 명)

구분		선조	광해군	인조	효종	현종	숙종	경종	영조	정조	순조	헌종	철종	고종	합계
從1	判事		1												1
正2	知 樞		2	6	1	6	15	1	17	13	24	4			89
從2	同 樞	1	1	3	3	7	11	7	21	6	20	6	1		87
正3	僉 樞	1	1				4	1	6	4	26	22	7	2	74
正3	正	2	9	25	10	17	63	3	67	18	29	12	19	3	277
從4	僉 正		3	4	3	9	33	3	39	14	13	14	15	4	154
	郡 守								2			1			3
	萬 戶		1						1						2
從5	判 官		1	11	2	5	29	2	20	13	17	6	5	3	114
正6	別 提						1		1						2
從6	主 薄		1	6	2	5	34		19	12	17	14	15	7	132
	敎 授				1					1	1				3
	引 儀													1	1
	察 訪								1						1
	監牧官								1						1
	守門將								1						1
從7	直 長			2		2	18	2	9	5		4	2	17	61
從8	奉 事		2	3	2	3	20	2	19	9	6	8	12	30	116
	計 士						1		1			1		1	4
正9	副奉事	1			1	2		1	1		1			13	20
	訓 導								2		12	4	3		21
	司 勇						1								1
從9	參 奉						1		1			1	4	6	13
	審 藥				1										1

구분		선조	광해군	인조	효종	현종	숙종	경종	영조	정조	순조	헌종	철종	고종	합계
其他	敎誨										2			10	12
	上通事					1			2		2	1	2	1	9
	聽敏								11	5	8	2	1	12	39
	舊押物								1	1			1	4	7
	別遞兒		1	8		7	25	4	21	12	9	9	7	12	116
	次上通事			1	1						1			3	6
	三押物								1				1	2	4
	漢學官			2									1	2	5
	被選						1					2		2	5
	新遞兒						5	2	8	3	6	2	1	6	33
	元遞兒					1	17	1	9	4	5	6	4	3	49
	別選													2	2
	同參											1			1
	押物	1		1					1						3
	上等遞兒	1	2	3											6
	吏文學官						1								1
	前啣											2	1		3
	未許參			1											1
	寫字官						1								1
	巡將							1							1
합계		7	25	76	27	65	281	30	283	120	199	122	102	146	1,483

* 선조 왕조는 선조 33년(1600) 이후의 입격자를 표시함.

조선후기의 역과입격자를 세기별로 분석하면, 관직1에서 17세기에 180명, 18세기에 294명, 19세기에 290명 순으로 나타났고, 관직2에서 17세기에 301명, 18세기에 441명, 19세기에 437명 순으로 나타났다. 이를 표로 나타내면 〈표 3-14〉와 같다.

〈표 3-14〉 조선후기 역과입격자의 세기별 관직 현황

(단위: 명)

구 분		관 직 1				관 직 2				합 계
		17세기	18세기	19세기	計	17세기	18세기	19세기	計	
堂上官	從一品					1				1
	正二品		3	1		22	39	28		93
	從二品	4	20	4	48	18	42	27	251	115
	正三品	3	3	10		4	13	57		90
	計	7	26	15		45	94	112		299
參上官	正三品	16	23	8		102	112	63		321
	從三品	1	2							3
	從四品	27	42	14		41	71	47		242
	從五品	30	42	39	361	31	48	35	691	225
	正六品						2			2
	從六品	39	58	20		34	50	55		256
	計	113	167	81		208	283	200		1,049
參下官	從七品	17	24	28		18	20	23		130
	正八品			1						1
	從八品	33	59	91	355	24	38	58	237	303
	正九品	7	8	28		5	4	33		87
	從九品	3	10	46		1	2	11		73
	計	60	101	194		47	54	125		594
합 계		180	294	290	764	301	441	437	1,179	1,943

〈표 3-14〉에서 볼 수 있듯이, 역과입격자가 관직1에서 당상관[43]의 관직을 48명, 관직2에서 251명을 받았다. 참상관의 관직은 관직1에서 361명, 관직2에서 691명을 받았고, 참하관은 관직1에서 355명, 관직2에서 237명을 받았다. 관직1과 관직2를 합산하면, 중복되는 경우를 포함해서 전체 역과입격자 2,812명 중에서 1,943명이 관직을 가졌다. 이는 전체의 69%에 해당된다. 종9품 이상의 관직은 조선시대 사회에서 실직實職이라 할 수 있으므로, 역관의 관직상승은 높았다고 볼 수 있다.

〈표 3-12〉와 〈표 3-13-1〉 및 〈표 3-13-2〉에서 알 수 있는 것은 대부분의 역과입격자가 관직을 부여받았다는 사실이다. 실제로 관직1에서는 전체 역과입격자 2,812명 중 기타의 관직을 포함해서 관직을 받은 사람은 2,278명이다. 이는 전체 역과입격자의 81%가 관직을 가졌다. 그리고 관직2에서는 기타의 관직을 포함해서 관직을 받은 사람이 1,483명으로 전체의 53%에 해당된다. 그러므로 역과에 합격만 하게 되면, 적어도 관료직으로 나아갈 수 있는 길이 열렸다. 이는 조선후기 사회에 새로운 사회세력으로 등장한 중인신분의 세습화와 오랫동안 지속된 신분차별의 철폐를 촉진시킨 하나의 중요한 계기로 작용하였다.

이상의 분석을 통해 볼 때, 조선후기 역과입격자의 신분상승은 상당한 정도로 이루어졌다. 이는 역관이 외교에 있어 중요한 역할을 담당하였고, 아울러 역관의 전문지식이 국가경영에 있어 필수적이었기 때문이다. 또한 조선후기에 과거제도의 문란과 국가기강의 해이[44]에 따른 신분제의 와해 때문에 나타나는 현상이라 할 수 있

43) 잡과출신자가 당상관에 오르는 것은 한품서용품에 의하여 원천적으로 봉쇄되었다. 잡과출신자가 당상관 이상의 품계나 관직에 임명되는 것은 특별한 경우이다. 그리고 문과합격자가 순자법循資法(근무일수)에 따라 종9품에서 시작하여 당상관에까지 도달하려면 24년 7개월이 걸린다.

다. 실제로 품계를 가진 역과입격자는 전체 입격자의 21%를 차지하였고, 관직을 가진 역과입격자는 관직1에서 81%, 관직2에서 53%를 차지하였다. 또한 실직이라 할 수 있는 종9품 이상의 관직을 가진 역과입격자도 전체의 69%를 차지했다. 이는 조선의 신분사회에서 역관의 신분이 결코 낮지 않았음을 보여주는 것이라 할 수 있다.

〈별표 3-1〉 조선후기 역과 설행 연도와 입격자 수

(단위: 명)

설행 연도		인원	설행 연도		인원	설행 연도		인원	설행 연도		인원
1600式	宣祖33	13	1672式	顯宗13	19	1738式	英祖14	19	1819式	純祖19	19
1603式	36	18	숙종			1740增	16	27	1822式	22	9
1605增	38	1	1675式	肅宗 1	19	1741式	17	19	1825式	25	19
1606增	39	2	1675增	1	19	1744式	20	19	1827增	27	19
1606式	39	1	1678增	4	35	1747式	23	19	1828式	28	18
광해군			1678式	4	16	1750式	26	19	1831式	31	19
1609式	光海 1	5	1681式	7	18	1753式	29	19	1834式	34	19
1609增	1	19	1682增	8	15	1754增	30	27	헌종		
1612式	4	4	1683增	9	19	1756式	32	19	1835增	憲宗 1	19
1612增	4	1	1684式	10	18	1759式	35	19	1837式	3	19
1613增	5	4	1687式	13	19	1762式	38	18	1840式	6	19
1615式	7	3	1689增	15	16	1763增	39	27	1843式	9	19
1615增	7	1	1690式	16	18	1765式	41	15	1844增	10	19
1616增	8	6	1690增	16	19	1768式	44	19	1846式	12	19
1618式	10	1	1693式	19	18	1772式	47	19	1848增	14	8

44) 조선후기에 이르면 공명첩을 발급하여 합법적으로 신분이 상승되는 경우도 있었다. 예컨대, 숙종 시기에는 흉년이 들자 진휼을 위해 공명첩을 무려 2만장이나 팔았고(≪숙종실록≫ 권22, 16년 11월 정유), 영조 시기에도 흉년이 들자 납속納贖을 위해 공명첩을 민간에게 강제로 떠맡겼다(≪비변사등록≫, 영조 원년 5월 8일).

설행 연도		인원	설행 연도		인원	설행 연도		인원	설행 연도		인원
1619增	11	23	1696式	22	19	1771增	49	27	1849式	15	19
인조			1699式	25	19	1774式	50	19			
1623增	仁祖 1	3	1699增	25	19	1774增	50	19	1850增	哲宗 1	19
1624式	2	3	1702式	28	19	정조			1852式	3	12
1624增	2	4	1705式	31	17	1777增	正祖 1	14	1855式	6	19
1627式	5	5	1705增	31	11	1777式	1	13	1858式	9	28
1630式	8	19	1708式	34	19	1780式	4	6	1859增	10	19
1633增	11	13	1710增	36	16	1783增	7	15	1861式	12	19
1633式	11	9	1711式	37	18	1783式	7	19	고종		
1635增	13	23	1713增	39	27	1786式	10	19	1864增	高宗 1	18
1639式	17	18	1714增	40	18	1789式	13	14	1864式	1	15
1642式	20	18	1714式	40	19	1790增	14	30	1867式	4	17
1645式	23	10	1717式	43	17	1792式	16	19	1870式	7	18
1648式	26	16	1719增	45	18	1795式	19	16	1873式	10	20
효종			1720式	46	19	1798式	22	18	1874增	11	39
1650增	孝宗 1	13	경종			순조			1876式	13	22
1651式	2	15	1721增	景宗 1	19	1801增	純祖 1	19	1879式	16	36
1652增	3	6	1722增	2	27	1801式	1	19	1880增	17	42
1654式	5	11	1723式	3	17	1803增	3	18	1882增	19	40
1657式	8	13	영조			1804式	4	19	1882式	19	33
현종			1725增	英祖 1	19	1805增	5	19	1885式	22	36
1660式	顯宗 1	16	1726式	2	19	1807式	7	19	1885增	22	62
1620增	1	11	1727增	3	27	1809增	9	19	1888式	25	45
1662增	3	26	1729式	5	19	1801式	10	19	1891式	28	35
1663式	4	18	1732式	8	19	1813增	13	19	1891增	28	51
1666式	7	15	1735增	11	19	1813式	13	19	합계		2,812
1669式	10	12	1735式	11	13	1816式	16	12			

* ≪譯科榜目≫과 ≪朝鮮時代雜科合格者總覽≫을 참조하였음.

제4장

의학교육과 의과입격자

1. 의학교육의 발전과정

1) 고구려의 시의侍醫 제도

고대의 의술 내지 의료제도에 대하여는 사료史料가 매우 부족하고, 또한 있다하더라도 그것 자체가 단편적인 기록에 불과하기 때문에 그 실체를 파악하기가 어렵다. 그러나 고대의 의술은 무속이나 불교, 혹은 도교 등 당시 사회에 영향을 크게 끼친 여러 종교와 깊은 관련이 있었다. 즉 인간이 질병에 걸리는 것은 귀류鬼類(病鬼, 疫鬼, 惡鬼)의 소행이라 생각하였다. 때문에 귀류를 물리치는 방법은 선신善神을 맞이하는 것이며, 이의 중개역할은 바로 주술사呪術師(무당)가 담당하였다. 그래서 고대의 의술은 질병을 치료하는 무의巫醫에 의존하였으며, 이는 무속신앙으로 병을 고칠 수 있다고 생각하였다.

그러나 고대의 의술은 인간의 시행착오에 의한 본능적인 치료법이었다. 예컨대, "벌레에 물렸을 때 그 국부局部에 침을 바르거나 손으로 문질러서 통증을 가시게 한다거나, 위장이 불편할 때 구토나 설사를 일으켜서 고통을 경감시키거나, 열이 나면 찬물을 바른다거나 하는 행위" 등은 오랫동안의 경험에서 본능적으로 터득한 치료법이었다.

우리나라의 의학 혹은 의술에 관한 기록이 문헌상에 나타나는 것은 삼국시대부터이다. 우선 고구려가 어떤 의학제도를 시행했는지 구체적으로 명시되지 않았다. 하지만 "고구려의 시의侍醫 모치毛治가 보장왕 9년(650)에 사신으로 일본에 갔었다"고 주장한다(김두종, 1979 ; 이홍직, 1971). 여기서 말하는 시의는 왕의王醫를 의미한다. 시의제도는 중국에서도 오래 전부터 시행되었던 것이다. 중국 문헌에 시어의侍御醫는 상약국尙藥局 소속으로 황제를 비롯한 고관의 치료를 담당하는 의관이었다(≪수서≫ 권28, 백관하 문하성). 이런 전거를 볼 때, 고구려의 시의는 의관이었으며, 모치는 바로 시의라고 짐작된다.

한편, 백제에는 약부藥部가 설치되었고, 그 내에 의박사醫博士·채약사採藥師·주금사呪禁師 등의 의직醫職을 설치하였다. 이러한 제도는 중국에서 모방한 듯하다. 그래서 삼국 중에서 백제가 가장 중국적인 의료기구를 갖추고 있었던 것이다. 이 중에서 "의박사는 6등관인 나솔奈率로서 다른 기술관에 비하여 우대되었다"고 한다(손홍렬, 1987).

그리고 신라의 의학제도로는 약전藥典이 있다. ≪삼국사기≫에 의하면, "경덕왕이 약전을 보령사로 고치었고, 나중에 다시 약정으로 하였으며, 관리로는 10명을 두었다"(≪삼국사기≫ 권39, 잡지8 직관 약전)고 기록하고 있다. 그러다가 의학교육을 담당하게 될 의학이 효소왕 원년(692)에 설치되었다. 즉 "의학이 효소왕 원년 초에 설치되어 학생들에게 ≪본초경≫, ≪갑을경≫, ≪소문경≫, ≪침경≫, ≪맥경≫, ≪명당경≫ 등을 가르쳤으며, 경전이 어려워 박사 2명을 두어 공부하게 하였다"(≪삼국사기≫ 권39, 잡지8 직관 의학)고 하여 의학교육이 상당히 체계적으로 이루어지고 있었음을 알 수 있다.

그러나 이 제도는 당나라의 의학교육제도를 모방한 것이었지만, 이런 의서醫書들은 삼국시대 중기 이후에 고구려나 백제에 이미 전해져 왔던 것들이다. 그리고 신라는 성덕왕 16년(717)에 "의박사와 산박사를 1명을 두었다"(≪삼국사기≫, 신라본기 성덕왕 16년 2월)고 하였다. 이는 당나라 제도를 모방하여 의박사의 정원을 1명으로 한 듯하다.

2) 태의감太醫監의 설치

고려시대에는 의학교육이 이전의 시기보다도 제도적으로 크게 정비되었다. 하지만 고려 초의 의학교육은 신라의 제도를 계승하였고, 성종 시기에 당나라 제도를 수용하여 개편하였으며, 이후 송나라와의 관계가 밀접해지면서부터 송나라의 제도를 모방하였다. 또한 고려의 독자적인 제도가 문종 시기에 정착되었다.

고려 태조 13년(930)에 의학을 교육하는 학원이 서경에 설치된(≪고려사≫ 지권28, 선거2 학교) 것으로 나타났고, 당시 서경에 의학원이 설치되었다면 개경에는 이미 의학교육과 치료를 전담하는 기관이 있었을 것이다. 또한 광종 9년(958)에 과거제도를 실시한 이후 의업 급제자가 960년에 3명, 성종 6년(987)과 7년(988)에 각각 2명씩 있었던 것은(≪고려사≫ 지권28, 선거1 과목) 중앙의 의료전담기구가 설치되었음을 알 수 있다. 그리고 목종 때에 상약국에 봉어奉御, 시어의侍御醫, 직장直長, 의좌醫佐가 있었다. 문종이 정하여 봉어는 1인으로 품질은 정6품, 시의는 2인으로 종6품, 직장은 2인으로 정7품, 의좌는 2인으로 정9품, 의침사醫針史는 2인, 약동藥童은 2인으로 하였다(≪고려사≫ 권77, 31 백관 2 봉의서).

고려시대의 중앙의료기구로는 상약국尙藥局과 태의감太醫監이 있다. 상약국은 국왕을 비롯한 궁중의 질병을 치료하기 위한 것으로, 여기에는 봉어奉御(정6품) 1인, 직장直長(정7품) 2인, 의좌醫佐(정9품) 2인의 관원과, 의침사醫針史 2인과 약동藥童 2인 그리고 이속吏屬으로 서령사書令史 · 산사算士 각 2인을 두었다(≪고려사≫ 지권31, 백관2 봉의서). 그러나 상약국은 궁중의 병자 이외에 무문관의 치료도 담당함으로써 고관을 위한 일종의 국립의료기관의 역할도 하였던 것이다.

한편, 성종 시기에 설치된 태의감은 의약과 치료의 일을 맡아보던 기관으로서, 관원으로는 감監 · 소감少監 · 박사博士 · 의정醫正 등이 있다(≪고려사≫ 세가권3, 8년 2월 병진). 이것은 문종 시기에 기구가 확대되어 의원의 양성과 의학교육을 담당한 중추적인 기구였다. 뿐만 아니라 태의감에서는 양반관료와 민질民疾(주로 전염성 질환)에 대한 치료, 약품 제조 및 의학교육과 의원에 대한 과거 실시 등을 관장하였다. 즉 성종 때에는 내외 문관 5품 · 무관 4품 이상인 자로 질병이 있는 자는 해당 관사官司로 하여금 모두 적어 올리게 하여 태의감과 상약국 소속의 의관들로 하여금 치료케 하였다.

고려의 지방에 있었던 의료기관으로는 의학원醫學院이 설치되었다(≪고려사≫ 지권28, 선거2 학교). 또한 성종 2년(983)에 12목을 설치하고, 동 6년(987)에 경학박사와 의학박사 각 1명씩을 12목에 파견하면서부터 의학교육과 의료혜택이 확대되었으며(≪고려사≫ 지권28, 선거2 학교조), 현종 때에 전국 각지에 약점藥店을 설치하고, 약점사 관리를 배치함으로써 백성의 질병을 관리하고 치료하였다.

3) 조선시대의 삼의사三醫司

(1) 연혁과 직제

조선시대는 다른 제도와 마찬가지로 의학교육에 관한 제도도 고려의 것을 답습하였다. 그러나 이러한 제도는 세종에 이르러서 정비되었고, 세조 시기에 일부 기구가 개편되었으나 큰 변화가 없었다.

특히 조선시대의 모든 제도와 정책은 왕실과 양반계층 위주로 조직되고 운영되었다. 하지만 그 이상理想은 유교이념을 토대로 한 왕도정치王道政治에 두었던 만큼 여러 면에서 애민사상이나 민본주의적 요소를 강조하였다. 때문에 의료정책과 의료기관에 있어서 조선시대는 백성을 위한 창의적인 제도를 시행하였으며, 이로 말미암아 훌륭한 업적을 남겼다.

어느 왕조에서나 의학은 국가를 다스리는 데 있어 긴요한 업무였다. 예컨대, 조선시대에서는 의술은 "사람의 생명을 구하는 데에 가장 긴요하게 관계된다"(≪태조실록≫ 권4, 2년 7월 정사)고 하였으며, 또한 "의학은 인명에 관계됨으로 그 업무가 매우 중요하다"(≪세종실록≫ 권90, 22년 7월 무진)고 하였다. 즉 의학은 인간의 생명과 직결됨으로 조선시대는 그 직업을 매우 중요시하였다. 그래서 조선 왕조는 천문, 율학, 산학 등 여러 잡학보다도 의학과 역학을 우위에 놓았으며, 의원양성을 위한 의학교육제도도 국가적인 관심에서 연구되고 추진되었다. 역학이 국가 간의 외교관계에 중점을 두었다면, 의학은 자국민의 생명에 관심을 두었다.

의원양성을 위한 교육은 조선시대 초기에 태종 2년(1393) 10월에 육학六學을 설치하고 양가良家의 자제子弟[45]로 하여금 학습케 하였다(≪태조실록≫ 권4, 2년 10월 기해)는 기록이 있다. 이는 육학이 조선시대 최초의 기술과 관련된 교육제도였으며, 그 안에 의학이 포함되어 있었음을 알 수 있다. 그 후 태종 6년(1406) 11월에 하륜河崙의 상계上啓에 따라 십학十學을 설치하였고, 각 학마다 제조관을 두었다(≪태종실록≫ 권12, 6년 11월 신미). 또한 〈십학도시지법十學都試之法〉이나 〈십학천전사의十學遷轉事宜〉 등의 예규를 마련하여 학습의 성과를 정기적으로 평가하여 인재를 등용하였다(≪태종실록≫ 권22, 11년 11월 무오 ; ≪태종실록≫ 권 24, 12년 11월 병신).

의학교육이 정비된 제도 하에서 의도적으로 실시되기 시작한 것은, 조선 왕조의 모든 통치조직이 확립된 세종 시기에서 세조 시기라 할 수 있다. 조선시대의 중앙의료기관으로서는 제생원濟生院, 내의원內醫院, 전의감典醫監, 혜민서惠民署, 동서활인서東西活人署, 치종청治腫廳이 있었다. 여기서 내의원 · 전의감 · 혜민서를 삼의사三醫司[46]라 불렀다.

그 중에서도 전의감이 의약행정의 중추적 기관이었으며, 의학생도의 교육과 의학 습독관의 훈련을 담당하는 주무관청이었다. 의원양성기관으로서는 전의감에 의학이 부설되어 있었다. 그러나 의학교육은 전의감에서만 실시하는 것이 아니고 타 기관에도 분담

---

45) 조선조 초기에는 기술학에 대한 차별이 별로 없었다. 그래서 기술직, 특히 의학에는 문신文臣의 자제가 의과를 준비하는 경우도 있었다. 그러나 조선조가 성리학적 질서를 체계화하고 사림에 의해 숭문정치崇文政治을 실현하자 기술학에 대한 편견과 비판이 거세게 일어났다.

46) 내의원은 초기에 내약방內藥房 혹은 약방이라 하였다. 여기서는 주로 어약御藥을 조제하였다. 또한 국왕을 비롯한 왕족의 치료를 담당하는 것이 본래의 임무이지만, 때로는 다른 환자의 병을 치료하기도 하였다(≪세종실록≫ 권108, 27년 4월 갑인 ; ≪세조실록≫ 권16, 5년 4월 무진). 그리고 전의감은 주로 약재의 재배와 채취, 외국 약재의 구입과 판매, 민질民疾의 치료, 의서 편찬, 의학교육 등 국가의 의료사업을 관장하였다(≪성종실록≫ 권98, 9년 11월 임신). 혜민서는 약을 전매典賣하고 서민을 구료하기 위하여 설치된 기관이었다.

되었다. 즉 태조 6년(1397)에 설치된 제생원은 의녀의 교육을 담당하였다. 하지만 세조 6년(1461)에 혜민서에 합속됨으로써 의녀교육도 혜민서로 이관되었고, 왕실의료기관인 내의원에도 약간의 습독관이 있었으며, 일반서민의 의료를 담당하던 혜민서는 의학생도와 중앙의 각 사司나 지방에서 선상選上되는 의녀醫女의 교육을 담당하였다(이건형, 1975).

지방의 의학교육기관으로서는 각 도마다 의원醫院을 설치하고, 양반자제를 선발하여 의서로 교육시켰다. 예컨대, “외방外方에는 의약에 밝은 자가 없으니 각도에 의학교수 1명씩을 보내고, 양반자제를 뽑아 생도로 교수관이 돌아다니며 의서를 교육하게 하였고(≪태조실록≫ 권3, 2년 1월 을해), 때때로 교수의 실적을 보고하여 의학교육을 독려하였다”(≪태조실록≫ 권4, 4년 11월 신사 ; 권12, 6년 8월 임인). 그리고 부 · 목 · 군 · 현 등 3백여 지방 관서에도 각기 규모의 차는 있으나 의원을 양성하는 교육기관이 설치되어 있었다. 이러한 교육기관의 수적 분포로 보아 오늘날 못지않게 국가적 관심을 가졌다고 볼 수 있다.

의학교육의 직제는 대표적인 의학교육 기관이었던 전의감과 혜민서에서 살펴보면 다음과 같다.

> 전의감 : 正(正 3品) 1, 副正(從 3품) 1, 僉正(從 4品) 1, 主簿(從 6品) 1, 醫學敎授(從 6品) 2, 直長(從 7品) 2, 奉事(從 8品) 2, 副奉事(正 9品) 4, 醫學訓導(正 9品) 1, 參奉(從 9品) 5, 醫員 50

> 혜민서 : 主簿(從 6品) 1, 醫學敎授(從 6品) 2, 直長(從 7品) 1, 醫學訓導(正 9品) 1, 參奉(從 9品) 4, 醫員 50 (≪경국대전≫, 이전 제과)

그러나 의사醫司의 관직으로는 당상관이 겸임하는 제조提調가 있었고, 실직으로는 전의감에 구임관久任官(判官 이상으로 1명)·교수·훈도와 혜민서의 구임관(直長 이상으로 1명) 등이 있었으며, 나머지 의관은 모두 체아직遞兒職이었다(≪경국대전≫, 이전 제과). 특히 구임관이란 특정한 기술과 자격, 그리고 경험을 필요로 하는 관직이므로 임기에 관계없이 유임시키는 제도이며, 이것은 기술관직 부분에 두었던 제도이다.

전의감에는 원래 구임관이 없었으나, 세조 8년(1462)에 전의감 제조의 건의로 설치하였다(≪세조실록≫ 권28, 8년 4월 임신). 여기서 구임관은 약재의 관리와 제조劑藥·전매典賣의 일을 맡도록 하였으며, 이는 취재에 의하여 임명하였다.

(2) 선발제도와 교육과정

① 선발과정

조선시대에 의관을 선발제도는 의과와 취재로 나눌 수 있다. 그리고 의관을 선발하기 위해서 전의감에 박사와 조교를 두어 의생의 교육을 담당하게 하였다.

우선 의과는 초시에 선발 인원이 18명(대증광시는 22명)이었고, 복시는 선발 인원이 9명(대증광시는 10명)이었다(≪경국대전≫, 예전 제과). 그리고 응시자격은 제한이 없지만, 조선시대에는 양반자제는 잡과에 응시하지 않았으므로 응시자는 주로 중인이나 서자로서 신분상의 제한은 있었다. 의과의 선발과정을 표로 나타내면 〈표 4-1〉과 같다.

〈표 4-1〉 조선시대 의과의 선발과정

(단위: 명)

<table>
<tr><th>구분</th><th>단계</th><th>선발 인원</th><th>응시자격</th><th>수험 과목</th><th>시 기</th><th>합격자의 대우</th></tr>
<tr><td rowspan="2">의과</td><td>초시</td><td>18
(대증광시22)</td><td>제한 없음</td><td rowspan="2">경외의학의
교과과정
(과시과목)
초복시 동일</td><td rowspan="2">식년
(자, 묘, 오,
유년)</td><td>복시 응시 자격</td></tr>
<tr><td>복시</td><td>9
(대증광시10)</td><td>초시입격자</td><td>일등 종8품,
이등 정9품,
삼등 종9품</td></tr>
<tr><td>취재</td><td></td><td>정원 없음</td><td>의학생도
습독관
전어</td><td>경외의학의
교과과정
(취재과목)</td><td>사맹월
(1, 4, 7,
10월)</td><td>체아, 실직
제수승직陞職
동반현직 서용</td></tr>
</table>

그리고 일반적으로 취재는 과거 이외의 관원을 특별히 채용할 때 실시하는 시험제로서 음자제蔭子弟의 등용이나 역승驛丞, 도승渡丞, 녹사錄事, 서리書吏의 등용에 적용되었다. 그러나 잡과의 취재는 사맹월四孟月마다 정기적으로 예조의 당상관과 해사該司의 제조提調(기술교육기관의 책임자) 주관 하에 실시되는 일종의 승진시험의 성격을 띠고 있었다(≪경국대전≫, 예전 취재). 의학의 취재는 응시대상이 중앙 의학에 수학하는 학생[생도와 습독관]과 전어前御 의원에 국한되었다.

조선시대는 유능한 의관을 확보하기 위해 국가적인 차원에서 선발제도를 마련하였다. 예컨대, 의학의 업무에 능통한 자를 시취試取하여 그 직에 충당하도록 조치한 것(≪태조실록≫ 권4, 2년 7월 정사)이 있고, 태종 12년(1412)에는 각 기술관원에 연소무재年少無才한 자를 임용하지 말고 노련한 기술관을 겸차兼差(겸직)토록 하였다(≪태종실록≫ 권24, 12년 12월 을묘). 또한 세종 7년(1425)에는 예조의 상계上啓에 따라 전의감 권지는 의관출신자로 입속시키며, 의과 출신이 아닌 자가 이미 입속되어 있는 경우는 취재하여 서용토록 하였다(≪세종실록≫ 권28, 7년 5월 임신).

그러나 잡과에 응시하여 부정으로 입격한 자는, 생원·진사의 경우와 같이, 충군充軍하고, 그렇지 못한 자는 전 가족을 변방으로 옮긴다는 엄중한 조처가 있었다. 실제로 정조 원년(1777) 3월에 왕은 하교하여 잡과의 중요성을 강조하였고, 잡과 고시의 공정과 엄격한 등제登第로서 과거의 난동을 없앨 것과 비록 선발정원에 미달되더라도 재예才藝가 우수한 자만을 취재하도록 관계되는 관서에 엄명하였다(≪증보문헌비고≫ 권191, 선거고8 과제8 잡과).

② 교육과정

의학의 교육과정은 법전이나 왕조실록에 명확한 기록이 없으므로 구체적 내용을 완전히 밝히기는 극히 어려운 일이다. 그러나 조선 왕조의 성격상 모든 관료의 출세의 등용문은 과거와 취재에 있었던 만큼 의학의 학과목도 과거나 취재과목과 동일했으리라는 견해는 타당한 것이라 하겠다. 다만 중앙의학[전의감과 혜민서]의 생도는 대부분 잡과출신자였기에 과거의 일반과목보다는 취재과목에 치중됐다고 생각되며, 지방의생과 의녀는 별도의 과정이 편성된 듯하다.

취재과목은 의학醫學과 침구의鍼灸醫로 나눌 수 있다. 의학의 과목에는 ≪찬도맥纂圖脈≫47), ≪동인경銅人經≫48), ≪직지맥直指脈≫49),

47) 원래 허준이 교정을 완료하고 발문跋文을 쓴 것은 1581년(선조 14)이었으나, 곧바로 간행되지 못하고 1612년에야 간행되었다. 진맥입식診脈入式을 비롯하여 여러 방식의 진맥법과 오장육부五臟六腑를 비롯하여 임부姙婦·소아병에 이르기까지 각종 병세에 대한 진맥법 등이 항목별로 기술되어 있다. 원래 고양생의 ≪찬도맥결≫이란 중국의 중세 이전의 저명한 의가醫家인 희범希范·결고潔古·통진자通眞子 등의 맥론脈論을 집대성한 것으로 전해진다.

48) 정식명칭은 ≪동인맥혈침구경銅人脈穴鍼灸經≫이다. 작자와 연대는 미상이나 송나라 인종仁宗 때 사람인 왕유덕王惟德이 지었다는 설이 있다. 혈을 찾아 침을 놓고 뜸을 뜨는 일을 논하였는데, 한국에도 들어와 침술을 공부하는 유일한 자료가 되었다. 조선시대 전의감에서 실시한 의과초시의 한 과목이다.

≪득효방得效方≫[50], ≪부인대전婦人大典≫, ≪창진집瘡疹集≫[51], ≪태산집요胎産集要≫, ≪구급방救急方≫, ≪화제방和劑方≫, ≪본초本草≫가 있고, 침구의 과목에는 ≪찬도맥≫, ≪동인경≫, ≪직지맥≫, ≪침경지남鍼經指南≫, ≪자오류주子午流注≫, ≪옥룡가玉龍歌≫, ≪외과정요外科精要≫, ≪침경적영집鍼經摘英集≫ 등이 있다(≪경국대전≫, 이전 제과 ; ≪속대전≫, 이전 제과). 한방의학이 오늘처럼 부문별로 세분되어 있지는 않지만 각 의서의 성격으로 판단할 때 의학원론, 진맥, 조제, 응급치료, 부인병산서, 천연두, 약리, 침구 등 모든 분야를 총망라하고 있음을 알 수 있다.

이들 과거과목은 전부가 필수과목으로 생각될 수 있으나, 경우에 따라 취재시 의학과 침구의 영역별로 선택과목이 될 수도 있다. 특히 ≪찬도맥≫, ≪직지맥≫, ≪득효방≫, ≪화제방≫, ≪본초≫는 의가醫家의 근본이라 하여 시취試取의 공통과목으로 선수先修하도록 하였다(≪세조실록≫ 권12, 4년 3월 무술).

그러나 취재 때에 여러 종류의 과목을 강講하기 때문에 정밀하게 익히지 못하는 폐단이 많이 있었다. 이러한 폐단을 없애기 위해 계절별로 과목을 정해서 취재하는 방안이 제시되었다(≪성종실록≫ 권16, 3년 3월 경술). 예를 들면, 봄에는 ≪찬도맥≫·≪창진집≫·≪직지방≫, 여름에는 ≪구급방≫·≪부인대전≫·≪득효방≫, 가

---

49) 집맥執脈에 관한 의학서적醫學書籍 가운데 하나이며, 중국 송宋 나라 때의 사람인 양사영陽士瀛이 찬撰하였다. 원래의 이름은 ≪직지방론맥진경直指方論脈眞經≫이라고 하였다.

50) 중국 원나라 위역림危亦林이 지은 ≪세의득효방世醫得效方≫의 약칭이다. 전의감典醫監에서 강서講書했던 의과시험의 초시과목이었다.

51) 조선 세조 때 편찬한 것으로 추정되는 창진瘡疹에 관한 의서醫書이며, 망실忘失되어 현존하지 않는다. ≪창진방瘡疹方≫이라고도 한다. 세조 때 의원취재醫員取才 강서講書로 되었다. ≪경국대전≫에도 의과취재醫科取才 강서로 채택된 내용이 있는 것으로 보아 의인醫人 간에 널리 보급되었을 것이다. 선조 말경 허준(許浚)은 이 책을 개편하여 ≪언해두창집요諺解痘瘡集要≫를 간행하였다.

을에는 ≪태산집요≫ · ≪동인경≫ · ≪화제방≫, 겨울에는 ≪본초자생경≫ · ≪십사경발휘十四經發揮≫로 나누어 취재하도록 했다.

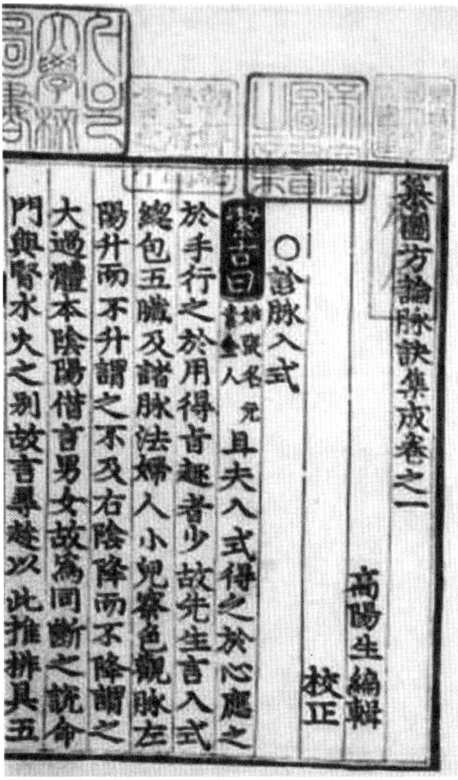
纂圖方論脈訣集成卷之一

高陽生編輯

校正

○診脈入式

且夫入式得之於心應之

於手行之於用得者趣者少故先生言入式

總包五臟及諸脈法婦人小兒察色觀脈左

陽升而不升謂之不及右陰降而不降謂之

大過體本陰陽借言男女故為同斷之說命

門與腎水火之別故言尋趁以此推排具五

〈찬도맥에 관한 자료〉

지방의학의 교과목은 각 도의 관찰사로 하여금 적당하게 인출印出하여 분급토록 법제화한 의서이며(≪대전속록≫, 예전 장려), 이 이외의 교과목이 있었던 것인지는 분명치 않으나 지방의학의 목적이 중앙 진출의 양의良醫 양성보다는 지방의료에 종사할 수 있는 요원의 확보에 있다고 볼 때, 그 과정은 중앙에 비하여 다소 간단하였을 것이다. 그리고 성종 때의 〈의녀권과조건醫女權課條件〉에 의하면, 의녀의 교육과정은 ≪직지맥≫, ≪동인경득≫, ≪가감삼십방加減三十方≫, ≪화제방≫, ≪부인문산서직婦人門産書直≫ 등으로 되어 있었다(≪성종실록≫ 권89, 9년 2월 기유).

의술이란 실로 심오한 것이기에 의서도 또한 광범하고 호대浩大한 만큼 위의 교과목은 최소한의 기본교과에 불과한 것이고, 보다 정밀한 기술의 습득을 위하여 다양한 의서가 자유로이 선택되었을 것이다.

③ 교육방법

교육방법도 정리된 자료가 거의 없어 그 전모를 이해하기 어렵다. 다만 의서의 습독, 기술의 수련, 학업과 기술의 평가 등을 중심으로 살펴보고자 한다. 구체적인 시책이나 방법은 후술하는 권학책勸學策에서 논의됨으로 여기서는 일반적인 특징에 국한하여 논의한다.

의서의 습독은 일재강독一齋講讀의 방법이 아니라 성균관이나 향교의 학생처럼 개별학습이 기본적인 형태였을 것이다. 그 이유는 교육기관마다 정원은 있었지만, 수업연한이 없으므로 등제登第, 승진陞進, 타직 제수 등에 의하여 학생 구성원이 수시로 변동되기 때문이다. 그렇다고 무계획적인 자유방임상태가 아니고 엄정한 과정과 개인별 독서기록을 남기기도 하고, 출사出仕를 독려하기 위하여 취재나 응시에 원점법圓點法을 적용하기도 했으며, 의서습독의 편의와 정밀한 기술을 수련하기 의생방제醫生方制(≪세조실록≫ 권28, 7년 5월 임신)와 분문강습법分門講習法(전문의 훈련제, ≪세조실록≫ 권12, 4년 3월 무술)을 마련하기도 했다. 기술의 수련은 진맥, 용약用藥(조제), 점혈點穴(침구) 등의 실습훈련과 노련의의 간병 때에 수행하여 임상을 견습하는 방법 등이 있었으며, 전의감과 혜민서의 생도나 의서습독관은 대부분 수습의원의 성격을 띠고 있었으므로 정규직 의관의 조수로서 실습의 기회는 충분히 부여되었다.

성적의 평가방법은 각 과목을 통通(이푼[二分])·약略(일푼[一分])·조粗(반푼[半分])로 하여 푼수가 많은 자를 합격자로 하되, 이 때 푼수가 같으면 출사일수出仕日數(근무일수)가 많은 자를 합격시켰다.

구체적으로 의학교육의 평가 방법은 의학에 대한 전문적 지식과 의술에 대한 전문적 기술로 나누었다. 의학에 대한 학업평가는 사맹삭四孟朔(1·4·7·10월) 또는 매월 정기적으로 고사(성적평점)하여 그 결과를 기록, 통고하여 우수자는 실직 서용, 현관 제수, 승진의 특전을 주었으며, 지방의생이나 의녀는 복호復戶, 급료, 사물賜物, 의국여의醫局女醫, 승보陞補의 은전을 베풀었다. 이와 반대로 성적 불량이나 태만 자는 여러 가지 죄[수고신收告身, 파출罷黜, 정서리定書吏, 다모茶母, 초벌楚罰, 수가동囚家童, 충군역充軍役 등]를 주었다.

그리고 의술에 대한 평가는 진맥, 점혈, 조제, 요병 등 실제 기능을 고시하여 승강포폄陞降褒貶(상벌)의 자료로 삼았으며, 교회教誨 실적이 부진한 교관도 징계 문책하였다(이건형, 1975). 평소의 학업성적을 평가하여 그 결과를 사회의 진출에 반영시키기도 하고, 엄격한 제재를 통하여 학업을 권장하는 신상필벌信賞必罰의 교육방침은 높이 평가되었다.

④ 교원

의학교육을 위한 전임교원은 의학교수(양사 각 2)와 의학훈도(양사 각 1)이지만 양사의 주부 이상의 관원은 잡과출신자로 제수하였기 때문에 전의감의 주부 이상 5인, 혜민서의 1인의 의무관醫務官도 의학생도나 의녀의 교육에 관여했다(≪경국대전≫, 이전 제과). 그리고 양사의 각 50인, 60인의 전직 의원(전형前衡)도 환자의 치료나 제약劑藥을 담당한 의원이었으므로 학생의 임상지도나 학습에 참여했을 것임이 분명하다. 따라서 양사의 부설의학에서 의학교육을 담당한 교원은 의학교수와 의학훈도를 위시하여 120여명에 달하는 셈이다.

의술은 음양오행의 상생상극相生相剋의 이치에 밝아야 진병과 투약에 능하며, 옛날의 양방良方이 유의儒醫의 손에서 많이 나왔으므로 문리에 밝은 유신으로 하여금 전의감의 의학교관으로서 겸임시키기를 주청奏請하였다. 그래서 박학博學한 문사를 선정하여 전의감의 겸정, 겸부정, 겸판관, 겸주부 각 1명씩을 제수하고, 박학강정博學剛正하고 근근勤謹한 문사를 뽑아 혜민서와 제생원의 제거提擧, 별좌別坐나 검승檢丞으로 차정差定하는 제도가 마련됐다. 그러나 이 제도는 겸관들의 사무가 번잡하여 겸임지도할 겨를이 없다는 이유로 세종 28년(1446)에 혁파되었다(≪세종실록≫ 권111, 28년 1월 정유).

그러나 문신들로 하여금 의학교육을 담당하게 하는 제도는 그 후에도 가끔 논의된 적이 있다. 예컨대, "의학교육을 나누어 맡고, 영민한 사람들을 선발하여 의서를 읽히며, 또한 의서를 내의內醫 등에게 읽히어 취재시 출척에 반영하라"(≪단종실록≫ 권 1, 즉위년 5월 정사)고 하였다.

이러한 취지는 의원이란 기술적으로 정통해야 뿐만 아니라 의원으로서의 투철한 정신과 높은 교양이 요구되었기 때문이다. 즉 의술의 통달에 있어 편협한 직업적인 기술습득에 치중하는 전업인專業人보다는 문리에 정통한 문신이 심오한 고도의 의술을 개척하는데 유능할 것이라고 믿었다. 뿐만 아니라 의학생도 중에는 문신인 습독관도 포함되었음으로 일반적인 의학생도와는 달리 양반신분의 자제인 습독관을 의술에 정통하게 함으로써 의학의 발전을 기할 수 있다고 보았다. 이는 결국 의술의 훈련을 직업의職業醫에게만 전담시킬 수는 없는 당시의 사회적 사정 등에 연유한 것이라 볼 수 있다. 그러나 양반자제들은 의학을 기술학 혹은 잡학이라 여겨 기피하였다. 이 밖에도 의술에 밝은 자를 교관 또는 적당한 칭호를 주어 의생교육에 종사케 하였다.

(3) 의과입격자의 지위와 의학 권장책

① 입격자의 지위

조선시대 사회에서 의관의 사회적 혹은 신분적 지위는 유학적 질서를 존숭하고 기술학을 천시했음으로 양반과 비교하면 낮았다고 볼 수 있다. 그러나 의학은 인간의 생명을 다루었고, 국가에서도 의학을 중요한 업무로 인식하였다. 그래서 의학은 국가경영에 있어 긴요한 정책이었다.

의과입격자에게는 1등은 종8품, 2등은 정9품, 3등은 종9품을 수여하였다(≪경국대전≫, 이전 제과). 그리고 입격자에게는 무록관無祿官에서 체아직 또는 실직의 제수, 승직, 동반의 현직 서용(주로 습독관)의 혜택을 주었다. 그러나 본래 품계가 있는 자는 일품계를 가자加資하고, 가자한 품계가 합격으로 당연히 받을 품계와 비슷하거나 거기에 미달되는 자는 당연히 받을 품계에 또 일품계를 가자하였으며, 품계를 수여한 자는 소속 관사인 전의감·혜민국 등 의사醫司의 권지로 임명되었다. 하지만 3년에 겨우 9명밖에 배출되지 않았기 때문에 제약과 치료에 많은 어려움이 있었다(≪세종실록≫ 권28, 7년 5월 임신).

국가에서 의술을 중시하고 의학교육에도 깊은 관심을 가진 점에서 의학은 다른 잡과보다 우위에 있었다. 하지만 의술을 전업으로 하는 자는 그 대부분이 중인이나 서얼 출신이기 때문에 신분상의 제약을 많이 받았다. 이것이 의관들을 개인적으로 출세하지 못하도록 한 요인이 되었고, 조선후기의 의관들이 신분상승 운동을 전개하도록 한 요인이 되었다.

그러나 조선 초기에는 신분제도가 크게 엄격하지 않았기 때문에 의관으로서 당상관 이상의 현관顯官이 된 자도 있었다. 조선 초기에 의관으로서 당상관에 오른 사람은 다음과 같다.

성　명	연　도	과 시	본 관(자)	관직1(품계)	관직2(품계)
경우慶雩	중종35년(1540)	식년시	청주(澤浦)		참판[종2품]
이원성李元誠	명종4년(1549)	식년시	덕수(誠之)	첨정[정3품]	
신해申諧	선조15년(1582)	식년시	파평(國而)	첨정[정3품]	
김해金瀣	선조21년(1588)	식년시	진도(崇源)		지추[정2품]
윤효증尹孝曾	선조23년(1590)	증광시		첨정[정3품]	

* 품계에서 숭정대부는 종1품이다.

나중에 어의御醫[52]로서 공신의 반열에 든 명의名醫도 있었지만 그것은 극소수에 불과할 뿐이었다. 더욱이 서얼의 한품서용법에 구

52) 조선시대 대표적인 어의는 허준許浚(1546~1615)이다. 1574년(선조 7) 29세 때 의과에 급제하여 의관으로 내의원內醫院에 봉직하면서 내의·태의·어의로서 명성을 높였을 뿐 아니라 ≪동의보감≫을 발간하였다. 1575년 2월에 어의로서 명나라의 안광익安光翼과 함께 임금의 병에 입진入診하여 많은 효과를 보게 하였으며, 1578년 9월에는 내의원첨정으로 당시에 새로 출판된 ≪신간보주동인유혈침구도경≫을 하사받았다.
1581년에 고양생高陽生의 원저인 ≪찬도맥결≫을 교정하여 ≪찬도방론맥결집성≫ 4권을 편성하여 맥법진단의 원리를 밝혔다. 선조는 허준에게 명하여 단독으로 의서편집의 일을 맡기고 내장방서內藏方書 500권을 내어 고증하게 하였는데, 허준은 어의로서 내의원에서 의무에 종사하면서 조금도 쉬지 않고 편집의 일에 전심하여 10여년 만인 1610년(광해군 2)에 ≪동의보감≫을 완성하였는데, 모두 25권 25책이다. 이책은 그 당시의 의학지식을 거의 망라한 임상의학의 백과전서로서 내경內景·외형外形·잡병雜病·탕액湯液·침구鍼灸 등 5편으로 구성되어 있다.

속되고, 또 신분의 고정화에 따라 의업에 대한 천시의 경향은 시대가 경과할수록 가중되어 의관의 청현직淸顯職 임용문제로 의관의 신분논쟁을 빈번하게 야기하였다.

〈허준, 출처 : 한국민족문화대백과〉

② 의학 권장책

의학은 본질적으로 인간의 생명을 다루는 데에 그 특징이 있다. 마찬가지로 조선 왕조의 정책이 민본애민民本愛民을 중시했던 만큼 국가에서 의학을 중요하게 다루었다. 때문에 의학교육을 통해 유능한 의관을 양성하기 위하여, 조선시대는 세심한 배려와 창의적인 시책이 추진되었다.

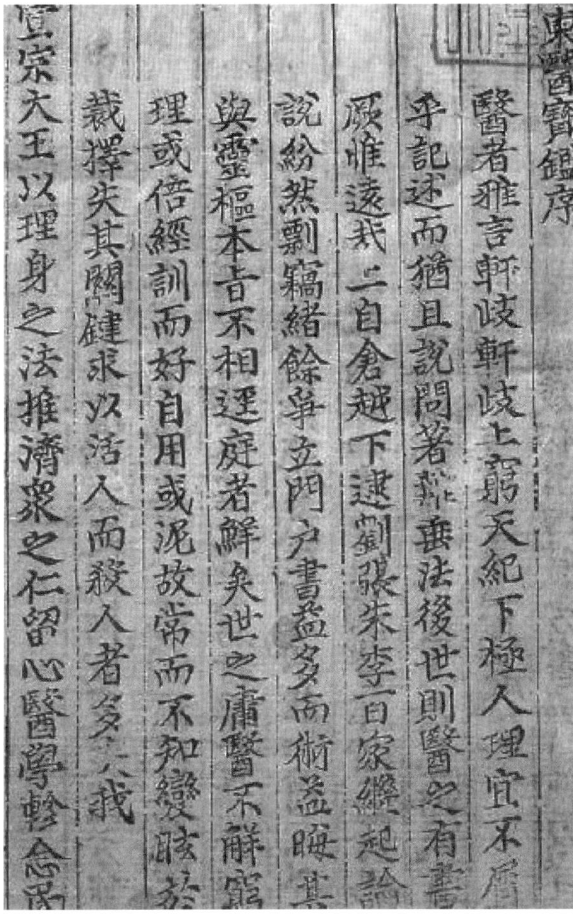

東醫寶鑑序
醫者雅言軒岐軒岐上窮天紀下極人理宜不屑
乎記述而猶且設問著難垂法後世則醫之有書
厥惟遠哉上自倉越下逮劉張朱李百家繼起論
說紛然剽竊緒餘爭立門戶書益多而術益晦其
與靈樞本旨不相逕庭者鮮矣世之庸醫不解窮
理或倍經訓而好自用或泥故常而不知變眩於
裁擇失其關鍵求以活人而殺人者多矣我
宣宗大王以理身之法推濟衆之仁留心醫學軫念

〈동의보감의 서문〉

의학은 인간의 생명을 취급하기 때문에 의학의 권장책도 주로 의관이 의학과 의술에 정통할 것을 요구하였다. 예컨대, "의술이 삼대三代를 내려오지 않으면 그 약을 복용하지 않는다. 바라건대 지금부터 서운관과 전의감은 그것을 담당하는 관리를 세습케 하여 그 업을 정통케 하라"(≪태조실록≫ 권15, 7년 9월 경인)고 하여 의원의 세습을 통하여 의술에 정통할 것을 주장하였다. 또한 세종은 궁중에서 의서를 강론하기도 하였고, 세조는 의원을 불러 의서를 친히 강론하기도 하였다(≪세종실록≫ 권11, 3년 4월 병자 ; ≪세조실록≫ 권18, 5년 11월 경자). 이러한 사실에 비추어 보면, 국가에서 의학에 많은 관심을 가졌다고 볼 수 있다.

한편, 세종 7년(1425)에는 예조가 의생방醫生房 제도를 건의하였다(≪세종실록≫ 권28, 7년 5월 임신). 이 제도는 전의감 소속의 권지(생도)는 의과합격자를 배치하지만, 업무가 과중하고 인원이 부족하여 학업에 전념할 틈이 없기 때문에 정숙하지 못하니 삼의사三醫司에 각각 의생방을 설치하여 제약과 의서를 수련케 할 것을 진언한 것이다. 노정우(1968)는 의생방을 오늘의 수련의제도와 같다고 하였는데 그 성격은 분명하지 않다. 다만 지방의 의생을 수용하는 기숙사시설이라고 추측해 볼 수 있다.

의생원점법醫生圓點法이란 의과 출신자의 취재서용을 위한 규정이다(≪세종실록≫ 권48, 12년 6월 무자). 이러한 조치는 의과 출신자나 전형(전직 의원) 및 권지들이 유고를 핑계 삼아 귀향하여 한가롭게 생활하다가 취재 시기에만 출근하는 것을 막기 위함이었다. 이는 생원·진사시의 원점법과 마찬가지로, 취재 직전 3개월(90일) 동안에 50일 이상 근무한 자에게만 취재를 할 수 있는 자격을 부여하고, 성적도 소정 점수 이상 자에게만 서용한다는 것이다. 물론 수직受職 의생의 근무 태만의 원인은 그들 대부분이 무록관無祿官이라는 제도적 결함에 기인한 것이지만, 출사일수出仕日數[53]를 취재의

53) 사일仕日이란 관직에 근무하는 기간을 말한다. 이는 승자陞資되기 위해서는 일정한 기간의 근무일수를 채워야 하는데, 이것을 사만仕滿이라 한다. 그리고 모든 관리들은 일정한 사만 기간을 채워야만 일자一資를 올려 받을 수 있는데, 이것을 순환법循環法이라 한다. 예컨대, 일반적으로 경관京官의 경우 6품 이상은 재직 기간이 900일, 7품 이하는 450일 만료되면 관직을 옮기며 품계를 높여주게 된다. 그러나 의관은 약간의 구임관을 제외하고는 모두 일년으로 순환된다.

응시자격과 결부시킨 조치는 의학권장에 유효한 방법이 되었다.

의원근무평점법醫員勤務評點法은 의원의 고강과 권태勸怠의 실적에 따라 관직을 제수하는 제도이다. 이것은 세종19년(1437)에 의정부에서 "독서를 평가하는 방법이 없으니 독서를 열심히 하는 자는 그 효력을 볼 수 없으며 독서에 게으른 자는 그 책임을 받지 않는다. 그러므로 근만이 함께 취급되어 권징이 있어도 쓸모가 없다"(≪세종실록≫ 권4, 2년 7월 정사)고 하였기 때문에, 예조에서 구임한 자를 평정하고, 이조에서 그 근만勤慢을 참고하여 서용토록 했다.

세조는 의학에 상당한 관심을 가졌다. 그래서 세조는 부문강습법(일종의 전문의 훈련제)을 창설하였다(≪세조실록≫ 권12, 4년 3월 무술). 이는 의술의 분야가 너무 광범위하고 어려우므로 분야별로 나누어 의학교육을 체계적으로 학습케 하였다. 몇 가지 사례를 살펴보면 다음과 같다.

○ 4맹월(춘정월, 하사월, 추칠월, 동십월)에 전의감 제조, 본조 당상 및 의학 교수관이 예조에 모여 고강한다.

○ 여러 방서方書는 각 부분별로 전공 습독한다.

○ ≪본초≫, ≪찬도맥≫, ≪직지방≫, ≪득효방≫, ≪화제지남≫ 등은 의가의 근본이므로 제과諸科의 공통 선수 과목으로 한다.

○ 양의사(전의감과 혜민서)의 의원은 제과에 병속시키되 각 아문 내에서 승진시키며 고강 성적에 의하여 제수한다.

○ 제생원, 혜민국의 의원은 퇴임 후 승진할 길이 없으므로 모두 한량이 되어 의업을 폐하게 되니 분과 내에서 의술이 정숙한 자는 의과 출신이 아니라도 취재를 통하여 전의감 주부 이상의 직에 차차로 승진시킨다.

○ 고강을 기피하는 자는 1차 불참일 때는 가동을 구속하며, 2차 불응일 때는 현임은 파출罷黜하고, 전형은 수습受習할 계제階梯가 되더라도 강등 제수한다.

그리고 유능한 의원과 유의儒醫를 양성하기 위하여 의서습독관醫書習讀官의 제도가 설치되기도 하였다(≪단종실록≫ 권13, 3년 정월 신미). 이는 의학에도 많은 관심을 가졌던 세종이 삼의사三醫司에 의생을 교육하는 이외에 의서습독법을 별도로 설립하여 의서를 읽게 하고, 이를 권장함으로써 의술을 보급하고 의원의 자질을 높이려 하였다. 그리고 이 법의 설치는 단순히 의학교육에만 목적을 둔 것이 아니라 이것을 통하여 의술을 전업으로 할 사람을 되도록 많이 기르고자 하는 데에 더 큰 목표가 있었던 것이다.

정조 시기에는 ≪동의보감≫에서 소홀히 다루거나 빠뜨린 부분을 서술하여 새로운 의서를 발간하였다(≪정조실록≫ 권52, 23년 12월 갑오). 그 책의 이름이 바로 ≪제중신편濟衆新編≫[54]이었다.

의학교육의 권장책에서 특히 주목해야 할 것은 의녀醫女 제도이다. 이는 조선시대가 유교를 숭상하였기 때문에 생긴 제도이다. 예컨대, 유교의 영향으로 남녀의 구별이 엄격해서 여성들은 질병이 발생하더라도 남의男醫의 진단을 기피하여 치료도 받지 못하고 때로는 죽는 경우가 있었다. 때문에 이러한 장애를 극복해야 하기 위하여 설치한 것이 여의女醫 제도이며, 의녀는 바로 여성의사의 양성

54) 정조가 내의원에 명하여 모든 의방들을 채집하게 하여 ≪제중신편≫ 8권, 목록 1권을 편성시킨 뒤, 주자소鑄字所에 보내어 판각하고 인쇄하여 널리 배포하게 하고, 내의원 도제조이며 좌의정인 이병모李秉模에게 서문을 쓰게 하였다. 각 항목의 분류방법은 주로 ≪동의보감≫의 내경편內景篇·외형편外形篇 및 잡병편에 의거하였으며, 약방문들의 출전도 ≪동의보감≫에서 많이 인용하였다. 그러나 이 책에 새로 증보된 양로養老·약성가藥性歌 등은 ≪동의보감≫에는 없는 것이며, 특히 내의원의 상비약방들은 내국방內國方으로서 자세히 첨부시켜 왕실내의원 전용 약방들을 민간에까지 보급시켰다.

을 위한 의학생도이다.

의녀교육이 시작된 것은 태종 6년(1406)에 중앙 여러 관서에서 선발한 나이 어린 여자를 대상으로 제생원에서 의술을 가르친 것이 그 효시이다(≪태종실록≫ 권11, 6년 3월 병오). 그리고 세종 5년(1423)에는 예조의 계청啓請에 따라 "제생원 의녀는 한학을 익힌 후 의방을 학습케 하고, 지방에서 선발한 의녀도 각 소속 관서에서 ≪천자문≫, ≪효경≫, ≪정속편正俗篇≫을 학습시켜 서울로 보내도록 조치하였다"(≪세종실록≫ 권22, 5년 12월 갑술). 그 후 제생원이 폐지되어 의녀교육이 혜민국으로 이관되었다. 여기서 양성된 여의는 내국內局 여의로 선발되거나 각급의 의료기구에 배치되었다.

의녀교육을 강화하기 위한 시책은 세조 9년(1463)에 〈의녀권징조규醫女勸懲條規〉로 나타났었다(≪세조실록≫ 권30, 9년 5월 경술). 즉 혜민국 제조는 매월 의녀가 읽어야 할 책을 고강하여 통·불통通·不通을 기록하고, 매월 성적 우수자 3명을 계문啓聞하여 월급을 지급하며, 세 번 불통한 자는 혜민국 다모茶母로 삼아 징계하고, 삼약三略(약통略通, 대략 통달함) 이상이 되어야 본임本任에 허락한다는 것이다. 이것은 의녀교육을 보다 강화한 시책이라고 볼 수 있다.

의녀에게 실시한 교과내용을 살펴보면, 먼저 ≪부인문≫과 ≪산서産書≫를 먼저 가르쳤고, 다음으로 ≪직지맥≫과 ≪찬도맥≫의 진맥법 및 ≪가감삼십방≫과 ≪화제방≫의 조제법을 가르쳤고, 마지막으로 ≪동인경≫ 등의 침구법을 가르쳤다(≪성종실록≫ 권89, 9년 2월 기유). 이러한 과목들은 의학의 기초과목이었다. 물론 추론이지만 의녀들이 이들 과목들을 배운 것은 간병의看病醫나 의원의 보조자, 혹은 산파로서의 역할을 의녀에게 기대했었기 때문이다.

그러나 유능한 의원을 양성하기 위한 제도적 장치가 마련되었다. 즉 "혜민서에서 의녀 중에서 나이 어리고 총민한 자를 따로 뽑아 이들을 교관들에게 맡겨 매일 가르치게 하였고(≪대전속록≫ 권3, 예전 장려), 의녀를 교육하여 뛰어난 자는 내의원에 입속시키고 내의원 관원 중 의술에 정통한 자를 특별히 정하여 교육하도록 하라고"(≪대전후속록≫ 권3, 예전 장려) 하여 의녀교육을 더욱 강화하였다.

하지만 의녀가 된 자들이 대부분 관청의 노비출신이었기 때문에 학문적 기초나 의사로서의 자질은 매우 부족하였고, 뿐만 아니라 사회적으로 의녀를 천시함으로써 이를 지망하는 자가 적었다. 그래서 전문 의료인으로서의 내의內醫가 많이 출현하지 못했다(이건형, 1975).

그리고 조선시대에서 침의제鍼醫制가 발달하였다. 즉 침의제란 침구鍼灸 전문의 제도를 말한다. 침구는 동양의학에 있어서 가장 중요시하는 치료법의 하나로 일찍부터 발달해 왔다. 그러나 침구술은 의원이면 누구나 익혀야 할 의술로 여겼기 때문에, 의원이면 누구나 조금씩은 침구를 사용할 줄 알았다. 이것이 때로는 환자에게 치명적인 사고를 유발하는 경우도 있다. 그래서 침구술은 의원의 전문교육에 의하여 발달되어 왔다.

조선시대의 침구제는 세종 20년(1438) 의정부 상계上啓에 "침구에 관련된 전문생을 매년 30명 선발하여 임용하고 삼의사에 각 1명씩 임용"(≪세종실록≫ 권80, 20년 3월 경자)하라고 하였다. 이것이 조선시대 침의제의 시작이다. 그러나 이 제도는 한때 폐지되었다고 추측된다. 왜냐하면 단종 즉위년(1452)에 임원준任元濬이 진언한 곳에 "침구전문의 제도를 다시 설립하여 의관으로 하여금 익히도록 하여 침약을 함께 사용하도록"(≪단종실록≫ 권1, 즉위년 5월 정사) 했기 때문이다.

그 후 침구 의술은 크게 발달하여 효종에는 내의원에 침의가 증가되어 배치되었고, 영조에는 내의원 침의는 12인으로 확대되어 전문정직專門正職으로 대등한 어의御醫의 대열에 오르게 된다. 이러한 제도적인 시책에 따라 조선시대의 침구의술은 괄목한 발달을 이루었고, 이로 말미암아 조선의 침의가 외국에까지 파견되었던 경우도 있다. 예컨대, 인조 21년(1643)에 침의鍼醫 유달柳達이 청나라 황제의 병을 치료하기 위하여 청에 갔었고, 숙종 시기에는 청나라 조정의 중신을 치병하기 위하여 선침의관善鍼醫官을 선발하여(≪인조실록≫ 권44, 21년 4월 기사 ; ≪숙종실록≫ 권32, 24년 11월 임신) 보낸 일이 있었다.

2. 조선후기 의과입격자의 분석

의과는 잡과의 하나로서 3년에 한 번씩 열리는 식년시와 국가의 경사가 있을 때 열리는 증광시로 나누어 볼 수 있다. 의과의 정원은 식년시와 증광시가 각각 9명이었고, 대증광시가 10명이었다(≪경국대전≫, 예전 제과).

조선시대에 의과의 시행횟수가 밝혀진 것은 1498년부터 1894년까지 396년간에 걸쳐 식년시가 110회, 증광시가 54회로 총 164회이다. 여기서 배출된 입격자는 식년시에서 967명과 증광시에서 556명으로 모두 1,523명이다(이성무 · 최진옥 · 김희복, 1990). 매회 평균 9.3명이 의과에 입격하였다.

그러나 연구자는 조선후기의 의과입격자를 분석대상으로 삼았기 때문에, 본 논문에서는 선조 33년(1600)의 식년시부터 고종 31년(1894)의 식년시까지 295년간에 걸쳐 배출된 의과입격자 1,422명을 분석하였다.

조선후기의 의과입격자를 구체적으로 살펴보면, 식년시가 98회에 걸쳐 870명의 의과입격자를 배출하여 매회 평균 8.9명이 의과에 입격하였고, 증광시는 53회에 걸쳐 552명의 의과입격자를 배출하여 매회 평균 10.4명이 의과에 입격하였다. 대체로 선발인원이 잘 지켜졌다고 할 수 있다. 이를 표로 나타내면 〈표 4-2〉와 같다.

〈표 4-2〉 조선시대 의과 설행횟수와 입격자 수

(단위: 명)

구 분	식년시		증광시		합 계	
	회수	인원	회수	인원	회수	인원
조선전기	12	97	1	4	13	101
조선후기	98	870	53	552	151	1,422
합 계	110	967	54	556	164	1,523

1) 왕조별 의과입격자

조선시대는 왕조 사회였기 때문에 각 왕조에 따라 국가정책이나 제도가 많은 차이를 나타냈었다. 때문에 각 왕조별로 구분하여 그 왕조의 특징을 밝히는 것은 의미 있는 일이다. 마찬가지로 의과입격자를 왕조별로 분석하는 것은, 각 왕조의 의료정책과 의학교육의 추이를 살펴보는 데에 있어 하나의 중요한 척도가 될 수 있다. 예컨대, 왕조별로 의학교육의 변화와 의료정책의 특징을 엿볼 수 있다. 의과입격자를 표로 나타내면 〈표 4-3〉과 같다.

〈표 4-3〉 조선후기 의과입격자의 왕조별 인원

〈표 4-3-1〉

(단위: 명)

구분	선조	광해군	인조	효종	현종	숙종	경종	영조	정조	순조	헌종	철종	고종	합계
인원	36	42	76	38	57	260	29	230	92	162	68	58	274	1,422
설행횟수	5 (2)	8 (3)	10 (2)	5 (2)	7 (2)	28 (14)	3 (2)	25 (9)	11 (3)	18 (6)	8 (3)	6 (2)	17 (7)	151 (53)

* 괄호 속의 숫자는 증광시를 표시함

〈표 4-3-2〉

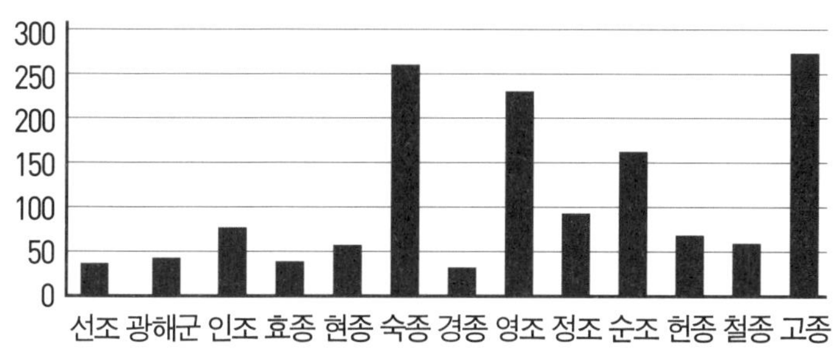

* 선조 왕조는 선조 33년(1600) 이후의 입격자를 표시함

〈표 4-3〉에서 볼 수 있는 바와 같이, 숙종과 고종 연간에 의과입격자가 두드러지게 배출되었음을 알 수 있다. 숙종 연간에는 의과 설행횟수가 28회나 실시되었고, 전체 입격자는 260명을 배출하여 평균 9.3명의 의과입격자를 배출하여 평균으로 환산하면 대체로 정원 9명이 잘 지켜졌다.

그러나 고종 연간에는 설행횟수가 17회임에도 불구하고, 전체 입격자는 274명으로 평균 16.1명을 배출하여 정원의 1.8배에 이르렀다. 이는 개항(1876) 이후, 특히 1879년의 식년시부터 갑작스럽게 인원이 증가하였다. 예를 들면, 1879년 식년시에는 의과입격자를 13명이나 배출하였고, 증광시에는 1880년에 의과입격자를 정원의 2배인 18명이나 입격시켰다. 이러한 이유는 조선후기의 과거제의 문란과 신분제의 해이에서 나타나는 현상이라고 설명할 수 있다.

한편, 증광시는 53회에 걸쳐 552명으로 매회 평균 10.4명의 의과입격자를 배출하였다. 이는 증광시의 선발인원 10명을 제대로 준수하였다고 볼 수 있다. 그러나 개항을 전후로 증광시의 입격자가 급격하게 늘어난다(〈별표 4-1〉을 참고). 예컨대, 1874년 증광시에는 의과입격자가 19명이나 되고, 특히 1885년에는 무려 46명을 입격시켰다. 이는 조선후기의 과거제의 문란과 국가기강의 해이에서 나타나는 현상이며, 또한 증광시를 정권의 시혜적 차원에서 다루었기 때문에 입격자가 증가하였다. 즉 "이번 증광감시增廣監試는 다른 과거와 다르니 시임사時任師와 시임부時任傅, 원임사原任師와 원임부原任傅 및 시임빈객時任賓客, 세자시강원世子侍講院과 세자익위사世子翊衛司의 아들·사위·아우·조카로서 생진시生進試 복시覆試에 응시하여야 할 사람들은 모두 특별히 복시의 방말榜末(합격)에 붙이라"(≪고종실록≫ 권19, 19년 9월 병오)고 하여 왕의 측근을 대거 합격시켰다. 그리고 "이제부터 관남의 증광시增廣試와 식년시式年試의 소과小科 초시初試는 원액 50 이외에 특별히 20원을 가설하고 동당 초시는 원액 7인 외에 특별히 3원을 더 늘려 주는 것으로 시행하였다"(≪고종실록≫ 권22, 22년 4월 계사)고 하여 증광시의 인원을 증가시킨 요인으로 작용하였다.

2) 세기별 의과입격자

세기별로 시대상의 흐름과 변화를 재는 것은, 자칫하면 기계적이고 도식적인 편의성을 지닐 우려가 있다. 그러나 의과입격자의 수를 세기별로 분석하는 것은 각 세기에 따른 의료제도와 의학교육을 이해하는 데 있어 중요한 지남指南이 될 수 있다.

세기별로 의과입격자를 분석해 보면, 17세기에 401명, 18세기에 459명, 19세기에 562명을 배출하였다. 이를 표로 나타내면 〈표 4-4〉와 같다.

〈표 4-4〉 조선후기 의과입격자의 세기별 인원

(단위: 명)

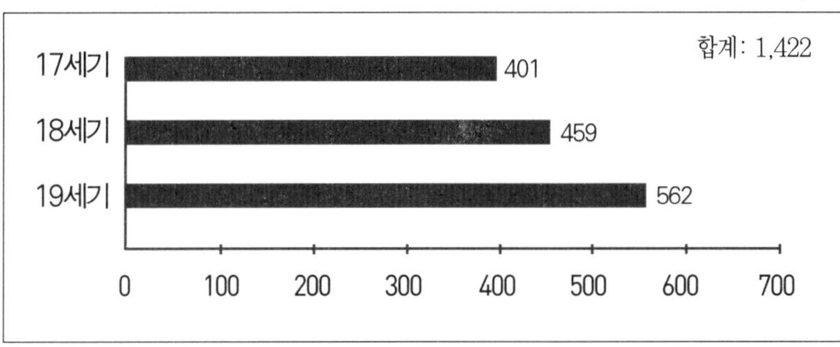

〈별표 4-1〉과 〈표 4-4〉를 참조하면, 17세기에는 51회의 의과를 시행하였으며, 여기서 401명을 선발하여 매회 평균 7.9명이 입격하였다. 이는 정원 9명에 약간 못 미치는 인원이었다. 그리고 18세기에는 51회의 의과를 시행하였으며, 여기서 459명을 선발하여 매회 평균 9명이 입격하였다. 대체로 입격자가 정원에 따라 배출되었다.

19세기에는 49회의 의과를 시행하였으며, 여기서 562명을 선발하여 매회 평균 11.35이 입격하였다. 이는 의과입격자 정원 9명보다 많았다. 19세기에 의과입격자가 정원보다 많이 합격된 것은 개항 이후의 국가기강의 해이와 과거제도의 문란으로 나타나는 현상이다. 의과의 폐단에 대해서 상소하기도 하였다(≪순조실록≫ 권32, 31년 8월 기유).

3) 품계와 관직별 의과입격자

의과입격자에게 주어지는 관직을 살펴보면, 1등은 종8품, 2등은 정8품, 3등은 종9품을 주었다(≪경국대전≫, 예전 제과).

조선후기의 역과 입격자가 받은 품계를 살펴보면, 품계1에서는 종1품이 23명, 정2품이 9명, 종2품 17명, 정3품이 40명이다. 품계2에서는 종1품이 1명, 종2품 2명, 정3품이 10명이다. 이를 표로 나타내면 〈표 4-5〉와 같다.

〈표 4-5〉 조선후기 의과입격자의 품계

(단위: 명)

구 분		품계 1	계	품계 2	계	합 계
從 1	崇祿大夫 崇政大夫	19 4	23	1	1	24
正 2	正憲大夫 資憲大夫	2 7	9			9
從 2	嘉義大夫 嘉善大夫	5 15	17	1 1	2	19
正 3	通政大夫 折衝將軍	25 15	40	2 8	10	50
從 6	宣教郎	1	1			1
합 계			90		13	103

〈표 4-5〉에서 볼 수 있는 것처럼, 중복된 경우가 있지만 품계를 가진 의과입격자는 전체 입격자 1,422명 중에서 103명이다. 이는 의과입격자 전체의 7% 밖에 되지 않아 품계를 받은 의과입격자는 실제적으로 매우 낮은 편이다. 그러나 의과입격자가 역과입격자에 비하여[55] 품계를 적게 받은 이유는, 의관에게는 실직의 관직에 많이 제수되었기 때문이다.

보다 구체적으로 살펴보면, 품계1을 가진 입격자는 전체 입격자의 6%이며, 품계2를 가진 1,422명의 전체 입격자 중에서 겨우 13명에 불과하다. 이것은 앞장에서 살펴본 역과입격자와 비교해 보면 현저하게 낮은 수준이다.[56]

그리고 품계1에서 당상관[통정대부 이상]을 지낸 의과입격자는 79명으로 전체 입격자 1,422명의 5%에 해당된다. 그러나 그들이 지니고 있는 중인의 신분적 제한, 즉 한품서용법(정3품 당하관 이하)을 생각한다면 매우 많은 의과입격자가 당상관에 올랐다. 이러한 이유는 의학이 근본적으로 인간의 생명을 다루었기 때문에 국가에서 의학과 의관을 중요시하였고, 또한 왕이나 왕실의 질병에 공로가 있는 의관이나 의서 편찬에 기여한 의관에게는 높은 관직과 품계를 수여했기 때문이다. 실제로 왕조실록을 살펴보면, 의관에게 높은 관직과 품계를 주었다고 기록하고 있다.[57]

---

55) 역과입격자가 품계를 받은 경우는 품계1에서 609명과 품계2에서 234명으로 전체 843명이다.

56) 연구자는 이미 조선후기의 역과입격자를 분석했었다. 이 분석에 따르면, 중복된 경우를 포함해서 품계를 가진 역과입격자는 전체 입격자 2,812중에서 843명으로 전체의 30%를 차지했다. 품계1에서 609명, 품계2에서 234명이 품계를 받았던 것으로 나타났다(〈조선후기 역과입격자의 분석〉, ≪교육철학≫(제14집), 한국교육철학회, 1996, 125-150쪽을 참조).

57) 몇 가지의 사례를 적기摘記 해본다. 의관 백광현을 포천현감(종6품 : ≪숙종실록≫ 권15, 10년 5월 정묘), 의관 이동형을 지중추부사(정2품 : ≪숙종실록≫ 권1, 1년 10월 병신), 의관 김유현을 고양군수(종4품 : ≪숙종실록≫ 권6, 3년 6월 정묘), 의

한편, 조선후기 왕조별 의과입격자의 품계를 살펴보면, 품계1를 받은 의과입격자 90명 중에서 숙종 시기에 22명으로 전체의 24%를 차지하여 가장 많다. 다음으로 영조 시기에 17명, 정조 시기에 9명 순이다.

그리고 품계2를 받은 의과입격자는 13명으로 숙종 시기에 4명을 차지하여 가장 많다. 다음으로 3명의 선조 시기, 2명의 광해군 시기 순이다. 품계1과 품계2를 합해서 종1품(오늘날의 부총리에 해당됨)의 품계를 받은 의과입격자는 24명이다. 그러나 이들에게 주어진 종1품의 품계는 실직의 권한이나 책임을 부여받지 못한 명예직에 불과하며, 경우에 따라서는 의관이 죽은 이후에 추증되는 경우도 있다. 조선후기의 왕조별 의과입격자의 품계를 표로 나타내면 〈표 4-6〉과 같다.

관 최성임을 김포군수(종4품 : ≪숙종실록≫ 권14, 9년 11월 신사), 의관 윤후익을 삭령현감(종6품 : ≪현종실록≫ 권8, 5년 6월 임자), 의관 허신을 양지현감(종6품 : ≪영조실록≫ 권31, 8년 5월 임진), 의관 양예수를 지중추부사(정2품 : ≪선조실록≫ 권132, 33년 12월 경오) 등에 임명했다. 이러한 특별한 임명, 즉 실직이라 할 수 있는 청현직淸顯職에 의관을 임명하자 많은 반대의 간언이 있었다. 예컨대, 의관 이동형에게 지중추부사에 제수한 것을 환수하는 조치가 있었고(≪숙종실록≫ 권1, 1년 10월 병신), 중인과 상한常漢에게 청현직을 추증하는 사례를 지적하였고(≪숙종실록≫ 권22, 16년 7월 무신), 또한 중·서中庶에 대한 증직 남발을 개탄하였고(≪영조실록≫ 권27, 6년 9월 병술), 중인배들에 대한 남직·추증濫職追贈하는 폐단을 엄하게 다스리도록 건의하였다≪영조실록≫ 권37, 10년 정월 임진).

〈표 4-6〉 조선후기 왕조별 의과입격자의 품계

〈표 4-6-1〉 품계 1

(단위: 명)

구분		선조	광해군	인조	효종	현종	숙종	경종	영조	정조	순조	헌종	철종	고종	합계
從 1	崇祿大夫			2	1		5	2	6	2	1				19
	崇政大夫	1			2			1							4
正 2	正憲大夫	1									1				2
	資憲大夫						2		2	1	2				7
從 2	嘉義大夫	1	1		1		1				1				5
	嘉善大夫	1		1	2	2	2		2	2					12
正 3	通政大夫	2	2	3		3		1	4		2				25
	折衝將軍		3			1			3	4					15
從 6	宣敎郎			1											1
합 계		6	6	7	6	6	22	4	17	9	7				90

〈표 4-6-2〉 품계 2

구분		선조	광해군	인조	효종	현종	숙종	경종	영조	정조	순조	헌종	철종	고종	합계
從 1	崇祿大夫										1				1
	崇政大夫														
正 2	正憲大夫														
	資憲大夫														
從 2	嘉義大夫	1													1
	嘉善大夫	1													1
正 3	通政大夫		2												2
	折衝將軍	1		1		1	4		1						8
합 계		3	2	1		1	4		1		1				13

* 선조 왕조는 선조 33년(1600) 이후의 입격자를 표시함

의관이 종1품의 품계를 받는 것은 특별한 경우라 볼 수 있다. 그럼에도 조선후기에 많은 의관이 종1품의 품계를 받았다. 종1품의 품계를 받은 의관은 효종 시기에 3명, 경종 시기에 3명, 숙종 시기에 5명, 그리고 영조 시기에 6명으로 전체 17명이다. 종1품의 품계를 많이 받았던 왕조의 의관을 적기摘記하면 다음과 같다.

성 명	시험년도	본 관(자)	품 계(1, 2)	관 직(1, 2)
최유태崔有泰	효종2년(1651 식)	청주(大叔)	숭정대부(1)	내의원, 현감
최성임崔聖任	효종2년(1651 식)	해주(士重)	숭록대부(1)	수의, 부사
정유각鄭惟覺	효종8년(1657 식)	경주(子直)	숭정대부(1)	내의, 지추
방진기方震夔	숙종1년(1675 식)	온양(一卿)	숭록대부(1)	수의, 인의
김응삼金應三	숙종25년(1699 증)	경주(鼎甫)	숭록대부(1)	내의, 수의
현기붕玄起鵬	숙종28년(1702 식)	천녕(遠卿)	숭록대부(1)	내의, 지추
허신許信	숙종31년(1705 식)	양천(立哉)	숭록대부(1)	내의, 현령
정지언鄭趾彦	숙종46년(1720 식)	경주(義叔)	숭록대부(1)	현감, 수의
김봉령金鳳齡	경종2년(1722 증)	경주(德老)	숭정대부(1)	구임, 별제
방태여方泰輿	경종3년(1723 식)	온양(聖得)	숭록대부(1)	부사, 수의
이이해李以楷	경종3년(1723 식)	태안(聖範)	숭록대부(1)	군수, 수의
김이형金履亨	영조2년(1726 식)	전주(嘉中)	숭록대부(1)	목사, 지추
경현慶絢	영조11년(1735 증)	청주(文伯)	숭록대부(1)	수의, 현령
허수許璲	영조14년(1738 식)	양천(子安)	숭록대부(1)	내의, 군수
김효검金孝儉	영조23년(1747 식)	완산(士行)	숭록대부(1)	현감, 지추
정윤덕鄭允德	영조26년(1750 식)	경주(汝良)	숭록대부(1)	현감, 지추
염길명廉吉命	영조44년(1768 식)	승평(君錫)	숭록대부(1)	내의, 목사

* 식은 식년시이며, 증은 증광시이다. 품계 항목에서 1은 품계1을 나타낸다.

최유태의 집안은 9대가 모두 의원으로 활동한 청주 최씨의 유명한 가문이다. 최귀동崔貴同을 시작으로 계손繼孫, 덕은德恩, 준성俊成으로 세전되었고, 아버지 응원應遠은 내침의內鍼醫였고, 맏아들 유후有後는 1639년에 의과에 입격하여 그의 후손들도 의원으로 활동하였으며, 작은 아들 유태는 아버지의 침술을 전수받지 않고 당시의 유명한 의관 허임許任의 침술을 전수받았다. 유태를 거쳐 만선萬善, 익진翊振, 택중宅中과 택규宅奎에 이르기까지 9대로 세전되었다.

또한 정2품(오늘날의 장관에 해당됨)의 품계는 순조에 3명, 숙종과 영조 각 2명이 받았다. 의과입격자들이 받은 품계를 분석해 볼 때, 숙종[58]과 영조 시기에 왕이나 왕실 가족의 질병을 치료하는 데 의관이 많은 공헌을 하였다. 실제로 영조 시기에 빈궁嬪宮의 홍진이 매우 심각했었다. 그러나 약방 제조 조현명趙顯命과 의관 이엽李爗·김응삼金應三이 성심을 당하여 치료하였다. 빈궁의 홍진 증세가 회복되자 이들에게 차등을 두어 시상을 하게 하였다. 김응삼은 숭록대부의 품계를 받고, 관직도 내의와 수의에 제수되었다(≪영조실록≫ 권25, 6년 2월 경자). 또한 왕세자의 수두水痘가 회복되자 의관에게 말[馬]을 하사하고 가자加資하였다(≪영조실록≫ 권6, 1년 6월 갑술). 또한 백성들의 심각한 전염병[59]을 치유하거나 의학 발전에 공헌한 의관이 많았다고 볼 수 있다.

조선후기 의과입격자의 세기별 품계를 살펴보면, 품계1에서는

58) 왕조실록에서 몇 가지 사례를 찾아보면, 왕자가 태어났을 때에 호산청護産廳의 의관에게 자급資級을 더하라고 하였고(≪숙종실록≫ 권19, 14년 10월 정묘), 내의원의 의관들에게 상을 주도록 하였고(≪숙종실록≫ 권21, 15년 9월 임술), 세자의 두진痘疹을 치료한 의관 유상柳瑺에게 지충주知中樞의 실직을 주도록 하였다(≪숙종실록≫ 권33, 25년 1월 병신).

59) 영조 8년(1732)에 서울에서 전염병이 심각하게 번지자 활인서活人署에서 전염병을 구료救療하게 하였지만 제대로 구료할 수가 없었다. 그래서 내의원과 전의감에서 의관을 따로 정하여 구료하게 하였다(≪영조실록≫ 권31, 8년 5월 임진).

17세기에 45명을, 18세기에 38명을, 19세기에 7명을 배출하였다. 그리고 품계2에서는 17세기에 7명을, 18세기에 5명을, 19세기 단 1명만이 품계를 받았다. 이를 표로 나타내면 〈표 4-7〉다음과 같다.

〈표 4-7〉 조선후기 의과입격자의 세기별 품계 현황

(단위: 명)

구분		품계1				품계2				합계
		17세기	18세기	19세기	計	17세기	18세기	19세기	計	
從1品	崇祿大夫	5	13	1	23			1	1	20
	崇政大夫	3	1							4
	計	8	14	1				1		24
正2品	正憲大夫	1		1	9					2
	資憲大夫	2	3	2						7
	計	3	3	3						9
從2品	嘉義大夫	4		1	17	1			2	6
	嘉善大夫	7	5			1				13
	計	11	5	1		2				19
正3品	通政大夫	15	8	2	40	2			10	27
	折衝將軍	7	8			6	2			23
	計	22	16	2		8	2			50
從6品	宣教郎	1			1					1
합계		45	38	7	90	7	5	1	13	103

〈표 4-7〉에서 보면, 17세기에 다른 세기에 비하여 특히 품계를 많이 받았다. 이는 17세기 조선시대의 사회현상과 관련지어 생각해 볼 수 있다. 예컨대, 17세기에 조선시대의 사회는 인조반정(1623)과 병자호란(1636)으로 불안정하였고, 특히 자연재해(홍수, 가뭄, 지

진)[60]로 말미암아 백성들은 심각한 고통에 직면하게 되었다. 그래서 병자호란으로 백성들이 전장에서 부상당하여 이들을 치료할 의관이 국가에서 필요하였고, 뿐만 아니라 자연재해로 말미암아 백성들이 전염병에 감염되자 의관들이 전염병을 치유하는데 중요한 역할을 했었다.[61] 이에 대한 보상으로 또한 높은 품계를 의관들에게 부여했다고 볼 수 있다.

그리고 의과 조선후기 의과입격자가 관직을 받은 사람은 관직1과 관직2를 포함하여 전체 1,558명이다. 이는 의과입격자 전체 1,422명의 110%이다. 이것은 관직1을 받은 사람과 관직2를 받은 사람이 중복되었기 때문이다. 이를 표로 나타내면 〈표 4-8〉과 같다.

---

60) 왕조실록에 의하면, 17세기에 조선조 사회에는 홍수와 가뭄으로 인한 자연 재해가 심하였던 것으로 나타나고 있다. 먼저 홍수에 관한 기록을 보면, 함경도에 홍수가 나서 인가人家가 떠내려간 것이 906호였고, 사람과 가축이 압사하거나 익사한 것이 거의 400에 가깝다고 하였으며(≪숙종실록≫ 권13, 8년 8월 신묘), 함경도와 전라도 등에 홍수가 나서 사람이 죽고(≪숙종실록≫ 권14, 9년 7월 갑신), 홍수가 난 평안도 의주의 16개 고을을 구휼하게 하였다(≪숙종실록≫ 권25, 19년 8월 을미). 그리고 가뭄에 관한 기록을 보면, 가뭄이 심각하자 사직단社稷壇에서 기우제를 지냈고(≪숙종실록≫ 권11, 7년 5월 병인), 형조에서 은전을 베풀 것을 하교하였고(≪숙종실록≫ 권15, 10년 7월 기사), 재해를 심하게 입은 경기 및 호서와 해서 지방을 구휼하는 비망기를 내렸다(≪숙종실록≫ 권24, 18년 11월 기사). 한편, 경상도에 광풍과 폭우가 있었고, 지진도 발생하였으며(≪숙종실록≫ 권11, 7년 6월 임인), 전라도와 경상도 등지에서 지진이 일어났고(≪숙종실록≫ 권26, 20년 2월 갑신), 경상도 대구 등 9개의 고을에 지진이 있었다고 계문하였다(≪숙종실록≫ 권30, 22년 2월 계묘).

61) 이에 대한 사례를 왕조실록에서 찾아보면 다음과 같다. 우선 의관 김영국과 허임(침의에 능통했다고 함) 등을 고향에서 서울로 데려다가 병을 구제하였고(≪선조실록≫ 권151, 35년 6월 임인), 전라도 장성 등에 여기(沴氣, 요사스럽고 독한 기운)가 심하게 발생하여 멸문滅門된 사람이 있음으로 의관에게 약을 가지고 가서 치료케 하였다(≪선조실록≫ 권160, 36년 3월 을축). 그리고 비변사가 강변의 열진에 돌림병이 발생하여 의사와 약을 지급하여 치료할 것을 건의하였고(≪광해군실록≫ 권150, 12년 3월 정유), 함경도의 역병이 크게 성행하니 의관의 선발과 약품을 준비하여 치료할 것을 간원이 건의하였다(≪인조실록≫ 권37, 16년 7월 기묘).

〈표 4-8〉 조선후기 의과입격자의 관직별 현황

(단위: 명)

구분		관직1	계	관직2	계	합계
堂上官	從一品					
	正二品		19	17	94	17
	從二品	8		25		33
	正三品	11		52		63
參上官	正三品	245		75		320
	從三品	2		3		5
	從四品	140	741	17	201	157
	從五品	43		8		51
	正六品	7		11		18
	從六品	304		87		391
參下官	從七品	1				1
	正八品	14				14
	從八品	12	87	6	54	18
	正九品	58		48		106
	從九品	2				2
소계		847		349		1,196
기타		259		103		362
합계		1,106		452		1,558

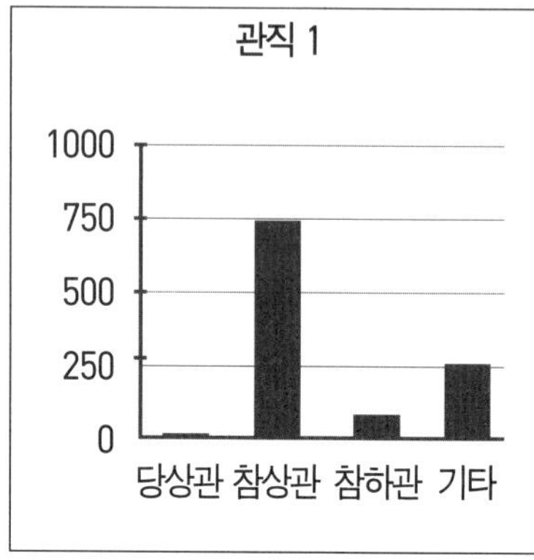

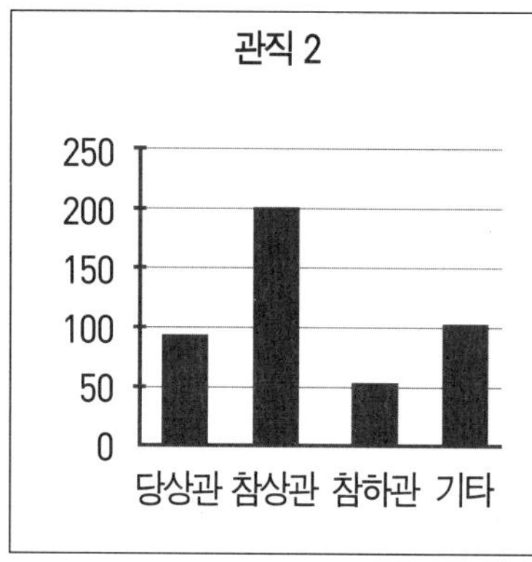

* 기타의 관품은 종9품 이하의 관직을 말함

〈표 4-8〉에서 볼 수 있듯이, 관직1을 가진 의과입격자는 기타의 관직을 가진 자를 포함하여 1,106명이다. 이는 의과입격자 전체 1,422명 중의 78%를 차지했다. 그리고 관직2를 가진 의과입격자는 기타의 관직을 가진 자를 포함하여 452명이다. 이는 의과입격자 전체 1,422명 중의 32%를 차지했다.

그러나 실질적인 관직이라 할 수 있는 종9품 이상의 관직을 가진 입격자는, 관직1에서 847명으로 전체 입격자의 60%를 차지했고,

관직2에서 349명으로 전체 입격자의 25%를 차지했다. 그러므로 의과입격자가 실질적으로 관직을 제수 받은 비율은 높았다고 볼 수 있다. 이것은 의관들이 백성의 질병을 치료했으며, 국가의 전염병을 구료하였기 때문이다. 특히 유능한 의관들은 왕실의 건강을 돌보고 질병을 치료했기 때문에 높은 관직에 가자되고 귀중한 물품을 하사받는 경우가 많았다.[62)]

또한, 관직1에서 당상관 이상의 관직을 가진 의과입격자는 19명으로 전체 의학입격자 1,422명 중에서 1.3%를 차지했다. 관직2에서 당상관 이상의 관직을 가진 의과입격자는 94명으로 전체 의학입격자 1,422명 중에서 6.6%를 차지했다. 이는 기술관의 한품서용제와 관련된다고 볼 수 있지만, 상당히 많은 의관들이 당상관의 관직을 받았다고 볼 수 있다. 그러나 관직에 제수되는 것을 반대한 경우도 있다. 즉 "의관醫官에 대하여 노고를 갚는 은전恩典은 마땅히 미米·포布로써 주어야 할 것이며, 현縣·읍邑에 차임差任하지 말아야 한다"(≪숙종실록≫ 권62, 44년 윤8월 무신)고 하였다.

그리고 참상관은 관직1에서 741명으로 52%, 관직2에서 201명으로 14%를 차지했다. 참하관은 관직1에서 87명으로 6%, 관직2에서 54명으로 4%를 차지했다. 결국 기타의 관직을 제외하면, 의과입격자가 조선후기에 받았던 관직은 관직1과 2를 합쳐서 1,196명인데, 이는 전체 의학입격자 1,422명 중에서 84%를 차지했다.

---

62) 왕조실록에서 몇 가지 사례를 찾아 보면, 왕자가 태어났을 때에 호산청護産廳의 의관에게 자급資級을 더하라고 하였고(≪숙종실록≫ 권19, 14년 10월 정묘), 내의원의 의관들에게 상을 주도록 하였고(≪숙종실록≫ 권21, 15년 9월 임술), 세자의 두진痘疹을 치료한 의관 유상柳譎에게 지중추知中樞의 실직을 주도록 하였고(≪숙종실록≫ 권33, 25년 1월 병신), 왕세자의 수두水痘가 회복되자 의관에게 말[馬]을 하사하고 가자加資하였고(≪영조실록≫ 권6, 1년 6월 갑술), 빈궁의 홍진 증세가 회복되자 의관에게 시상하였고(≪영조실록≫ 권25, 6년 2월 경자), 세자궁의 병환이 회복되자 의관에게 시상하였다(≪순조실록≫ 권16, 12년 10월 경신).

한편, 의과입격자의 관직을 세기별로 살펴보면, 관직1에서 17세기에 194명, 18세기에 291명, 19세기에 362명이며, 관직2에서 17세기에 94명, 18세기에 201, 19세기에 54명이다. 세기별 의관 입격자의 관직은 〈표 4-9〉와 같다.

〈표 4-9〉에서 보면, 관직1에서 당상관은 19명, 참상관은 741명, 참하관은 87명이며, 관직2에서 당상관은 94명, 참상관은 201명, 참하관은 54명으로 전체 1,196명이 관직을 받았다. 이는 의과입격자 전체 1,422명 중의 84%를 차지했다. 그러나 의관의 신분 상승과 관련하여 당상관의 관직을 가장 많이 받은 세기는 18세기이다. 즉 18세기에 관직1에서 8명, 관직2에서 48명이 당상관의 관직을 얻었다. 이는 숙종과 영조 시기에 의관의 공로가 매우 많았음을 실증적으로 보여준다고 볼 수 있다. 그리고 의관으로서 오랫동안 부지런히 근무한 자에 대해서 가자하는 경우도 있었다(≪승정원일기≫, 고종 13년 3월 갑오).

〈표 4-9〉 조선후기 의과입격자의 세기별 관직 현황

(단위: 명)

구 분		관 직 1				관 직 2				합 계
		17 세기	18 세기	19 세기	計	17 세기	18 세기	19 세기	計	
堂上官	從一品									
	正二品					3	9	5		17
	從二品	3	2	3	19	8	13	4	94	33
	正三品	4	6	1		16	26	10		63
	計	7	8	4		27	48	19		113
參上官	正三品	85	83	77		21	30	24		320
	從三品	2			741	1	1	1	201	5
	從四品	17	56	67		2	9	6		157
	從五品	11	10	22			4	4		51

구분		관직 1				관직 2				합계
		17세기	18세기	19세기	計	17세기	18세기	19세기	計	
	正六品	1	4	2		3	7	1		18
	從六品	51	95	158		27	36	24		391
	計	167	248	326		54	87	60		942
參下官	從七品	1								1
	正八品	3	5	6						14
	從八品	4	2	6	87		3	3	54	18
	正九品	12	28	18		18	24	6		87
	從九品			2						73
	計	20	35	32		18	27	9		594
합계		194	291	362	847	99	162	88	349	1,196

그리고 〈표 4-10-1〉과 〈표 4-10-2〉에서 살펴보면, 의과입격자의 왕조별 관직이 많은 순서는 관직1에서 영조 시기에 219명, 고종 시기에 174명[63], 숙종 시기에 167명이며, 관직2에서 영조 시기에 118명, 순조 시기에 66명, 숙종 시기에 56명이다. 대체로 숙종 시기와 영조 시기에 의관이 높은 관직과 많은 관직을 받은 것을 나타났다. 뿐만 아니라 의관들은 이 시기에 수령직에 해당되는 관직을 제수받았다. 예컨대, 〈표 4-10-1〉에서 보면, 숙종 시기에는 현감과 찰방에 1명씩 제수되었고, 영조 시기에 목사 1명과 현감 3명이 배출되었다. 〈표 4-10-2〉에서 보면, 숙종 시기에 찰방 1명이 제수되었고, 영조 시기에 목사 1명과 군수 1명 및 현감 1명이 배출되었다.

63) 의관 현광선玄光宣과 유한위劉漢緯는 공로가 있으므로 자급을 올려주었고(≪승정원일기≫, 고종 11년 11월 정사), 침의와 의약 동참에게 시상하였고(≪승정원일기≫, 고종 12년 6월 기사), 춘하등春夏等의 포폄褒貶에 의원의 등급을 매겼다(≪승정원일기≫, 고종 12년 6월 경진). 한편, 의관으로서 먼 지역의 수령에 제수한 자를 가까운 지역의 수령으로 서로 바꾸는 조치를 내렸다(≪승정원일기≫, 고종 12년 12월 경인).

특히 영조 시기에 의과입격자가 관직을 많이 얻은 이유는 그 당시의 시대 상황과 관련된다. 즉 영조 3년(1727) 이후 3년간(≪영조실록≫ 권31, 8년 5월 임진 ; ≪영조실록≫ 권57, 18년 8월 무오)과 영조 26년(≪영조실록≫ 권71, 26년 5월 병자)에는 앓다가 죽은 자가 30만 명 이상이나 될 정도로 전염병이 크게 유행하였다. 뿐만 아니라 영조 시기에는 왕세자의 수두와 빈궁의 홍진이 빈번하게 발생하였고, 이의 치료를 의관들이 잘 하였다. 그래서 의관들은 높은 관직을 부여받았고, 때로는 의관들은 권세가나 부유층에 대한 시술로 신분에 넘치는 보상과 부를 축척할 수 있었다. 의관들이 부를 축적할 뿐만 아니라 관직이 지나치게 상승하는데 대해서 조정의 관리들이 매우 비판적이었다(≪숙종실록≫ 권10, 6년 10월 무자 ; ≪영조실록≫ 권14, 3년 11월 을해 · 정축 ; ≪영조실록≫ 권57, 18년 8월 무오).

〈표 4-10-1〉 조선후기 의과입격자의 왕조별 관직1

(단위: 명)

구 분		선조	광해군	인조	효종	현종	숙종	경종	영조	정조	순조	헌종	철종	고종	합계
從2	同 樞			1		1	1		1		3				7
	統制使					1									1
正3	僉 樞						4		5	1	1				11
正3	正	7	10	24	5	9	45	5	41	19	37	17	20	3	242
	府 使			1				1							2
	牧 使								1						1
從3	僉 使					1	1								2
從4	僉 正		2	4	1	2	12	3	31	15	20	13	12	22	137
	郡 守							1							1
	萬 戶			1			1								2

구분		선조	광해군	인조	효종	현종	숙종	경종	영조	정조	순조	헌종	철종	고종	합계
從5	判官		1	2	3	1	5	2	5	2	14	2	1	5	43
正6	司果									1	1				2
	別提						1		2	1	1				5
從6	主簿	2		5	2	2	25	3	35	8	4		8	130	224
	教授	2	4	6	2	3	16	2	16	7	3	4			65
	縣監						1		3						4
	察訪						1								1
	監牧官									1				1	2
	副司果											3	5		8
正7	參軍		1												1
從7	直長			1		1	2		4			4	1		13
	副司正											1			1
從8	奉事			1			3					1			5
	計士						1	1			4	1			7
正9	訓導	1	5	1	1	1	5	2	18	6	11	6		1	58
從9	參奉											1			1
	副司勇												1		1
其他	同參			1		1				1	5	2			10
	前啣											2			2
	寫字官			1											1
	內醫	6	2	2	4	6	22	2	31	13	22	4	1	8	123
	久任	6	4	5	6	4	20	4	23	12	12	3	5	2	106
	內針醫				1				2	1	3		2	2	11
	首醫				1		1		1						3
	御醫											2			2
	閣監									1					1
合計		24	29	56	26	33	167	26	219	89	141	66	56	174	1,106

* 선조 왕조는 선조 33년(1600) 이후의 입격자를 표시함.

〈표 4-10-2〉 조선후기 의과입격자의 왕조별 관직2

(단위: 명)

구분		선조	광해군	인조	효종	현종	숙종	경종	영조	정조	순조	헌종	철종	고종	합계
正2	知樞				1		2		6	3	5				17
從2	參判														0
	同樞	1		1	1	2	5		7	3	2	1			23
	將								1		1				2
正3	僉樞	1	2	4	2	4	9		16	4	8	2			52
正3	正	3	4	2	2	2	9	3	20	2	12	7	4		70
	府使			1	1										2
	牧使								1				1		2
	上護軍					1									1
從3	副正		1												1
	僉使						1		1						2
從4	僉正								5		1	3	1		10
	郡守			2					1	2		1			6
	萬戶						1								1
從5	判官								2		2	2			6
	縣令						1		1						2
正6	別提			1	1	1		2	4	1	1				11
從6	主簿	2			1		3		2		2	1		4	15
	敎授	1	3	6	2	1	6	1	12	12	4		2	2	52
	引儀						2								2
	縣監	1			1			1	1	1		2			7
	察訪					1	1			1	1				4
	監牧官								1			1		1	3
	副司果										1		1		2
	郎廳											1	1		2
從8	奉事														0
	計士								1	2	1	1		1	6

구분		선조	광해군	인조	효종	현종	숙종	경종	영조	정조	순조	헌종	철종	고종	합계
正9	訓導	2	3	5		3	7	1	14	7	4	1		1	48
他	同參										2	3	4	1	10
	未許參								1						1
	內醫	1			1	1	4	1	10	6	7	3	2	10	46
	久任		2				1		8	2	7	1	1		22
	內針醫											1			1
	首醫			2			3	2		1	4				12
	御醫						1		1			2			4
	閣監										1				1
	針醫									2					2
	禮藥									1					1
	御藥									1					1
	議政藥								1						1
	耆藥								1						1
합계		12	15	24	13	16	56	11	118	51	66	33	17	20	452

* 선조 왕조는 선조 33년(1600) 이후의 입격자를 표시함.

이상의 분석을 종합해 볼 때, 의관의 신분상승은 상당한 정도로 이루어졌다. 이는 의관의 역할이 중요했기 때문이다. 예컨대, 왕실의 질병을 치료할 뿐만 아니라 자연 재해로 백성들이 전염병에 감염되면 구료救療하기 때문에 의관에게 관직이나 포상이 주어졌다. 특히 공로가 있는 의관에게는 지방관에 파견되는 경우도 많았다.

의관이 품계를 받은 경우는 전체 입격자의 7%에 지나지 않았다. 이는 의관에게는 실직의 관직을 많이 부여했기 때문이다. 실제로 관직을 받은 의관은 관직1에서 78%, 관직2에서 32%를 차지했다. 또한 실직적인 관직이라 할 수 있는 종9품 이상의 관직을 가진 입격자는 관직1에서 60%, 관직2에서 25%를 차지했다. 특히 숙종과 영조 시기에 의관들이 관직을 많이 받게 된다. 이는 숙종과 영조 시기에 자연 재해와 왕실의 질병을 잘 처리하였기 때문이다. 결국 의과입격자가 관직을 많이 받았고, 또한 그것을 토대로 신분상승을 이루었다고 볼 수 있다.

〈별표 4-1〉 조선후기 의과 설행 연도와 입격자 수

(단위: 명)

실행연도		인원	실행연도		인원	실행연도		인원	실행연도		인원
1660式	宣祖33	9	1675增	肅宗1	9	1741式	英祖17	9	1822式	純祖22	9
1603式	36	8	1678增	4	17	1744式	20	8	1825式	25	9
1605增	38	6	1678式	4	9	1747式	23	9	1827增	27	9
1606增	39	9	1681式	7	9	1750式	26	9	1828式	28	9
1606式	39	4	1682增	8	9	1753式	29	9	1831式	31	9
광해군			1683增	9	9	1754增	30	11	1834式	34	9
1609式	光海1	4	1684式	10	9	1756式	32	9	헌종		
1609增	1	9	1687式	13	9	1759式	35	9	1835增	憲1宗	9
1612式	4	1	1689增	15	9	1762式	38	9	1837式	3	9
1613增	5	5	1690式	16	9	1763增	39	10	1840式	6	9
1615式	7	7	1690增	16	9	1765式	41	9	1843式	9	9
1615增	7	2	1693式	19	9	1768式	44	9	1844增	10	9
1618式	10	6	1696式	22	9	1771式	47	8	1846式	12	9
1621式	13	8	1699式	25	9	1773增	49	11	1848增	14	5
인조			1699增	25	9	1774式	50	9	1849式	15	9
1623增	仁祖1	3	1702式	28	9	1774增	50	9	철종		
1624式	2	9	1705式	31	9	정조			1850增	哲宗1	9
1627式	5	9	1705增	31	9	1777增	正祖1	7	1852式	3	9
1630式	8	9	1708式	34	9	1777式	1	6	1855式	6	9
1633式	11	4	1710增	36	9	1780式	4	3	1858式	9	13
1635增	13	11	1711式	37	9	1783增	7	9	1858增	10	9
1639式	17	9	1713增	39	11	1783式	7	9	1861式	12	9

실행연도		인원	실행연도		인원	실행연도		인원	실행연도		인원
1642式	20	9	1714增	40	9	1786式	10	9	고종		
1645式	23	6	1714式	40	9	1789式	13	9	1864增	高宗1	9
1648式	26	7	1717式	43	8	1790增	14	13	1864式	1	9
효종			1719增	45	8	1792式	16	9	1867式	4	3
1650增	孝宗1	9	1720式	46	9	1795式	19	9	1870式	7	9
1621式	2	9				1798式	22	9	1873式	10	9
1652增	3	5	1721增	景宗1	9	순조			1874增	11	19
1654式	5	8	1722增	2	11	1801增	純祖1	9	1876式	13	10
1657式	8	7	1723式	3	9	1801式	1	9	1879式	16	13
현종			영조			1803增	3	9	1880增	17	18
1660式	顯宗1	9	1725增	英祖1	9	1804式	4	9	1882增	19	21
1660增	1	9	1726式	2	9	1805增	5	9	1882式	19	17
1662增	3	11	1727增	3	11	1807式	7	9	1885式	22	19
1663式	4	9	1729式	5	9	1809增	9	9	1885增	22	46
1666式	7	9	1732式	8	9	1810式	10	9	1888式	25	18
1669式	10	1	1735增	11	9	1813增	13	9	1891式	28	18
1672式	13	9	1735式	11	7	1813式	13	9	1891增	28	18
숙종			1738式	14	9	1816式	16	9	1894式	31	18
1675式	肅宗1	9	1740增	16	11	1819式	19	9	합계		1,422

* ≪醫科榜目≫과 ≪朝鮮時代雜科合格者總覽≫을 참조하였음.

제5장

율학교육과 율과입격자

1. 율학교육의 발전과정

1) 율령전律令典의 박사제도

우리나라의 교육사에서 율학교육이 실시된 기록은 통일신라시대에 처음으로 발견된다. 그렇다고 삼국시대에 율학이 설치되지 않았다는 것은 아니다. 삼국이 고대국가로 발전하면서 율령을 반포하고, 교육기구를 설치하였던 당시의 교육적 분위기를 감안하면 율학이 설치되었던 것으로 짐작된다. 특히 집권체제를 이끌어 가면서 형률刑律과 송사訟詞 등에 관한 업무를 수행하기 위해서는 이에 관한 전문적이고 실무적인 능력을 지닌 인적자원의 양성과 공급이 필요하였을 것이다. 그러나 삼국시대의 율학교육이 어떤 기구에서 어떻게 실시되었는지는 기록이 없기 때문에 잘 알 수 없다.

삼국을 통일한 신라는 안으로 집권체제를 확립하고 왕권을 강화하고자 통일 전의 율령체제를 바탕으로 정치·경제·군사 면에서 제도적 개혁을 단행하였다. 그리하여 신문왕神文王 때에는 육전六典 체제가 확립되었고, 성덕왕聖德王과 경덕왕景德王 때에 이르러서는 더욱 확대·정비되었다. 이에 따라 실질적인 하급행정을 맡아 수행할 전문적 실무능력을 지닌 인력의 양성과 공급이 필요하였다. 신라가 통일 후 국학을 세우고 독서삼품과讀書三品科[64]를 설치하여 문적文籍을 중심으로 인재를 공급하면서 잡학교육을 실시한 것은 이 같은 배경 하에서 취해진 것이라 생각된다.

율학교육이 처음으로 실시된 것은 경덕왕 때이다(≪동국통감≫ 권10, 삼국기). 경덕왕 17년 4월에 율령박사 2인이 증가되었고(≪삼국사기≫ 권9, 경덕왕 17년 4월), 설치시기는 알 수 없으나 율령전律令典에 율령박사 6인을 둔 것(≪삼국사기≫ 권39, 잡지 제8 율령전)을 보면 전대前代에 실시되었던 율령교육이 경덕왕 때에 이르러 더욱 정비·강화된 것으로 보인다.

율학교육을 관장한 기구가 어떤 기구였는지는 구체적인 자료가 없어서 잘 알 수 없으나 산학이 국학 내에 소속되었고, 국학에 각 업무에 따른 박사제도와 조교를 두었으며(≪동국통감≫ 권10, 삼국기), 당唐에 있어서도 율·서·산학이 유학과정과 함께 경사육학京師六學으로 국자감에 소속되었던 점(≪문헌통고≫ 권41, 학교고2 태학)을 감안하면, 신라의 율학도 국학 내에 소속되었던 것으로 생각할 수 있다.

그러나 율령전律令典에 박사 6인을 설치하였다고 한 것을 보면, 율학은 율령전에서 관장했다고 할 수 있다. 이러한 사실은 고려의 율학도 문종文宗 17년 이전에는 국자감에 소속되지 않고 형부에서 관장하였던 것을 보아도 알 수 있다. 율령전이 내성內省에 설치되어

64) 독서삼품과는 관리 선발뿐만 아니라 국학의 기능을 강화하려는 제도이다. 시험과목을 보면 하품下品은 ≪곡례曲禮≫·≪효경孝經≫을 읽은 자, 중품中品은 ≪논어論語≫·≪곡례≫·≪효경≫을 읽은 자, 상품上品은 ≪춘추좌씨전春秋左氏傳≫·≪예기禮記≫·≪문선文選≫을 읽어 그 뜻을 잘 통하고 아울러 ≪논어≫·≪효경≫에도 밝은 자, 특품特品은 오경五經과 삼사三史(사기史記·한서漢書·후한서後漢書)와 제자백가諸子百家의 서書를 능히 통달한 자를 등용하였다.

있고, 이 기구의 관서명이 갖는 의미라든가 율령전에 박사를 둔 것을 보면, 율령전은 신라와 외국의 율령을 연구하는 법제기구로서뿐만 아니라 내성의 학생들에게 율령을 지도하는 교육적 기능도 일부 지녔다고 볼 수 있다.

그리고 신라의 율학은 교육과정과 수업연한에 관한 기록이 없기 때문에 잘 알 수 없으나 당唐과 고려의 율학과정을 보면(≪고려사≫ 권74, 지권28 선거2 학교), 수업연한이 6년이라 추측된다.

율학교수관인 박사나 조교는 율령에 정통한 사람으로서 중앙행정 관서의 중·하급 관직인 감鑑·좌佐와 같은 수평적인 위치에 있었으며, 지방관서인 경우 도독都督이나 임신任臣을 제외한 장사長史(주의 관직)·임대신任大臣(小京의 관직)·군태수郡太守·소수少守·현령縣令 등의 관직에 취임할 수 있는 위치에 있었던 신분이라 볼 수 있다. 감·좌급의 관직은 대부분 5두품의 대내마大奈麻(10관등)와 내마奈麻(11관등)의 관등에 해당되는 데, 박사와 조교가 감좌와 수평상에 위치한 관직이라면, 박사·조교도 대내마·내마의 관등에 해당하는 신분으로 비견되며, 또한 박사나 조교는 6두품 이하 4·5두품에 해당하는 중·하급의 관직을 맡을 수 있는 신분이라 생각된다.

≪삼국사기≫에 의하면, 입학자격은 대사大舍(12관등) 이하로부터 무위자無位者(관등이 없는 평인)에 이르고, 입학 연령은 15세로부터 30세까지이며, 수업 연한은 9년으로 한정하되 학업을 성취할 수 없는 자는 퇴출시키고, 성취 가능한 자는 9년이 넘어도 재학을 허락하였다. 특히 입학생이 일정 기간(9년) 동안 공부를 하고, 졸업을 할 때는 5두품의 대내마·내마의 관등을 받았다(≪삼국사기≫ 권38, 잡지 제7 국학). 그리고 신라의 국학에 입학한 연령은 당의 율학에 입학 연령이 18세 이상 25세 이하였던 것(≪문헌통고≫ 권41, 학교고2 태학)과는 달리 15세에서부터 30세까지였음은 현직관원의

입학 때문이라 생각된다.

2) 경사육학의 확립

고려시대의 율학이 언제 설치되었는지 정확하게 알 수 없다. 그러나 ≪고려사≫에 의하면, 광종 9년(958)부터 목종 원년(998) 3월까지 약 40여 연간 9회에 걸쳐 잡과에 합격한 수는 모두 81명이며, 그 중 명법업明法業에 등제登第한 사람은 33명이다. 이를 왕조별로 보면, 성종 시기에 5명, 목종 시기에 28명으로 거의 대부분이 목종 시기에 등제하였다(≪고려사≫ 권74, 지권27 선거1 과목1).

그리고 명법업에 합격한 사람이 처음으로 나타난 것은 성종 6년(987) 3월로, 이것은 광종 9년에 과거科擧를 실시한 후 29년이 지난 뒤였다. 이처럼 성종 6년에 명법업이 처음 실시되었고, 또한 비록 그 수는 적으나 등제자登第者가 배출되었다는 것은 고려 초부터 율학교육을 위한 제도적 기구가 설치되었다고 볼 수 있다. 특히 목종 원년에 28명의 명법업 출신이 배출되었다는 것은 성종 때에 문물제도가 확립됨에 따라 중외中外의 관서에는 하급의 행정실무에 종사할 전문적 인력이 공급되었다고 볼 수 있다. 그러나 이는 태조 때에 경외京外에 학교를 설치한 후 광종 때에 과거제 실시로 인한 문풍의 발흥과 성종 때의 적극적인 흥학양사제興學養士制의 결과라고 생각된다.

고려 초부터 설치된 것으로 보이는 율학은 목·현종을 거쳐 문종 대에 이르러서는 경사육학京師六學의 하나로 국자감에 소속되어 제도적인 확립을 보게 되었다. 앞에서도 언급한 바와 같이 성종 6년 이후 목종 원년 3월에 이르기까지 33인의 명법업의 등제자가 나왔으며, 목종 7년에 과거법을 개정하면서 명경 이하 다른 과업은 목종 7년 11월에 필선畢選하도록 하였다(≪고려사≫ 권74, 지권27 선거1 과목1).

고려시대의 율학은 중앙에서만 이루어진 것이 아니라 외방에서도 실시되었던 것으로 보인다. 성종 대에는 동·서경에 법조法曹(8품이상)를 파견하였고(≪고려사절요≫ 권4), 법조가 갖는 업무가 비록 형율과 송사訟事 등의 직분을 가졌다고 하더라도 이러한 업무 외에 율학교육을 관장했을 것으로 생각된다.

율학을 관장한 기구가 어떤 기구였는지 고려 초에는 자료가 없어서 분명히 알 수 없다. 그러나 형부刑部에서 관장하였던 것이 문종 시기에 이르러 국자감으로 이속되었다. ≪고려사≫에 의하면, 율생이 국자감 제생諸生에 포함되어 있음을 알 수 있으며(≪고려사≫ 권74, 지권28 선거2 학교), 형부 직제에는 율학박사와 조교가 별치別置되어 있음을 볼 때, 율학교육을 관장한 기구는 문종 시기에 국자감으로 이속되기 전에는 형부에서 관장하였음을 알 수 있다. 이처럼 율학이 국자감에 이속된 것은 문종 시기에 문물제도가 완성됨에 따라 집권체제를 이끌어 가는데 율학에 관한 실무능력을 지닌 율관의 양성이 필요하였기 때문에 형부에 소속되었던 율학을 교육전문기관인 국자감으로 이속한 것이라 볼 수 있다.

형부刑部에 속해 있던 율학이 국자감으로 이속됨에 따라 율학은 서학書學 및 산학과 함께 국자감에 소속되어 유학부의 국자감·태학·사문학四門學과 함께 경사육학京師六學으로서 확립되었다. 문종 시기에 경사육학의 하나로 국자감에 소속된 율학은 이후 예종과 인종 시기에 이르러 더욱 체계적으로 확립되었다.

예종은 국학의 부흥을 위한 제도적인 개혁을 단행하면서 서경西京 학교를 분사分司 국자감으로 승격시키고, 율·서·산학을 여기에 소속시켜 분사 국자감의 육학체제를 갖추었다. 인종은 이자겸李資謙

의 난을 겪고 난 뒤 정치적 면목을 일신하고 집권체계를 확립하고자 인종 5년(1127) 3월 서경에 행차하여 〈유신교서維新敎書〉 15조를 포시布示하면서 "여러 주에 학교를 설립하여 널리 도道(학문)를 가르쳤다"(≪고려사≫)고 함으로써 지방교육에 획기적인 발전의 계기를 마련하였다.

특히 인종 시기에는 〈식목도감式目都監〉에 학식을 상정하여 국자감 제생의 입학자격과 수업연한, 그리고 교육과정 등에 관한 규정을 마련하였다. 인종 시기에 학식상정學式祥定의 내용을 보고 율학이 국자감에 이속된 시기를 인종 시기로 보려는 견해가 있으나, 앞에서도 언급한 바와 같이 문종 17년 전에 율학이 국자감에 이속吏屬되었던 것으로 보인다. 인종 시기에 상정한 학식은 그때까지 실시해 왔던 제업諸業의 규정을 체계적으로 재정비한 것이다.

3) 조선시대의 율학

(1) 연혁과 직제

조선의 건국은 왕조교체에 따른 정국의 불안과 사회의 혼란을 초래하였다. 이에 따라 조선시대는 사회기강의 해이에서 오는 법질서와 규범을 강화하기 위해서 태조 즉위년(1392)에 대명률大明律[65]을 공포하였다. 또한 태조는 율학의 중요성을 강조하고 형조에서 율령의 실시를 공정하고 엄격히 시행하도록 하였으며, "율학은 정치를 돕는 기구이니 진실로 국가의 요긴한 사무이다. 그래서 이 업

---

65) 대명률이란 명나라의 율법으로서 주원장朱元璋이 태조로 즉위한 후 당나라의 율법과 기존의 율령 등을 근거로 하여 만든 전문 460조로 된 형사법전이다. 태조 이성계는 이를 바탕으로 조선 왕조의 치안 질서를 확립하려고 했었다.

業을 통달한 사람을 시험하여 그 직에 충원하게 하였고"(≪태조실록≫ 권4, 2년 7월 정사), 율학청律學廳을 설치하여 율학교육을 맡도록 하였다(≪태조실록≫ 권6, 3년 11월 을묘). 그리고 세종 10년(1434)에 유학을 사율원司律院이라 바꾸었다가 세조 12년(1466)에 다시 율학으로 환원하였다(이홍렬, 1967).

조선 왕조의 법제정은 국왕의 명령에 의하여 이루어졌다. 조선 전기의 법전으로는 ≪경제육전≫, ≪속전≫, ≪등록謄錄≫, ≪대명률직해≫, ≪경국대전≫, ≪대전속록≫이 있다. ≪경제육전≫은 태조 6년(1397)에 간행된 시정施政의 준칙準則을 정한 법전이며, ≪속전≫은 태종 8년(1408)에 간행된 법전으로서 ≪경제육전≫을 편찬한 이후의 새로운 조례를 증보하였고, ≪등록≫은 세종 8년(1426)에 간행된 법률서로서 ≪속전≫ 이후에 시행되었던 조례를 편찬하였고, ≪대명률직해≫는 태조 4년(1395)에 대명률을 알기 쉬운 이두문으로 번역하여 편찬한 형사법전이었다. 그리고 조선조의 모법母法이라 할 수 있는 ≪경국대전≫(1469)은 육전六典 체제에 의하여 편찬된 우리나라의 독자적인 성문 법전이다. 여기서 육전 체제란 이전吏典, 호전戶典, 예전禮典, 병전兵典, 형전刑典, 공전工典의 법전을 총칭하는 말이다. 또한 ≪대전속록≫(1492)은 경국대전 반포 이후에 영구법이 될 수 있는 교령敎令을 모아 편찬한 법전이다(연정열, 1996).

조선후기의 법전으로는 ≪수교집록≫, ≪속대전≫[66], ≪대전통

66) 조선시대의 영조 때에 발간한 법전으로 ≪경국대전≫의 속전으로 4권 6책으로 되어 있다. ≪경국대전≫의 편제와 내용을 기본으로 하고 있으나, 그 이후 공포된 각종 법령 중 시행할 만한 것과 ≪경국대전≫에서 누락된 내용 중 당시 사회에 맞는 것을 보충하는 하고, ≪경국대전≫의 조항 중 사회의 변화에 따라 적절하지 못한 것을 제외했다. 주로 호전戶典·형전刑典 등에 여러 항목이 추가되었으며, 특히 형법의 시행에서 신중과 관용을 기하고 형량을 가볍게 하는 등 관형주의寬刑主義를 취하고 있는 것이 특색이다. 이 책의 간행은 양란 이후 약해진 봉건적 법질서를 다시 확립하고 민심을 수습하는 데 그 목적이 있다고 할 수 있다.

편≫[67], ≪대전회통≫이 있다. ≪수교집록≫은 숙종 24년(1698)에 영구법이 될 수 있는 전교를 모아서 편찬한 법전으로서 속대전의 편찬에 많은 영향을 끼쳤고, ≪속대전≫은 영조 22년(1746)에 간행된 법전으로서 기존 법전에서 미흡한 점을 증보 편찬한 것이며, ≪대전통편≫은 정조 9년(1785)에 ≪경국대전≫과 ≪속대전≫ 및 그 뒤의 법령을 통합하여 편찬한 법전이며, ≪대전회통≫은 ≪대전통편≫을 근거로 하여 그 이후 80년간의 수교, 각종 조례 등을 정리한 조선시대의 마지막 법전이었다(연정열, 1996). 조선시대는 거의 ≪경국대전≫에 의거하여 국가를 운영하였다.

그러나 조선시대에서 율학은 기술교육제도라 할 수 있는 육학六學에 설치되었다(≪태조실록≫ 권4, 2년 10월 기해). 태종 시기에 하륜의 상소로 십학이 설치되어(≪태종실록≫ 권12, 6년 11월 신미) 율학은 기술학으로서 발전하게 되었다. 그리고 조선 초기에 율학의 관리에 대한 인사발령규정을 상정하였다(≪태종실록≫ 권24, 12년 11월 병신). 이에 따르면 취재에 의한 율원의 선발을 지양하고 식년에 의하여 선발할 것을 규정하였다. 또한 세종 때에는 율학청을 형조 옆에 설치하여 율학생도를 강습하도록 하였다(≪세종실록≫ 권59, 15년 1월 기미). 그리고 형조에서 사맹삭 취재와 율과에 ≪당률소의唐律疏議≫를 시험하도록 건의하다. 즉 "형벌을 의논할 때에는 ≪당률소의≫가 가장 유익하니 꼭 알아야 한다. 근래에는 율학律學 등을 전혀 강습講習하지 않으니, 청컨대 지금부터 사맹삭四孟朔의 취

67) ≪경국대전≫과 ≪속대전≫ 및 그 뒤의 법령을 통합해 편찬한 법전이다. 조선시대 법전은 ≪경국대전≫과 ≪속대전≫ 두 책으로 되었으나, 그 밖에도 ≪오례의五禮儀≫ 등 법전과 같은 효력이 있는 전서들이 나뉘어져 있어 법제 운용에 불편이 많았다. 1781년 2월 당시의 법전을 통합하기로 결정하고, 1784년 찬집청을 설치하였다. ≪대전통편≫에는 이전吏典 212개조, 호전戶典 73개조, 예전禮典 101개조, 병전兵典 265개조, 형전刑典 60개조, 공전工典 12개조 등 도합 723개 조문이 그 전의 법전에 추가되었다.

재取才와 율과律科에 모두 ≪당률소의≫를 시험하여 등제等第하라" ≪세종실록≫ 권44, 11년 6월 무인)고 하였다.

사율원司律院은 율학으로 이름을 고쳐서 형조에 소속시키고, 명률明律을 두었는데 품계는 종7품, 심률審律 2인은 종8품, 훈도 2인은 정9품, 검률檢律 2인은 종9품으로 하였다(≪세조실록≫ 권38, 12년 1월 무오).

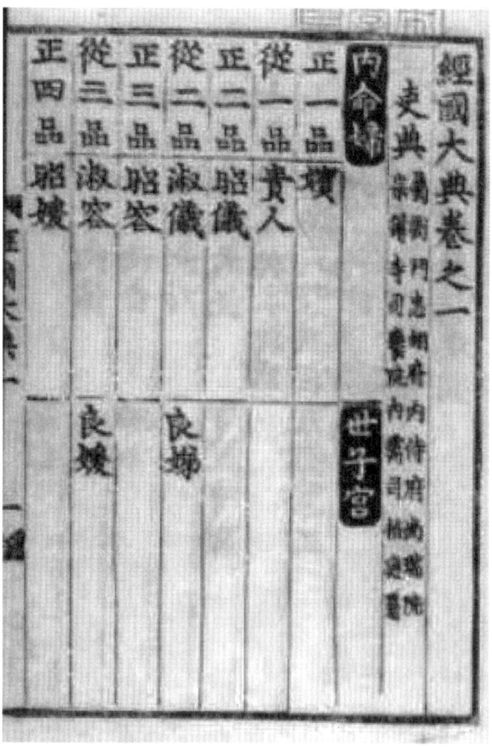
經國大典卷之一
吏典
內命婦
正一品 嬪
從一品 貴人
正二品 昭儀
從二品 淑儀
正三品 昭容
從三品 淑容
正四品 昭媛
世子宮
良娣
良媛

〈경국대전, 출처 : 한국민족문화대백과〉

지방의 율학기관으로서는 각 군현마다 율학원이 있었으며, 검율檢律 1인씩을 두어 형률을 적용하였고(이홍렬, 1967), 율학도 다른 잡학과 같이 각 군현마다 율학을 설치하였던 것으로 기록되어 있다(≪경국대전≫, 예전 생도). 그러나 율학교육이 매우 부진한 상태로 발전되었다고 볼 수 있다.

조선시대의 율학은 잡학으로 하나로 형조 안의 율학청律學廳에서 가르쳤다. ≪경국대전≫과 ≪속대전≫에 의하면, 율학은 형조에 40인, 6부에 각 16인, 5대도호부에 각 14인, 20목에 각 14인, 154현에 각 8인 등 모두 3,346인을 뽑았다. 한편, 율학의 직제에서 율학박사는 2인으로 종8품, 율학 조교는 2인으로 종9품에 제수하였다.

(2) 선발제도와 교육과정

율학의 선발은 율과와 취재로 나누어 볼 수 있다. 율과의 정원은 초시가 18인, 복시가 9인이었으며, 응시자격은 제한이 없었다(≪경국대전≫, 제과). 그리고 취재는 정원이 없었고, 응시자격은 율학생도나 습독관 및 전어 등 이었다.

율관의 양성을 위한 교육과정은 ≪당률소의唐律疏議≫(형법), ≪율학해이律學解頤≫, ≪율학변의律學辯議≫ 등의 중국 서적이었다. 또한 조선에서는 중국의 ≪대명률大明律≫을 의용依用하였고, 이를 우리의 실정에 맞게 해설한 ≪대명률직해大明律直解≫[68]가 있다.

---

68) 중국 명나라 때의 형법전 ≪대명률≫을 이두로 번역하여 엮은 책. 30권 4책. 목판본. 원간연대는 발문의 연대인 1395년(태조 4)으로 추정되나 원간본은 전하지 않는다. ≪대명률≫은 조선 전시대에 걸쳐 우리나라 형법의 일반법(보통법)으로서 적용되었으며, 역사상 외국법전의 전체적 계수의 최초의 예이다. ≪대명률≫은 이미 고려말인 1370년대에 도입되어 연구되고 적용의 필요성이 역설되었으며, 조선 태조도 즉위하자마자 범죄를 처벌함에 있어서 반드시 ≪대명률≫을 적용할 것을 선언하였고, 정도전鄭道傳도 ≪조선경국전朝鮮經國典≫의 헌전憲典에서 ≪대명률≫

그리고 상정소詳定所에서 여러 학의 취재에 있어 경서와 여러 기예의 수목數目에 대하여 아뢰다(≪세종실록≫ 권47, 12년 3월 무오). 그것에 의하면, 율학은 ≪대명률≫ · ≪당률소의≫ · ≪무원록無寃錄≫에 의하여 율관을 선발하였다.

한편 조선시대 율과의 선발 과정을 표로 나타내면 〈표 5-1〉과 같다.

〈표 5-1〉 조선시대 율과의 선발과정

(단위: 명)

<table>
<tr><th>구 분</th><th>단 계</th><th>선발 인원</th><th>응시자격</th><th>수험과목</th><th>시 기</th><th>합격자의 대우</th></tr>
<tr><td rowspan="2">율 과</td><td>초 시</td><td>18
(대증광시22)</td><td>제한 없음</td><td rowspan="2">율학의
교과과정에
준함</td><td rowspan="2">식년
(자, 묘, 오,
유년)</td><td>복시 응시자격</td></tr>
<tr><td>복 시</td><td>9
(대증광시11)</td><td>초시입격자</td><td>일등 종7품
이등 종8품
삼등 종9품</td></tr>
<tr><td>취 재</td><td></td><td>정원 없음</td><td>율학생도
습 독 관
전 어</td><td>율학의
교과과정에
준함</td><td>사맹월
(1, 4, 7,
10월)</td><td>체아, 실직 제수
승직陞職
동반현직 서용</td></tr>
</table>

* 율과 초시는 형조에서 선발하고, 율과 복시는 예조에서 형조의 당상관과 함께 선발한다.

(3) 율과입격자의 지위와 율학 권장책

율과입격자에 주어지는 관직을 살펴보면, 1등은 종7품을, 2등은 종8품을, 3등은 종9품을 주었다(≪경국대전≫, 이전 제과). 그리고

의 적용을 밝히고 있다. 태조는 ≪대명률≫을 반포하고자 하였으나 법문의 용어가 생소하고 어려워서 이해하기 어렵기 때문에 정승인 조준趙浚에게 명하여 직해하도록 하였다. 그리하여 조준은 고사경과 김지金祗에게 이두를 사용하여 알기 쉽게 직해하게 하였다. 두 사람은 직해를 한뒤 정도전과 당성唐誠의 윤색을 받아 초고를 확정하였으며, 1395년 2월에 100여본을 간행하였다. 당시는 이 직해한 ≪대명률≫을 따로 이름을 붙이지 않고 그대로 ≪대명률≫이라고도 부르다가 일제강점기에 ≪대명율직해≫라고 부르게 되어 오늘날도 그대로 쓰이고 있다.

취재에 입격한 율관은 체아직이나 실직 제수, 혹는 승직이나 동반 현직에 서용하였다. 뿐만 아니라 율관은 형조에 파견되어 죄인의 고율古律에 참여하여 행정의 실무를 담당하였다.

율학에 대한 권장책은 자료의 부족으로 전모를 밝힐 수 없다. 그러나 연구자는 왕조실록에 나타난 율학 권장책을 중심으로 살펴보고자 한다.

율학생도의 학업을 권장하여 서용할 것을 주장한다. 즉 율학律學의 학생들은 한갓 임명된 연수年數의 오래 되고 가까운 것으로써만 도목정都目政에 올려 관직을 떠나게 되는 까닭으로 학업을 익히는데 노력하지 않아 효과가 없게 되었다. 그래서 해마다 세말歲末에 재주를 시험하여 장부에 기재해 두고, 도목정都目政의 관직을 떠날 시기에 성적에 빙고憑考하여 서용하였다(≪세종실록≫ 권496, 24년 4월 무오).

영조와 정조 시기에 법전에 대한 정비와 편찬 사업이 활발하게 이루어졌다. 예컨대, 영조 20년(1747)에 ≪속대전≫이 간행되자 율학 취재 때에 시강試講할 것을 청했다(≪영조실록≫ 권64, 22년 12월 갑신). 그리고 사사로운 뜻으로 가감하여 고율考律하는 율관律官을 경계하였다(≪영조실록≫ 권81, 30년 3월 계축).

율관들이 임의로 고율考律하는 것을 방지하고 공률公律에 의거하여 판결하도록 ≪무원록언해無冤錄諺解≫를 간행하여 배포하게 하였다(≪정조실록≫ 권45, 20년 11월 갑진). 이때의 율관은 김취하金就夏였고, 그는 영조 26년(1750)에 식년시로 합격하였으며, 관직은 별제와 훈도를 역임하였다. 또한 ≪증수무원록增修無冤錄≫이 간행되자 율학 취재 때에 고강考講할 것을 청했다(≪정조실록≫ 권46, 21년 4월 병술).

한편, 율관출신이 실직인 수령에 임명되는 경우도 있었다. 그래서 "수령 가운데 율관출신이 많으니, 이는 백성을 다스림에 매우 해로울 뿐만 아니라 더욱 백성을 곤궁하게 만든다"(≪중종실록≫ 권57, 21년 9월 무신)고 하여 율관출신이 수령에 임명되는 것을 관리들은 반대하였다. 그러나 일정기간 율관으로서 근무하여 군역을 면할 시기에 있는 율관의 거관去官 막아 직무에 충실하도록 하였다 ≪세종실록≫ 권47, 12년 1월 병오). 또한 율관을 수령직에 제수除授하자는 의견도 있었다. 예컨대, 율관을 수령직에 임명할 때 재예才藝에 따라 제수할 것을 상소하였다(≪숙종실록≫ 권17, 12년 2월 계축).

2. 조선후기 율과입격자의 분석

≪율과방목≫은 1607년에서부터 1861년까지의 입격자를 수록하고 있다. 그러나 여기에는 1609년 이전의 시험년도 미상자 94명을 함께 싣고 있다. 1609년 이전의 6회분이 단회방목으로 보완이 되었는데, 이를 포함하여 설행의 면모를 파악해 보고자 한다.

조선시대에 율과의 시행횟수가 밝혀진 것은 식년시가 84회, 증광시가 36회로 총 120회이다. 여기서 배출된 입격자는 식년시에서 446명, 증광시에서 169명, 미상이 94명으로 총 709명이다(이성무·최진옥·김희복, 1990). 율과가 한 번 설행되면 평균 6명이 선발되었다. 그러나 연구자는 조선후기의 율과입격자를 분석 대상으로 삼았기 때문에, 본 논문에서는 선조 33년(1600)의 식년시부터 철종 12년(1861)의 식년시까지 262년간에 걸쳐 배출된 율과입격자 581명을 분석하였다.

조선후기의 율과입격자를 구체적으로 살펴보면, 식년시가 79회에 걸쳐 412명의 율과입격자를 배출하였고, 증광시는 36회에 걸쳐 169명의 율과입격자를 배출하였다. 즉 율과입격자는 115회에 걸쳐 581명이었으며, 이는 율과가 한 번 설행되면 평균 5.1명을 선발한 것으로 볼 수 있다(〈별표 5-1〉을 참고). 율과의 정원인 9명이었기 때문에 율과입격자는 정원에 많이 미달했었다. 이를 표로 나타내면 〈표 5-2〉와 같다.

〈표 5-2〉 조선시대 율과 설행횟수와 입격자 수

(단위: 명)

구 분	식년시		증광시		미상자		합 계	
	회수	인원	회수	인원	회수	인원	회수	인원
조선전기	5	34				94	5	128
조선후기	79	412	36	169			115	581
합 계	84	446	36	169		94	120	709

율과의 정원은 식년시와 증광시가 각 9명이었고, 경우에 따라 대증광시大增廣試가 설행되면 정원은 11명이었다. 〈별표 5-1〉과 〈표 5-2〉를 참조하면, 율과의 정원이 1790년대 때까지는 모자라다가, 1800년대 이후부터는 간혹 한 두 명이 모자라지만 대체로 정원이 잘 지켜졌다.

1) 왕조별 율과입격자

왕조에 따라 율과입격자를 분석해 보면, 순조 시기에 129명으로 가장 많았고, 이는 율과에 매회 평균 7.2명이 입격하였다. 다음은 영조 시기로 123명으로 매회 평균 4.9명이 입격하였다. 이는 율과의 정원 9명에 비하면 매우 부족한 인원이라고 볼 수 있다.

〈표 5-3〉 조선후기 율과입격자의 왕조별 인원

〈표 5-3-1〉

(단위: 명)

구분	선조	광해군	인조	효종	현종	숙종	경종	영조	정조	순조	헌종	철종	고종	합계
인원	4	1	24	14	23	91	5	123	63	129	50	54		581
설행횟수	1	1	7 (1)	5 (2)	7 (2)	25 (9)	2 (1)	25 (8)	10 (2)	18 (6)	8 (3)	6 (2)		115 (36)

* 괄호 속의 숫자는 증광시를 표시함

〈표 5-3-2〉

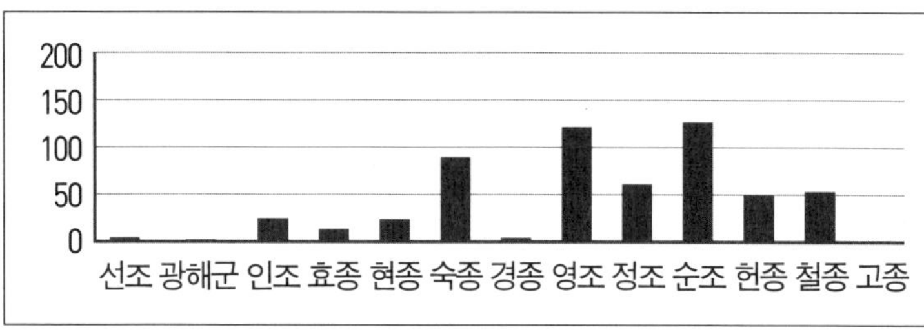

* 선조 왕조는 선조 33년(1600) 이후의 입격자를 표시함

〈표 5-3〉에서 볼 수 있는 바와 같이, 영조와 순조 시기에 율과입격자가 두드러지게 배출되었음을 알 수 있다. 여기서 영조는 재임기간이 길어진 이유도 있겠지만, 이때에 법전을 재정비함으로써 율과입격자가 많이 필요했으리라 짐작된다. 그리고 순조 시기에는 앞에서도 언급하였지만 대체로 사회혼란에 따른 입격자의 증가로 설명할 수 있다.

2) 세기별 율과입격자

각 세기에 따라 율과입격자를 분석해 보면, 17세기에 120명, 18세기에 228명, 19세기에 233명을 배출하였다. 이를 표로 나타내면 〈표 5-4〉와 같다.

〈표 5-4〉 조선후기 율과입격자의 세기별 인원

(단위: 명)

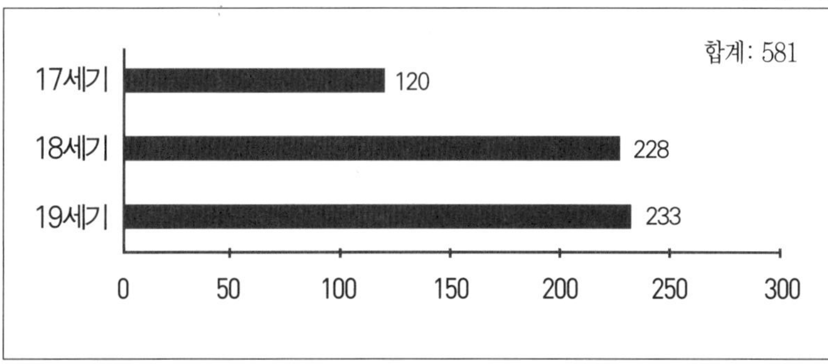

〈표 5-4〉에서 보면, 18세기와 19세기에 율과입격자가 많다. 이는 18세기 말에 조선 왕조가 근대화를 추진하면서 서구의 법학을 소개받은 것으로 추정된다. 예컨대, 실학자의 문집 속에 나타나는 알레니(Aleni)의 ≪서학범西學凡≫과 ≪직방외기職方外紀≫에 서양에서 사용하는 '법학'이 소개되고 있다(연정열, 1996). 또한 1881년 일본에 파견된 신사유람단 가운데 일본사법성을 시찰하고, 서양법으로 개화된 일본의 법제를 보고 돌아온 엄세영嚴世永 일행은 ≪일본견문사건초日本見聞事件草≫를 저술하여 서구의 선진한 법학을 소개하였다.

3) 품계와 관직별 율과입격자

율과입격자에 주어지는 관직을 살펴보면, 1등은 종7품을, 2등은 종8품을, 3등은 종9품을 주었다(≪경국대전≫, 제과). 그래서 율과입격자 당상관 이상의 품계를 받는 것은 매우 드문 경우라고 볼 수 있다. 조선후기 율과입격자가 받은 품계를 표로 나타내면 〈표 5-5〉와 같다.

〈표 5-5〉 조선후기 율과입격자의 품계

(단위: 명)

구	분	품 계 1	계	품 계 2	계	합 계
從 1	崇祿大夫				1	1
	崇政大夫			1		
從 2	嘉義大夫		3			3
	嘉善大夫	3				
正 3	通政大夫	3	7			7
	折衝將軍	4				
합 계			10		1	11

〈표 5-5〉에서 보면, 종1품의 품계인 숭정대부를 받은 율과입격자는 1명, 종2품의 품계를 받은 율과입격자는 3명, 그리고 정3품의 품계를 받은 입격자는 7명으로서 전체 율과입격자 581명 중 겨우 11명이 품계를 받았다. 중복된 경우가 있지만, 이는 전체 율과입격자의 2%에 불과하다.

율과입격자가 품계를 적게 받은 이유를 몇 가지로 추론해 볼 수 있다. 하나는 조선시대 사회가 유학을 숭상하였기 때문에 잡학인 기술학을 등한시했었다. 다음은 의도적으로 기술관이 높은 품계를 받는 것에 대하여 견제했었다. 마지막으로 율관의 업무가 행정과 사법이 분리되지 아니한 체제에서는 행정관의 보조 기능을 수행할 수밖에 없었기 때문이다.

한편, 품계를 가진 율과입격자를 왕조별로 살펴보면, 숙종과 영조 시기에 각 3명씩이고, 인조 시기에 2명이다. 왕조별 율과입격자의 품계를 표로 나타내면 〈표 5-6〉과 같다.

〈표 5-6〉 조선후기 왕조별 율과입격자의 품계

〈표 5-6-1〉

(단위: 명)

구분		선조	광해군	인조	효종	현종	숙종	경종	영조	정조	순조	헌종	철종	고종	합계
從 2	嘉善大夫			1			1		1						3
正 3	通政大夫						1		1	1					3
	折衝將軍			1		1	1		1						4
합계				2		1	3		3	1					10

〈표 5-6-2〉 품계 2

구분		선조	광해군	인조	효종	현종	숙종	경종	영조	정조	순조	헌종	철종	고종	합계
從 1	崇政大夫						1								1
합계							1								1

* 선조 왕조는 선조 33년(1600) 이후의 입격자를 표시함

〈표 5-6〉에서 볼 수 있듯이, 종3품 이상의 품계를 가장 많이 받은 왕조는 숙종과 영조이다. 그리고 〈표 5-6-2〉에서 보면, 품계2에서 율과의 최고품계를 받은 입격자가 있다. 그는 1705년의 식년시

에 입격한 박희태朴熙泰이다. 그는 품계1에서는 숭정대부(종1품)와 통정대부(정3품)를 받았고, 관직으로는 관직1에서 훈도(정9품)를, 관직2에서는 별제(정6품)를 받았다.

율과입격자가 받은 품계를 세기별로 살펴보면, 〈표 5-7〉에서 볼 수 있듯이 18세기에는 8명이고, 17세기에는 4명이다. 세기별로 품계를 받은 율과입격자를 분석해 볼 때, 18세기에 품계를 많이 받은 것으로 나타났다. 이는 영조와 정조 시기에 법전 체제를 재정비하다 보니 자연히 율과 출신자가 필요했었고, 그에 따라 품계를 높게 수여하였을 것이다. 이 시기에 편찬된 법전으로는 ≪속대전≫(영조 20년, 1744), ≪대전통편≫(정조 9년, 1785)이 있다. 율과입격자가 받은 품계를 세기별로 나타내면 〈표 5-7〉과 같다.

〈표 5-7〉 조선후기 율과입격자의 세기별 품계 현황

(단위: 명)

구분		품계 1				품계 2				합계
		17세기	18세기	19세기	계	17세기	18세기	19세기	계	
從1品	崇祿大夫 崇政大夫						1		1	1
	계									
從2品	嘉義大夫 嘉善大夫	1	2		3					3
	계	1	2							
正3品	通政大夫 折衝將軍	2	3 2		7					7
	계	2	5							
합계		3	7		10		1		1	11

그리고 〈표 5-8〉에서 조선후기 율과입격자의 관직을 살펴보면, 관직1에서는 242명, 관직2에서는 120명으로 전체 362명이 관직을 부여받았다. 중복된 경우가 있지만, 이는 율과입격자 전체 581명 중에서 17%를 차지했다. 그리고 관직1에서 당상관이 2명, 참상관이 165명, 참하관이 75명이다. 이는 조선후기 율과입격자 전체 581명의 42%를 차지했다. 반수 정도가 실직(종9품)의 관직을 가졌다고 볼 수 있다. 또한 관직2에서 참상관이 102이며, 참하관이 18명으로 전체 120명이다.

그러나 율과입격자에게 주어지는 종7품 이상의 관직, 즉 참상관이나 참하관의 관직을 받은 입격자는 267명이다. 여기서 우리는 율과입격자의 신분상승을 엿볼 수 있다. 예컨대, 전체 율과입격자 581명 중에서 46%가 처음 입격했을 경우에 주어지는 관직보다 신분적 지위상승을 했다고 볼 수 있다. 이는 율학에 정통한 사람을 6품보다 높은 관직에 제수하는 진흥책과 관련되어 있다(≪선조실록≫ 7권, 6년 4월 기사).

그리고 〈표 5-8〉에서 보면, 당상관의 관직인 정3품을 받은 율과입격자는 2명이다. 즉 이들은 윤성빙尹聖聘과 류만종柳萬種이다. 윤성빙은 현종 7년(1666)에 식년시로 입격하였으며, 품계는 절충장군, 관직은 첨추(정3품)를 역임하였다. 그리고 류만종은 영조 49년(1773)에 증광시에 장원으로 입격하였으며, 품계는 절충장군, 관직은 첨추를 역임하였다.

율과입격자의 관직을 표로 나타내면 〈표 5-8〉과 같다.

〈표 5-8〉 조선후기 율과입격자의 관직별 현황

(단위: 명)

구분		관직1	계	관직2	계	합계
堂上官	從一品		2			2
	正二品					
	從二品					
	正三品	2				
參上官	正三品		165		102	267
	從三品	1		1		
	從四品	2		1		
	從五品					
	正六品	137		23		
	從六品	25		77		
參下官	從七品	1	75		18	93
	正八品					
	從八品					
	正九品	72				
	從九品	2		18		
소계			242		120	362
기타						
합계			242		120	362

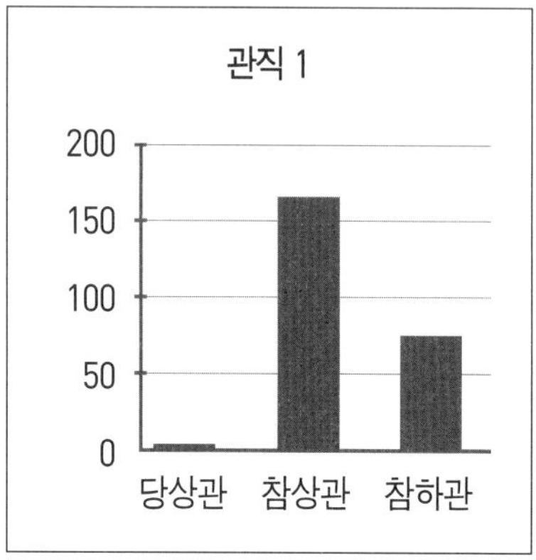

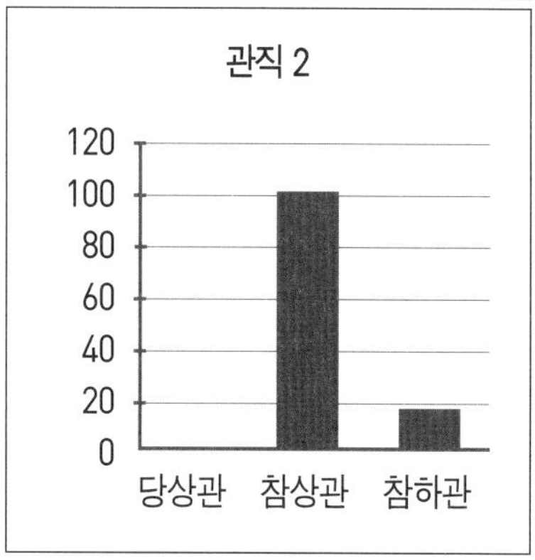

한편, 조선후기 율과입격자의 관직을 세기별로 분석해 보면, 〈표 5-9〉에서 볼 수 있듯이 관직 1에서 17세기에 57명, 18세기에 111명, 19세기에 74명이며, 관직2에서 17세기에 23명, 18세기에 57명, 19세기에 40명이다.

그리고 관직1에서 당상관은 17세기와 18세기에 각1명씩이고, 참상관은 17세기에 41명, 18세기에 68명, 19세기에 56명이다. 참하관은 17세기에 15명, 18세기에 42명, 19세기에 18명이다. 관직2에서 당상관은 없으며, 참상관은 17세기에 20명, 18세기에 50명, 19세기에 32명이다. 참하관은 17세기에 3명, 18세기에 7명, 19세기에 8명이다. 이를 표로 나타내면 〈표 5-9〉와 같다.

〈표 5-9〉 조선후기 율과입격자의 세기별 관직 현황

(단위: 명)

구분		관직 1				관직 2				합계
		17세기	18세기	19세기	計	17세기	18세기	19세기	計	
堂上官	從二品									
	正三品	1	1		2					2
	計	1	1							2
參上官	從三品	1					1			2
	從四品	2				1				3
	正六品	22	59	56	165	7	12	4	102	160
	從六品	16	9			12	37	28		102
	計	41	68	56		20	50	32		267
參下官	從七品		1							1
	正九品	14	40	18		3	7	8	18	165
	從九品	1	1							2
	計	15	42	18		3	7	8		93
합계		57	111	74	242	23	57	40	120	362

〈표 5-9〉에서 볼 수 있듯이, 율과입격자가 품계를 받은 사람이 가장 많은 세기는 18세기이다. 이는 18세기의 율학교육 정책과 밀접한 관련이 있다. 즉 이 시기에 법전과 율령을 개편하였으며, 이로 말미암아 공로가 있는 율관에게 품계를 부여하였을 것이다.

율과입격자의 관직을 왕조별로 살펴보면, 관직1에서는 영조 시기에 57명, 순조 시기에 55명, 숙종 시기에 41명의 순으로 나타났고, 관직2에서는 순조 시기에 36명, 영조 시기에 26명, 정조 시기에 21명의 순이다. 즉 영조와 순조 시기에 율과입격자가 관직을 많이 받은 이유는 조선시대가 새로운 문물제도를 정비하였고, 또한 많은 법전을 재정비했기 때문이라 추론된다.

조선후기 율과입격자의 관직을 왕조별로 나타내면 〈표 5-10-1〉과 〈표 5-10-2〉와 같다.

〈표 5-10-1〉 조선후기 왕조별 율과입격자의 관직1

(단위: 명)

구분		선조	광해군	인조	효종	현종	숙종	경종	영조	정조	순조	헌종	철종	고종	합계
正 3	僉 樞					1			1						2
從 3	僉 使					1									1
從 4	萬 戶			1	1										2
正 6	別 提			5	1	4	21	1	32	17	41	15			137
從 6	敎 授		1	6	2	2	6		7						24
	察 訪			1											1
從 7	明 律								1						1
正 9	訓 導			2	2	4	13	1	16	16	14	4			72
從 9	宣傳官						1								1
	敎鍊官									1					1
합 계			1	15	6	12	41	2	57	34	55	19			242

* 선조 왕조는 선조 33년(1600) 이후의 입격자를 표시함.

〈표 5-10-2〉 조선후기 왕조별 율과입격자의 관직2

(단위: 명)

구분		선조	광해군	인조	효종	현종	숙종	경종	영조	정조	순조	헌종	철종	고종	합계
從 3	僉 使								1						1
從 4	郡 守			1											1
正 6	別 提			1		2	8	1	3	4	4				23
從 6	主 簿			1											1
	敎 授			2		2	10	1	1	14	25	3			75
	監牧官			1											1
正 9	訓 導			1		1	1		4	3	7	1			18
합 계				7		5	19	2	26	21	36	4			120

* 선조 왕조는 선조 33년(1600) 이후의 입격자를 표시함.

〈표 5-10-1〉과 〈표 5-10-2〉에서 보면, 율과입격자에게 특별히 선전관, 교련관, 감목관의 수령직을 제수하였다. 이것은 "북벌운동과 관련되며, 군비증강을 위하여 군마가 필요했었고, 지방에 대한 감시를 위해 수령직에 중인들을 파견했다"(김양수, 1995)고 하였다. 그리고 율과입격자는 정6품과 종6품의 관직을 받은 사람이 많은데, 이는 조선시대의 한품서용법을 적용하여 거관去官한 결과라 추측된다.

율과입격자를 분석해 볼 때, 율관의 신분상승은 한미한 것으로 나타났다. 이는 조선시대 사회에서는 율관의 업무가 행정과 사법이 분리되지 아니한 체제에서는 행정관의 보조기능을 수행할 수밖에 없었기 때문이다. 그럼에도 율과입격자에게 주어지는 종7품 이상의 관직을 받은 입격자는 267명이다. 이는 중복되는 경우가 있지만 전체 율과입격자의 46%를 차지했다. 이는 율과에 입격했을 당시보다는 그 후에 높은 관직을 비율이 46%를 차지했다. 실제적으로는 관직1에서 242명, 관직2에서 120명이 관직을 받은 것으로 나타났다.

〈별표 5-1〉 조선후기 율과 설행 연도와 입격자 수

(단위: 명)

설 행 연 도		인원	설 행 연 도		인원	설 행 연 도		인원	설 행 연 도		인원
1600式	宣祖33	4	1684式	肅宗10	2	1741式	英祖17	5	1805增	純祖5	8
광해군			1687式	13	7	1744式	20	4	1807式	7	4
1608式	光海1	1	1688增	15	2	1747式	23	7	1808增	9	9
인조			1680式	16	7	1750式	26	8	1810式	10	6
1624式	仁祖2	3	1683式	19	5	1753式	29	9	1813增	13	9
1624增	2	1	1686式	22	6	1754增	30	5	1813式	13	6
1627式	5	3	1688式	25	5	1756式	32	8	1816式	16	5
1630式	8	5	1688增	25	1	1758式	35	7	1818式	19	7
1633式	11	4	1702式	28	5	1762式	38	7	1822式	22	9
1638式	17	6	1705式	31	2	1763增	39	11	1825式	25	9
1645式	23	2	1705增	31	1	1765式	41	1	1827增	27	8
효종			1708式	34	4	1768增	44	5	1828式	28	9
1650增	孝宗1	6	1710增	36	3	1771式	47	8	1831式	31	6
1651式	2	3	1711式	37	6	1773增	49	6	1834式	34	7
1652增	3	1	1713增	39	5	1774式	50	3	헌종		
1654式	5	3	1714式	40	6	1774增	50	1	1835增	憲宗1	5
1657式	8	1	1717式	43	1	정조			1837式	3	3
현종			1718增	45	2	1777式	正祖1	2	1840式	6	6
1660式	顯宗1	4	1720式	46	2	1780式	4	1	1843式	9	9
1620增	1	1	경종			1783增	7	4	1844增	10	9
1662增	3	1	1721增	景宗1	2	1783式	7	3	1846式	12	9
1663式	4	3	1723式	3	3	1786式	10	8	1848增	14	1
1666式	7	6	영조			1789式	13	9	1848式	15	8

설행연도		인원	설행연도		인원	설행연도		인원	설행연도		인원
1668式	10	5	1725增	英祖1	3	1790增	14	14	철종		
1672式	13	3	1726式	2	6	1792式	16	7	1850增	哲宗1	9
숙종			1727增	3	3	1795式	19	7	1852式	3	5
1675式	肅宗1	8	1728式	5	1	1798式	22	8	1855式	6	9
1675增	1	1	1732式	8	5	순조			1858式	9	13
1678增	4	3	1735增	11	1	1801增	純祖1	6	1858增	10	9
1678式	4	3	1735式	11	3	1801式	1	5	1861式	12	9
1681式	7	1	1738式	14	1	1803增	3	9	합계		581
1683增	9	3	1740增	16	4	1804式	4	6			

* ≪朝鮮時代雜科合格者總覽≫을 참조하였음.

제6장

산학교육과 산과입격자

1. 산학교육의 발전과정

1) 산학박사의 임용

산학[69]이 교육의 역사에서 볼 때, 언제부터 설치되었는지 정확하게 알 수 없다. 그러나 삼국이 고대국가로 발전하여 가면서 전곡田穀의 출납과 회계, 토지 측량과 조세의 징수, 녹봉의 지급, 술수術數와 천문, 역산曆算 등의 임무를 수행할 전문적 인력이 필요했다. 그래서 이러한 능력을 갖춘 인력을 양성하고 공급하기 위해서 산학이 설치되었다고 추론할 수 있을 것이다.

삼국시대의 산학교육에 관한 기록은 거의 찾아볼 수 없다. 하지만 산학설치에 관한 기록은 ≪삼국사기≫에서 볼 수 있는데, "산학박사와 조교 한 사람을 임용하여 ≪철경綴經≫, ≪삼개三開≫, ≪구장九章≫, ≪육장六章≫을 가르쳤다"(≪삼국사기≫ 권38, 잡지 제7 직관 상 국학), "의학박사와 산학박사를 각 2명씩 배치하였다"(≪삼국

69) 산학은 정조 즉위년(1776)에 주학籌學이라 개칭하였다. 그러나 이 책에서는 이의 구분 없이 산학이라 칭한다. 그리고 산원을 선발하기 위한 취재取材를 산과라고 칭한다.

사기≫ 권8, 신라본기8 경덕왕 16년 2월), "국학에 여러 전문분야의 박사와 조교를 배치하였다"(≪삼국사기≫ 권9, 신라본기9 경덕왕 6년 1월) 등이다.

여기서 ≪철경綴經≫은 중국의 남제南齊 시대에 조호祖暅가 천산天算에 관하여 쓴 책으로 삼국시대 이래 우리나라에 들어와서 산술을 익하는 데 많이 쓰였다. ≪삼개三開≫는 신라 때의 국학國學(당시의 정식 교육제도)의 한 분야인 산학算學을 가르치는 데 사용된 수학서이다. 구체적인 ≪삼개≫의 내용에 관하여 정확하게는 알 수 없지만, 중국의 수학서에서 측량술 부분만을 발췌하여 편집한 것으로 추측된다.

그리고 ≪구장九章≫은 중국의 산학서인 ≪구장산술九章算術≫을 의미하며, 이것은 선진先秦 이래의 유문遺文을 모은 것이라고 한다. 내용을 살펴보면, 제1장의 방전方田은 전묘田畝의 넓이를 구하는 계산에 분수가 있으며, 분자 · 분모 · 통분이라는 말도 있다. 제2장은 속미粟米로서 금전미곡의 교역산이 있다. 제3장의 쇠분衰分은 비례의 계산, 제4장의 소광少廣은 방전장과는 역으로 넓이에서 변과 지름을 구하는 계산인데, 제곱근풀이가 있다. 제5장의 상공商功은 토목공사에 관한 문제, 제6장의 균수均輸는 물자수송의 계산이며, 제7장의 영부족盈不足은 분배의 과부족산, 그리고 제8장의 방정方程은 1차연립방정식의 계산문제를 가감법으로 푸는 방법을 취급하였다. 제9장의 구고句股는 직각삼각형에 관한 문제로 피타고라스의 응용문제이며, 2차방정식도 취급하였다(김용운 · 김용국, 1977). 이 서적은 후대 산수서적의 전형이 되었다.

이런 전거를 통해서 우리는 산학박사와 조교를 두고 경학을 가르쳤으며, 국학에 박사제도를 설치했음을 알 수 있다. 결국 신라는 국학에 산학을 설치하였고, 뿐만 아니라 교수관을 두어 산학교육을 실시하였음을 알 수 있다.

신라의 산학은 통일 초에는 활기를 띠었으나 중기를 지나면서 침체하여 말기에는 소멸한 것으로 보려는 견해가 있으나(이상백·이기동, 1982), 성덕왕 때에 산학박사 2인을 증치增置하였으며, 경덕왕 때도 산학박사를 두었던 것을 보면, 신라 중기에는 산학이 발달하였던 것으로 보인다. 그러나 신라 중기에 발달하였던 산학은 말기에 이르러 중앙집권적 통제력이 약화되고 호족에 의하여 정치적 및 사회적으로 혼란이 계속되었다. 이때 유학이 크게 쇠퇴하였던 당시에는 다른 기술학도 함께 쇠퇴하였을 것이다. 그러나 호족에 의하여 학원이 유지되었던 점을 감안한다면, 유학뿐만 아니라 산학교육도 이들에 의하여 유지되었을 것이며, 통일신라의 산학은 고려의 산학으로 이어져 계속적으로 발전되었다.

고대의 산학제도를 한국과 중국, 그리고 일본을 비교하여 표로 나타내면 다음과 같다(한국정신문화연구원 편, ≪민족문화대백과사전≫, 317쪽을 참조).

신라의 산학과정은 4개 과목이었다(≪문헌통고≫ 권41, 학교고2 산학). 즉 ≪철경≫, ≪삼개≫, ≪구장≫, ≪육장≫이 산학교과목이다. 이것은 당의 산학과목이 10여 과목인 것과 비교하면 반도 되지 않는데, 이것은 당의 제도를 그대로 모방한 것이 아니라 신라의 실정에 맞게 재편성한 것으로서 순수 고등수학보다는 관수용官需用의 수리數理에 치중한 현실적이며 실용적인 산학을 중요시한 것이라 생각된다(김용운·김용국, 1977).

산학의 수업연한은 율학의 이수 연한이 6년이었던 점을 보면, 산학도 이 연한과 비슷하지 않았을까 생각된다. 그리고 산학교수관은 산학에 박통한 사람으로서 그 신분은 율학교수관의 신분과 같았던 것으로 보인다. 예컨대, 율학생의 신분은 국학의 입학자격이 대사大舍 이하로부터 무위자無爲者에 이르기까지의 신분으로 규정하고 있는 것으로 보아 이와 같았을 것으로 짐작된다.

고대 한국 · 중국 · 일본의 산학제도

구 분		신 라	당	일 본	비 고
입학연령		15-30세	14-19세	13-15세	
입학자격		대사 이하 관직이 없는자	8등품 이하 서민의 자제	5위 이상 동서吏部의 자제	당에서는 국자학과 산학은 자격상의 구별이 있으나, 신라와 일본에서는 그 차이가 보이지 않음
교과목	제1조	육장(또는 구장) 삼개	구장 해도 손자 오조 장구건 하후양 주비 오산경	구장(또는 육장) 해도 주비 오조 구사 손자 삼개중차	신라의 구분은 중국과 일본의 제도로 미루어 본 가설적인 것임. 삼국사기에는 네 과목이 구분없이 나열되어 있음
	제2조	구장(또는 육장) 철술	철술 집고산경	철술 육장(또는 구장)	
	공통		수술기유 삼등수		
수학기간		9년 또는 그 이상	7년	7년	신라의 9년은 국학의 수업연한인데, 산학도 같았는지는 더 검토해야 한다

2) 경사육부제京師六部制의 확립

고려시대의 산학이 설치된 시기는 정확하게 알 수 없다. 그러나 고려가 국가의 집권체제를 확립하면서부터 전곡의 출납과 회계, 토지의 측량과 조세징수 등의 사무를 맡아 볼 관리가 필요했을 것이다. 때문에 고려 초기부터 산학이 설치되었던 것으로 생각된다. 예컨대, "산학은 산술을 교수한다"(≪고려사≫, 선거지)고 짤막하게 언급하고 있다.

그러나 고려의 국학은 성종 11년(992)에 이르러 국자감이란 명칭으로 재정비되었다. 산학은 이 국자감 속에 처음부터 편성되지 않았다. 그리고 문종 시기에 기술학부인 율학律學, 서학書學, 산학 등이 갖추어졌으며, 인종 시기에 비로소 국자학, 태학, 사문학, 율학, 서학, 산학의 경사육부제京師六部制가 확립되었다.

하지만 산학이 여초부터 설치되었던 것으로 보이는 것은 ≪고려사≫의 기록에 있다. 즉 광종 9년부터 목종 원년 3월까지 잡과에 등제한 사람은 모두 81명이며, 그 중 산업算業 등제자는 목종 원년 1월에 4명, 3월에 11명 등 모두 15명이 배출되었다(≪고려사≫, 선거지 선장). 이처럼 목종 원년에 15명의 산업算業 출신이 나왔다는 것은, 태조가 경외에 학교를 설치한 이래 광종 시기의 과거제 실시로 문운이 발흥되었고, 성종 시기에 적극적인 흥학양사興學養士의 결과라 볼 수 있다.

고려 초기에 산학이 설치되었다는 것은, 〈문무양반급군인전시과文武兩班及軍人田柴科〉의 규정에도 산학박사(16科)라는 교수 관직의 기록이 보이는 점으로 보아서도 알 수 있다(≪고려사≫, 전시과). 이것은 산학 교수관이 목종 원년에 처음으로 설치된 것이 아니라 전대前代에 이미 존재했었던 제도를 목종 원년에 전시과田柴科를 개정하면서 품정品定한 것이라 생각된다.

고려 초에에 설치된 것으로 보이는 산학은 목종과 순종을 거쳐 문종 시기에 이르러서는 경사육학經四六學의 하나로 정비되었다. 이러한 사실은 목종 7년에 과거법을 개정하면서 명경明經 이하의 제업諸業은 목종 7년 11월에 필선畢選하고, 방방放榜(과거 급제자에게 합격 증서로 패를 주던 일)은 진사進士와 같은 날에 하도록 한정하였다. 또한 현종 8년 10월 판문判文에 동당감시東堂監試를 치루기 전에 산학 부거자赴擧者(응시자)에게는 1개월의 급가給暇를 주었다(≪고려사≫ 권73, 지권27 선거1 과목1).

그리고 문종 10년 8월에는 서경유수西京留守의 요청에 따라 9경과 중국의 사서史書, 여러 잡학서(산서 포함)를 각인刻印하여 서경의 학원에 분사分賜하였으며, 5월에는 잡류雜類의 자손들도 양대업과 율·서·산업 및 의·복·지리업을 공부하여 등제한 자는 입사入仕를 허락하였고(≪고려사절요≫ 권5, 문종 12년 5월), 동왕 30년에 양반시량과를 개정하면서 목종 시기에 16과에 품정한 산학박사를 15과로 승과陞科하였다.

또한 산학박사에게는 10석의 녹봉을 지급하였으며(≪고려사≫ 권78, 지권32 식화1 전제; 같은 책, 권80 지권34 식화3 녹봉), 목종 30년 12월에는 산업 출신자에 대한 급전給田 규정을 마련하였다(≪고려사≫ 권74, 지권28 선거2 과목2 숭장지전). 뿐만 아니라 고려시대에 경외의 관서에 두었던 이속吏屬 중 문반의 경직에서 산사算事 사무를 담당하였던 산사算士나 계사計士 등의 이속은 모두 60여원이나 되었다(김용운·김용국, 1977). 이처럼 문종 시기에 산학이 제도적으로 정비되었고, 산사算事 사무를 맡은 이속수吏屬數를 규정하였다.

3) 조선시대의 산학

(1) 연혁과 직제

조선시대의 산학은 태조 즉위년(1392)에 마련되었다. 즉 태조 즉위년에 고려시대의 잡학제도에 따라 관제를 마련 할 때 호조와 함께 산학제도를 설정하였다. 그 후 산학은 태조 2년 육학의 설치

(≪태조실록≫ 권4, 2년 10월 기해), 그리고 태종 6년 11월에 십학 설치(≪태종실록≫ 권12, 6년 11월 신미) 등으로 그 교육의 맥락은 조선 초에서부터 시작되었다.

이와는 별도로 서운관[70]에 서운관습산국書雲觀習算局이 있었고, 태조 3년(1394) 12월에 훈련관의 태일산습산국太一算習算局도 설치하였다(≪태조실록≫ 6권, 3년 12월 을해). 하지만 서운관습산국은 세조 9년에 혁파되었고, 여기에 재학하던 생도 18인은 산학에 속하게 하였고, 역산학관曆算學官과 중감重監은 서운관 역산소에 상임하게 하였다(≪세조실록≫ 권30, 9년 3월 신묘).

이러다가 다시 세조 12년에 산학은 호조에 속하여 전곡 회계를 담당할 관리 후보자를 교육하였다. 이것이 새로운 관직에 따라 산사算士를 2명 두었고, 품계는 종7품을 주었다. 그리고 계사計士 2명은 종8품, 훈도 2명은 정9품, 회사會士 2명은 종9품을 주었다(≪세조실록≫ 권38, 12년 1월 무오).

산학을 관장했던 호조는 호구, 전지, 조세, 부역, 공납, 진대賑貸(정부의 곡물을 대여) 등의 사무를 관장하는 판적사版籍司, 중앙 및 지방에 비축되어 전폐, 식량 등에 관한 재고조사의 사무를 담당하는 회계사, 왕실 내의 여러 가지 지출을 맡은 경비사 등 국가재정을 다루는 부서들로 이루어졌으며, 그에 따른 30명의 산원들이 배치되어 있었다(≪경국대전≫, 예전).

---

70) 고려시대에는 천문天文 · 역수曆數 · 측후測候 · 각루刻漏의 일을 맡아보았다. 국초에는 업무가 태복감太卜監과 태사국太史局으로 분리되어 태복감을 1023년(현종 14) 사천대司天臺, 1116년(예종 11) 사천감司天監, 1275년(충렬왕 1) 관후서觀候署로 개칭하였다가 다시 사천감이라 하였는데, 1308년(충렬왕 34) 태사국을 병합하여 서운관이라 하였다. 조선시대에도 고려의 제도를 계승하여 1392년(태조 1) 설치한 것으로 천문 · 재상災祥 · 역일曆日 · 추택推擇의 일을 맡았다. 관원으로는 판관判官(정3품)을 비롯하여 정正 · 부정副正 · 승丞 · 겸승兼丞 · 주부 · 겸주부兼注簿 · 장루 · 시일 · 사력 · 감후 · 사신 등을 두었다. 국초의 서운관은 한양漢陽으로의 천도遷都 작업에 큰 몫을 하였는데, 세종 때 관상감觀象監으로 개칭되었다.

세종 때에 이르러 산학은 적극 장려되었는데, 왕 스스로 부제학이었던 정인지鄭麟趾로부터 ≪산학계몽≫71)에 관한 강의를 받았으며(≪세종실록≫ 권50, 12년 10월 경인), 또한 세종 25년에 승정원에 산학의 중요성을 강조하기도 하였고, 경상도 감사가 새로 인쇄한 송나라의 양휘산법楊輝算法 1백 권을 진상하므로, 집현전과 호조와 서운관의 습산국習算局에 나누어 하사하였다(≪세종실록≫ 권61, 15년 8월 무사). 특히 세종은 칙유勅諭를 내려 다음과 같이 산학의 중요성을 강조하였다(≪세종실록≫ 권102, 25년 11월 무진).

> 산학이 비록 술수術數에 지나지 않는다고는 하지만 국가의 행정에는 필수적이다. 역대 왕조가 모두 산학을 중요시한 것은 이 때문이다. 정자程子나 주자朱子 등의 선현 등이 산학에 전심하지 않았다고는 하지만 이 사실을 통찰하고 있었을 것이다. 널리 산학을 익히게 하는 방안을 강구하여라.

산학에 대한 세종의 열의는 상류계급의 자제들에게까지 산학을 배우도록 장려하였고, 심지어 문관등용의 시험과목 중에 산학을 넣어야 한다(≪세종실록≫ 권101, 25년 3월 신미)는 의견도 개진되었다. 이는 말단의 잡직에 불과한 산사算士의 사기를 높이는 데 도움이 되었을 것이다. 또한 호조에서 상소하기를 "산학별제算學別提의 소임이 긴요하나 거관去官할 길이 없으니, 형조의 율학 중에서 산학별제를 서용敍用할 것을 청하였다"(≪성종실록≫ 권133, 4년 8월 을해).

특히 영조 시기(1724-1776)에는 산학제도가 정비되었을 뿐만 아

71) 중국 원元나라 시대 주세걸朱世傑이 지은 수학서로서 1299년에 간행되었다. 조선시대에 전해진 것이 세종 때 초간본으로 나왔으며, 산학의 기본서가 되었다. 그 후 여러 번 복각覆刻되어 간직되어 오다가 중간본重刊本이 청조淸朝에 이르러 발견되어 다시 복각본으로 중국에 역수입되어서 그 내용이 널리 알려지게 되었다.

니라 그 규모도 확대되었다. 산학의 학생인 산생의 정원을 종래의 15명에서 61명으로 대폭 늘렸다는 기록이 이를 단적으로 말해준다(≪속대전≫, 취재). 산학입격자 명단인 ≪주과입격안≫에 의하면, 성종 19년(1488)부터 고종 25년(1888)에 이르기까지 산사로 뽑힌 사람들의 수는 1,727명에 달한다.

산학 직제는 별도로 설치되어 있는 것 아니라 호조에 포함되어 있었다. 이를 ≪경국대전≫에서 보면 다음과 같다.

> 산학 교수(종6품) 1원, 별제(종6품) 2원, 산사(종7품) 1원, 계사(종8품) 2원, 산학 훈도(정9품) 1원, 회사(종9품) 1원 (≪경국대전≫, 이전 경관직).

(2) 선발제도와 교육과정

산학은 예조의 건의로 사맹월四孟月에 각종 학과의 시험을 치게 하였다. 때문에 산학은 호조에서 주관하도록 하였으며, 시험성적에 따라 서용하였다(≪태종실록≫ 권31, 태종 16년 3월 신유). 취재할 경우에 경서의 과목을 구체적으로 선정하였는데, 산학算學은 상명산詳明算·계몽산啓蒙算·양휘산揚輝算[72)]·오조산五曹算·지산地算으로 하였다(≪세종실록≫ 권47, 12년 3월 무오).

세종은 산학교육에 상당한 관심을 보였다. 예컨대, "역서曆書와 산학을 공부하는 생도는 매월 열흘마다 산서와 역경 중의 한 책을 강하게 하고, 도목都目 때마다 반드시 강하여 통을 50이상 한 자를

---

72) ≪양휘산법≫은 남송南宋의 수학자 양휘楊輝가 지은 수학책이다. 총 7권으로 구성돼 있는 이 책에서는 곱셈·나눗셈뿐만 아니라 고차방정식 해법, 마방진(가로, 세로, 대각선의 합이 모두 일치하는 숫자 배열)과 이를 행정에 응용하는 법 등을 자세히 다뤘다. 전문 수학서라기보다는 계몽서로서 송대의 수학을 집대성하고 명대에 정착된 민간 수학의 기틀을 마련했다는 점에서 의의가 크다.

취하되, 그 중에 통을 많이 한 자에게 체아직 둘을 주고, 각 품에 따라 가자加資하여 직위에 준해서 제수하고, 6품에서 거관한 후에는 재주에 따라 서용하라"(≪세종실록≫ 권119, 30년 1월 경술)고 하였다.

〈양휘산법의 책 내용, 출처 : 서울시〉

그리고 산학의 교육과정은 ≪상명산법詳明算法≫, ≪양휘산법楊輝算法≫, ≪산학계몽算學啓蒙≫, ≪지산地算≫의 다섯 가지 교과로 구성되었다(≪세종실록≫ 권96, 세종 20년 3월 을묘). 이 중에서 ≪상명산법≫, ≪양휘산법≫, ≪산학계몽≫이 중요시되었다는 것은 나중에 간행된 ≪경국대전≫에 산학의 채용시험의 출제교과서로 남겨졌다는 사실에서도 알 수 있다.

≪오조산경五曹算經≫도 산생算生의 교과서로 채택하였다는 것은

흥미를 끈다. 여기서 오조란 전조田曹(토지의 측량에 관한 문제), 병조兵曹(병사의 징집과 우마의 사료 등에 관한 문제), 집조集曹(음식에 관한 문제), 창조倉曹(곡물의 수확과 곡창의 용적에 관한 문제), 금조金曹(물가에 관한 문제)의 5대 관서를 가리키며, 따라서 오조산경은 이러한 부처에서 필요로 하는 계산술을 다루었던 교과서이다(김용국 · 김용운, 1977).

전통의 계산술이나 셈법은 산가지셈이다. 기본적인 원리는 나뭇가지로 숫자를 표시하고 이를 이용해서 사칙연산을 해내는 것이다. 셈에 사용하는 나뭇가지를 주, 산목, 산가지 등으로 부르고 셈하는 법을 주산, 산목산, 산가지셈이라고 한다. 보통 목재에 삼각기둥으로 모가 나 있으며 길이는 약 11cm정도이다. 산가지로 숫자를 나타낼 때에는 자릿수에 따라 산가지의 방향을 엇갈리게 놓아 서로 섞이지 않게 한다.

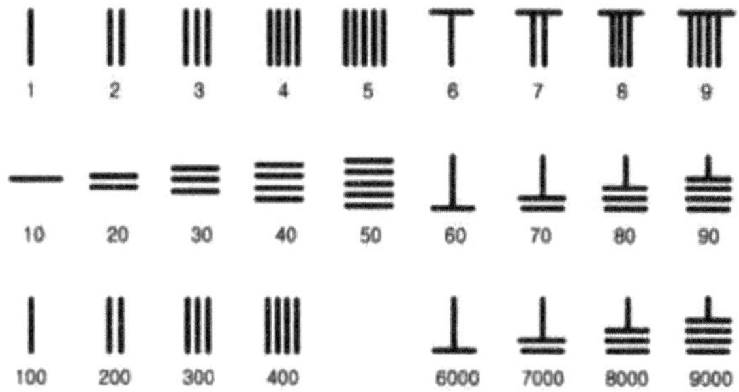

〈산가지 숫자 표현법〉

한편, 산학의 교육을 담당했던 관리는 주로 호조에서 근무했거나 다른 관서에서 근무한 사람들이다. 그러나 산학의 교육을 실제적으로 총괄했던 관리는 산학교수이다. 산학교수는 호조의 종6품의 관직으로서 정원은 1인이다. 그러나 세조 12년(1466)에 관제를 개정하면서 산학이 호조에 예속되면서 산학박사가 폐지되고, 대신에 산사算士와 계사計士, 그리고 훈도가 설치되었다(≪세조실록≫ 권38, 12년 1월 무오). 그러나 산학에 관한 자료가 미비 할 뿐만 아니라 왕조실록에도 산학에 관한 언급이 많지 않아 정확하게 산학의 선발과 교육과정에 대해서는 밝힐 수 없다.

(3) 산과입격자의 지위와 산학 권장책

산과는 취재에 의하여 산관을 선발하기에 입격자에 별도로 관직이 주어지는 것이 아니다. 그러나 이들은 주로 호조에서 근무하면서 품계와 관직을 부여받는다. 이들에게 주어지는 관직은 산사나 계사이다. 경우에 따라서는 높은 품계나 관직을 받지만, 대체로 종8품의 관직을 받는다.

산학이 녹봉의 제정이나 토지의 측정을 위한 실용적인 분야에서 발전했기 때문에 학문적으로는 발전하지 못했다. 특히 조선시대는 유학을 중시하다 보니 기술학은 소홀히 취급하였다. 그러나 국가에서 산학의 중요성을 주장한 기록이 많다.

예컨대, 한성부에서 계啓하기를 "산학박사 두 사람 중에서 지리와 산수를 함께 박통한 사람에게 본부의 토지측량사무를 겸임하도록 청했다"(≪세종실록≫ 권6, 1년 11월 을묘)고 하여 산학박사가 직접 토지의 측량을 감독했다. 그리고 "우리나라 사람으로서 산수에 밝지만 방원법方圓法을 상세하게 아는 자가 드물 것이니, 문자를 해득하고 한음漢音에 통한 자를 택하여 중국으로 보내어 산법을 습득케 하라"(≪세종실록≫ 권51, 13년 3월 병인)고 하였다. 이는 중국어에 능통한 사람을 선발하여 중국에 보내 산법을 익히도록 했던 조치라 볼 수 있다.

또한 세종은 승정원에 전지傳旨하기를,

> 역서曆書와 산학 공부하는 생도는 매월 열흘마다 산서算書와 역경曆經 중의 한 책을 강독講讀하게 하고, 도목都目 때마다 반드시 강독하여 통通을 50이상 한 자를 서용하되 그 중에 통을 많이 한 자에게 체아직을 둘을 주고 품계에 따라 가자하여 제수하라. 6품에서 거관한 후에는 재주에 따라 서용하라(≪세종실록≫ 권119, 30년 1월 경술).

고 하여 생도에 대한 고과를 실시하고 그 결과에 따라 서용할 것을 명하였다.

산학을 배운 사람 중에 나이가 만으로 50세 된 자는 자원에 따라 산관직을 받아 거관하게 하였다(≪세조실록≫ 권5, 2년 12월 기미). 그러나 이는 호조에서 산학별제나 교수훈도를 서용할 것을 주장한다. 예컨대, "산학별제나 교수훈도의 소임은 긴요하니 호조에서 개월이 만료된 자의 경우에 의거하여 서용하도록 했다"(≪성종실록≫ 권33, 4년 8월 을해)고 하였다.

한편, 문신에게도 산학을 배우도록 하였는데, "문신으로 조심성이 있고 치밀한 자를 선발하여 천문과 산학을 익히도록 하였다"(≪성종실록≫ 권270, 23년 10월 을묘)고 한 기록으로 보아, 산학을 일반관리에게도 교육시켰다고 볼 수 있다. 산원 김필정金必禎이 과거시험에 대필하여 응시자가 장원으로 급제한 경우도 있다(≪숙종실록≫ 권33, 25년 3월 경진). 조선후기에는 호조의 산학산원算學算員을 주학계사籌學計士로 수정하기도 하였다(≪고종실록≫ 1권, 즉위년 5월 임진).

2. 조선후기 산과입격자의 분석

조선 초기의 산과입격안에 정확한 연도가 구분되어 있지 않고, 홍치弘治 · 정덕正德 · 가정嘉靖으로만 표기되어 있다. 그러다가 선조 1년(1568)부터 연도표시가 되어 있다. 또한 조선후기에 와서도 강희康熙 · 옹정雍正 · 건륭乾隆이라는 연호를 사용하였다.

조선시대에 산학의 입격자는 총 1,627명이다. 이 중에서 입격년도가 미상인 559명을 제외하면 141회에 1,098명의 입격자를 배출한 것이 확인된다(이성무 · 최진옥 · 김희복, 1990). 매회 평균 7.8명이 산과에 입격하였지만, 매회 평균 인원에 미상자가 제외되었기 때문에 평균 인원은 그 보다는 많았을 것이다. 그러나 연구자는 조선후기의 산과입격자를 분석대상으로 삼았기 때문에, 본 논문에서는 선조 33년(1601)부터 고종 25년(1888)까지 287년간에 걸쳐 배출된 산과입격자 1,488명을 분석하였다(142쪽의 〈별표 6-1〉을 참고). 이를 표로 나타내면 〈표 6-1〉과 같다.

〈표 6-1〉 조선시대 산과 설행횟수와 입격자 수

(단위: 명)

구 분	입격자		미상자		합 계	
	회수	인원	회수	인원	회수	인원
조선전기	9	41		98	9	139
조선후기	141	1,027		461		1,488
합 계	150	1,068		559	150	1,627

〈별표 6-1〉과 〈표 6-1〉을 참조하면, 조선후기의 산과입격자 중에서 신분이 밝혀진 것은 1,027명이고, 미상자는 461명이다. 이를

합하면 총 1,488명이 취재되었다. 산과는 취재에 의하여 산원을 선발하였기 때문에 일정한 정원이 없었다. 그러나 신분이 밝혀진 것을 보면, 산원의 선발을 위한 취재가 조선후기에 141회가 설행되어 1,027명을 배출하였다. 이는 산원을 위한 취재가 한 번 설행되면 평균 7.3명이 입격한 것으로 볼 수 있다. 산과에서 특이한 점은 식년시와 증광시가 구분 없이 시행되었다는 것이다. 그 이유는 산과는 취재에 의해서 산원을 선발했기 때문이다.

1) 왕조별 산과입격자

산학의 입격자, 즉 산원算員 혹은 산사算士는 정원제가 아니라 취재에 의하여 선발되었다. 그것도 왕조별로 당시의 필요에 따라 거의 자의적恣意的으로 채용하였다. 이는 조선시대가 기술학을 관료조직의 도구로 보았고, 특히 산학은 학문적이라기보다는 실용본위의 수단으로 취급하였기 때문이다. 즉 산학은 국가 관료의 녹봉과 토지 측량 등을 위해 사용되었다. 그래서 우리나라의 산학은 관료조직 속에서 요구된 실용적 학문으로 발달하게 되었다. 이러한 가치구조에서 산학을 평가해 볼 필요가 있다. 조선후기 산과의 왕조별 입격자를 표로 나타내면 〈표 6-2〉와 같다.

〈표 6-2〉에서 보면, 숙종(강희1과 강희2도 포함), 순조, 고종 연간에 산원이 많이 배출되었음을 알 수 있다. 숙종시기에 산학의 입격자가 증가하는데, 이는 양전量田 시행에 따른 현상이다(≪숙종실록≫ 권65, 46년 1월 기사). 예컨대, 그러나 실제로는 영조 시기에 산학의 입격자가 두드러지게 많았다. 이는 영조 시기에 산학의 학생인 산생算生의 정원을 종래의 15명에서 61명으로 대폭 늘렸다

(≪속대전≫, 취재)는 기록에 근거할 것이다.

〈표 6-2〉 조선후기 산과입격자의 왕조별 인원

구분	선조	광해군	인조	효종	현종	康熙 1	숙종	康熙 2	雍正	乾隆	정조	순조	헌종	철종	고종	합계
인원(명)	17	24	71	26	11	86	12	185	15	175	180	246	109	73	258	1,488
설행횟수	4	13	22	7	4		1				20	22	13	10	16	132

* ≪주과입격안≫에는 강희, 옹정, 건륭으로 표기되었다. 그러나 편의상 강희1과 강희2로 구분하였고, 이를 연도로 계산하면 다음과 같다.
강희1 : 숙종 7년에서 16년까지, 강희2 : 숙종 18년에서 경종 2년까지
옹정 : 영조 3년에서 11년까지, 건륭 : 영조 12년에서 52년까지

그리고 1785년(정조 9년)에 편찬된 ≪대전통편≫에서는 산원의 수가 56명으로 증가하였다(≪정조실록≫ 권20, 9년 9월 정사). 또한 과거제의 문란으로 청탁이 성행하는데, 이의 시정을 강구하였다. 즉 "탁지부度支部의 산원算員 가운데 적체되어 소통시켜야 할 일이 있으면 각 해당 아문衙門으로 하여금 강구하라"(≪고종실록≫ 권1, 1년 11월 정사)고 하여 산원이 증가하였다.

〈별표 6-1〉에서 보면, 고종 8년(1871)에는 무려 90명의 산원을 배출하였다. 이것은 고종 즉위 초부터 실시한 대규모적인 양전사업量田事業과 관계가 있다(≪승정원일기≫, 고종 8년 5월 계묘). 즉 토지측량의 결과로 토지의 등기나 과세 등에 관한 대장臺帳을 정비하는 업무가 많았기 때문에 산원을 대폭적으로 입격시켰다고 추론할 수 있다. 그러나 영조 시기에 산학의 제도가 정비되었지만, 산사의 합격자 수는 오히려 전대前代보다 낮아진다. 이것은 산사의 수는 오로지 관료체제의 실무기술에 대한 수요의 정도에 따라 증감

된다고 볼 수 있다.

그리고 왕조별 입격자를 살펴보면, 광해군 1년(1609)년에서 인조 말(1649)까지 35회 걸쳐 113명을 입격시켜 1회 평균 3.2명이 선발되었다. 또한 순조 1년(1801)에서 철종 말(1863)까지 45회 걸쳐 428명을 입격시켜 1회 평균 9.5명이 채용되었다.

한편, 고종 1년(1864)에서 고종 25년(1888)까지 16회 걸쳐 무려 257명을 입격시켜 1회 평균 16.1명이 채용되었다. 이는 실학 운동의 자극과 개화의 물결 때문에 자연히 자연 과학을 중요하게 다루었기 때문에 나타난 현상이다(김용운 · 김용국, 1977).

2) 세기별 산과입격자

이미 앞에서 언급하였지만 조선시대는 산사의 채용인원을 정원제에 의해서 선발하는 것이 아니라 그때마다의 필요에 의해서 인원을 대폭적으로 증감하는 무원칙성을 보여주었다. 이는 산학이 지배층의 도구관에 의해 결정된다는 뜻이다. 때문에 세기별로 산과입격자를 분석하는 것은 산학의 정책을 엿볼 수 있는 하나의 실마리가 될 수 있다. 조선후기 산과입격자를 세기별로 분석해 보면, 17세기에 247명, 18세기에 555명, 19세기에 686명의 산과입격자를 배출하였다. 이를 표로 나타내면 〈표 6-3〉과 같다.

〈별표 6-1〉과 〈표 6-3〉에서 볼 수 있는 바와 같이, 대체로 18세기에 와서 입격자의 인원이 많아졌고, 20명 이상을 배출한 해만도 7회에 이르렀다. 세기별로 배출 인원을 살펴보면, 17세기에는 1명에서 5명을 배출하였고, 18세기에는 6명에서 9명을 배출하였다. 특히 19세기에는 증가의 폭이 상당히 커지는 데, 10명 이상의 산원을 배출한 경우도 26회나 되었다. 19세기에 산원이 급격하게 증가하는 이유는 대규모의 양전사업과 대동법과 같은 국가차원의 사업시행과 관련지어 생각해 볼 수 있다.

〈표 6-3〉 조선후기 산과입격자의 세기별 인원

(단위: 명)

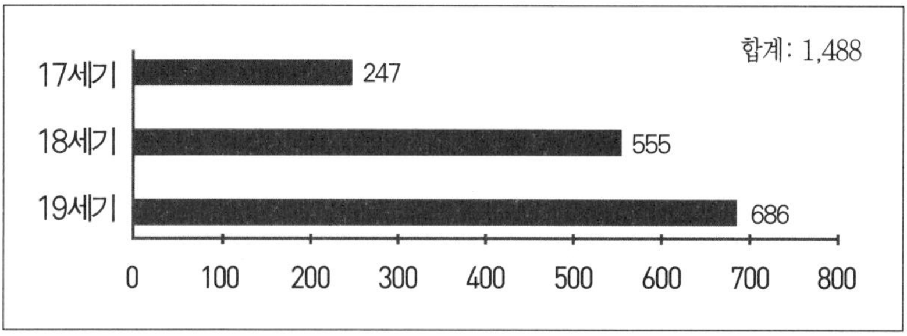

그리고 17세기에 비하여 18세기에 이르면, 입격자의 수가 급격히 증가한다. 이는 영조 시기에 산학의 학생인 산생算生의 정원을 종래의 15명에서 61명으로 대폭 늘렸기 때문에 나타나는 현상이라고 추론할 수 있다(≪속대전≫, 취재).

3) 품계와 관직별 산과입격자

산과는 취재에 의하여 산원을 선발하기 때문에 그들에게 주어지는 일정한 관직이 없었지만, 대체로 종8품의 관직을 부여받았다.

〈표 6-4〉를 보면, 품계를 가진 산과입격자는 전체 입격자 1,488명 중에서 18명이다. 이는 산과입격자 전체의 0.5%를 차지했다. 구체적으로 품계1에서 종1품은 1명, 종2품은 8명, 정3품은 11명을 전체 18명이 품계를 받았다.

〈표 6-4〉 조선후기 산과입격자의 품계

(단위: 명)

구분		품 계1	계	품 계2	계	합 계
從 1	崇祿大夫		1			
	崇政大夫	1				
從 2	嘉義大夫	1	6			
	嘉善大夫	5				
正 3	通政大夫	8	11			
	折衝將軍	3				
합 계			18			18

조선후기의 산과입격자를 왕조별로 나타내면 〈표 6-5〉와 같다.

〈표 6-5〉 조선후기 왕조별 산과입격자의 품계1

(단위: 명)

구분		선조	광해군	인조	효종	현종	강희1	숙종	강희2	건륭	영조	정조	순조	헌종	철종	고종	합계
從 1	崇祿大夫																
	崇政大夫								1								1
從 2	嘉義大夫	1															1
	嘉善大夫	1		3					1								5
正 3	通政大夫			1	1		1		2	2				1			8
	折衝將軍											1	2				3
합 계		2		4	1		1		4	2		1	2	1			18

* 선조 왕조는 선조 33년(1600) 이후의 입격자를 표시함

〈표 6-5〉에서 보면, 인조 시기에 4명이 품계를 받았고, 숙종 시기에 5명(강희1과 강희2도 숙종 시기임)이 품계를 받았다. 여기서 우리가 의문을 가져보는 것은 영조 시기에 산학의 입학생을 확대하고 산학에 대한 정책을 여러 가지로 확대하였음도 불구하고 실

제로 품계를 받은 사람은 한 명도 없었다는 점이다. 이는 산학이 행정의 업무를 보조하는 직책이었기 때문이다.

한편, 숙종 시기(강희2)에 산과입격자 중에서 최고의 품계인 숭정대부(종1품)를 1명이 받았다. 이는 이태윤李泰胤이다. 그의 본관은 합천, 자는 이경爾敬이다. 관직은 훈도(정9품)를 받았으며, 그의 아버지도 계사計士의 관직을 역임하였고, 가선대부의 품계를 받았다. 그의 조부와 증조부는 역과출신으로 각각 자헌대부와 가선대부의 품계를 받았다.

조선후기 산과입격자의 품계를 세기별로 분석하면, 17세기에 8명, 18세기에 7명, 그리고 19세기에 3명이다. 이를 표로 나타내면 〈표 6-6〉과 같다.

〈표 6-6〉 조선후기 산과입격자의 세기별 품계 현황

(단위: 명)

구분		품계 1				품계 2				합계
		17세기	18세기	19세기	계	17세기	18세기	19세기	계	
從1品	崇祿大夫									
	崇政大夫		1		1					1
	계		1							1
從2品	嘉義大夫	1								1
	嘉善大夫	4	1		6					5
	계	5	1							6
正3品	通政大夫	3	4	1						8
	折衝將軍		1	2	11					3
	계	3	5	3						11
합계		8	7	3						18

〈표 6-6〉에서 볼 수 있듯이, 산과입격자가 17세기에 가장 많이 품계를 받았으며, 특히 종2품 이상의 품계를 5명이나 받았다. 18세기를 포함하면 종2품 이상의 품계를 받은 사람은 7명이며 그들의 이력履歷은 다음과 같다.

성명	입격 연도	본관	자	관직(1,2)	품계(1,2)
최성립崔誠立	선조 37년(1604)	경주	子久	별제, 별제	가선대부
강우성康遇聖	선조 39년(1606)	진주		계사	가의대부
홍서구洪敍九	인조 9년(1631)	남양	發伯	훈도	가선대부
최 업崔 業	인조 10년(1632)	경주	君望	계사	가선대부
이익장李益章	인조 21년(1643)	음죽	謙敍	교수	가선대부
이영현李英顯	강희	합천	子華	계사	가선대부
이태윤李泰胤	강희	합천	爾敬	훈도	숭정대부

조선후기의 산과입격자는 관직1과 관직2, 그리고 기타의 관직을 포함하면 1,360명이 관직을 받았다. 중복된 사람이 있다고 하더라도 이는 전체 산과입격자 1,488명의 91%를 차지했다. 이를 표로 나타내면 〈표 6-7〉과 같다.

〈표 6-7〉에서 볼 수 있듯이, 관직1을 가진 산과입격자는 기타의 관직을 가진 자를 포함하여 1,205명이다. 이는 산과입격자 전체 1,488명 중의 81%를 차지했다. 그리고 관직2를 가진 산과입격자는 기타의 관직을 가진 자를 포함하여 155명이다. 이는 산과입격자 전체의 10%를 차지했다. 그러나 실제적인 관직이라 할 수 있는 종9품 이상의 관직을 가진 입격자는, 관직1에서 1,202명으로 전체 입격자의 81%, 관직2에서 148명으로 전체 입격자의 10%를 차지했다. 그러므로 산과입격자가 실질적으로 관직을 가지는 비율은 높다고 볼 수 있다.

〈표 6-7〉 조선후기 산과입격자의 관직별 인원

(단위: 명)

구분		관직 1	계	관직 2	계	합계
堂上官	從一品		6		22	
	正二品			4		4
	從二品	3		6		9
	正三品	3		12		15
參上官	正三品	10	333	32	113	42
	從三品	4		9		13
	從四品			1		1
	從五品	5		9		14
	正六品	181		13		194
	從六品	133		49		182
參下官	從七品	1	863	2	13	3
	正八品					
	從八品	738		5		743
	正九品	123				123
	從九品	1		6		7
소계			1,202		148	1,350
기타			3		7	10
합계			1,205		155	1,360

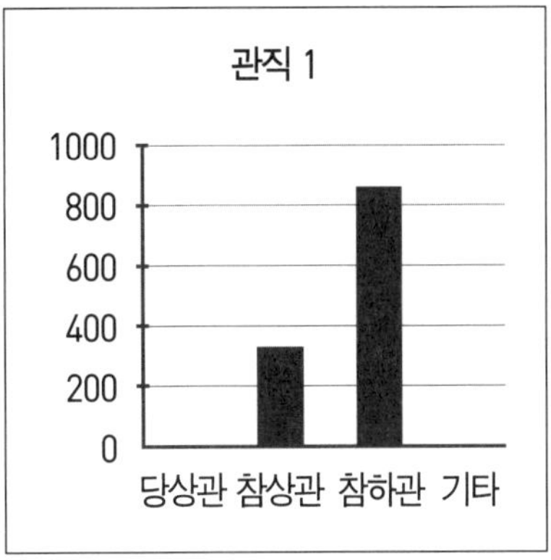

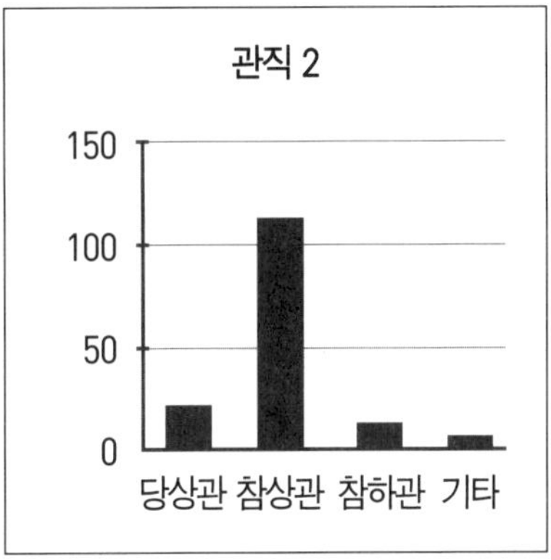

또한 당상관 이상의 관직을 가진 산과입격자는 관직1에서 6명, 관직2에서 22으로 모두 28명이다. 당상관의 관직을 받는 산과입격자는 산학이나 국가의 측량 사업에 지대한 공헌을 했다고 볼 수 있다. 참상관은 관직1에서 333명으로 전체 입격자의 22%, 관직2에서 113명으로 7%를 차지했다. 참하관은 관직1에서 863명으로 전체 입격자의 58%, 관직2에서 134명으로 9%를 차지했다.

산과입격자의 세기별 관직은 관직1에서 17세기에 258명, 18세기에 464명, 19세기에 483명이며, 관직2에서 17세기에 36명, 18세기에 48명, 19세기에 79명이다. 〈표 6-8〉에서 보면, 당상관의 관직을 가진 경우가 관직1에서 17세기에 1명, 18세기에 4명, 19세기에 1명이 받았고, 관직2에서 17세기에 6명, 18세기에 8명, 19세기에 7명이 받았다. 참상관의 관직을 가진 경우가 관직1에서 17세기에 86명, 18세기에 143명, 19세기에 84명이 받았고, 관직2에서 17세기에 23명, 18세기에 34명, 19세기에 56명이 받았다. 또한 참하관의 관직을 가진 경우가 관직1에서 17세기에 161명, 18세기에 315명, 19세기에 387명이 받았고, 관직2에서 17세기에 7명, 18세기에 2명, 19세기에 3명이 받았다.

〈표 6-8〉 조선후기 산과입격자의 세기별 관직 현황

(단위: 명)

<table>
<tr><th colspan="2" rowspan="2">구 분</th><th colspan="4">관 직 1</th><th colspan="4">관 직 2</th><th rowspan="2">합 계</th></tr>
<tr><th>17
세기</th><th>18
세기</th><th>19
세기</th><th>計</th><th>17
세기</th><th>18
세기</th><th>19
세기</th><th>計</th></tr>
<tr><td rowspan="4">堂上官</td><td>正二品</td><td></td><td></td><td></td><td rowspan="4">6</td><td>1</td><td></td><td>3</td><td rowspan="4">22</td><td>4</td></tr>
<tr><td>從二品</td><td></td><td>2</td><td>1</td><td>1</td><td>5</td><td></td><td>9</td></tr>
<tr><td>正三品</td><td>1</td><td>2</td><td></td><td>4</td><td>4</td><td>4</td><td>15</td></tr>
<tr><td>計</td><td>1</td><td>4</td><td>1</td><td>6</td><td>9</td><td>7</td><td>28</td></tr>
<tr><td rowspan="8">參上官</td><td>正三品</td><td></td><td>4</td><td>6</td><td rowspan="8">333</td><td></td><td>13</td><td>19</td><td rowspan="8">113</td><td>42</td></tr>
<tr><td>從三品</td><td></td><td></td><td></td><td></td><td></td><td></td><td></td></tr>
<tr><td>從四品</td><td></td><td></td><td>4</td><td></td><td>3</td><td>6</td><td>13</td></tr>
<tr><td>正五品</td><td></td><td></td><td></td><td></td><td></td><td>1</td><td>1</td></tr>
<tr><td>從五品</td><td></td><td></td><td>5</td><td>1</td><td>1</td><td>7</td><td>14</td></tr>
<tr><td>正六品</td><td>31</td><td>91</td><td>59</td><td>10</td><td>2</td><td>1</td><td>194</td></tr>
<tr><td>從六品</td><td>65</td><td>48</td><td>20</td><td>12</td><td>15</td><td>22</td><td>182</td></tr>
<tr><td>計</td><td>96</td><td>143</td><td>94</td><td>23</td><td>34</td><td>56</td><td>446</td></tr>
</table>

구분		관직1				관직2				합계
		17세기	18세기	19세기	計	17세기	18세기	19세기	計	
參下官	從七品			1				2		3
	從八品	131	253	354		3	1			742
	正九品	30	62	31	863				12	123
	從九品			1		4	1	1		73
	計	161	315	387		7	2	3		875
기타			2	1	3		4	3	7	10
합계		258	464	483	1,205	36	49	70	155	1,360

〈표 6-9-1〉에서 보면, 산과입격자 중에서 관직1을 가장 많이 받은 시기는 순조 시기로 240명이다. 다음은 옹정과 건륭의 연호를 사용한 영조 시기에 160명, 정조 시기에 150명이다. 이 세 시기에 관직1을 받은 사람은 전체 입격자 1,488명 중에서 514명으로 전체의 34%를 차지했다. 특히 산과출신자들에 상당히 높은 관직인 종2품인 동추를 받은 사람이 3명이다. 우선 윤하정尹夏楨은 철종 8년(1857)에 입격하였으며, 본관은 풍양이며, 타과의 역과에 입격하기도 하였다. 부와 조부 및 증조부가 모두 산과출신이었다. 다음은 옹정 연간의 윤형리尹亨理로 본관은 풍양이다. 마지막으로 건륭 연간의 이경백李景白으로 본관은 전주이며 자는 성로聖老였다.

순조 시기에 입격자가 많은 이유는 조선후기의 사회혼란을 반영한 것으로 볼 수 있다. 그리고 영조 시기는 산생의 수를 대폭 늘렸기 때문이다(≪속대전≫, 취재). 한편, 당상관의 관직을 받은 사람은 6명이다.

〈표 6-9-1〉 조선후기 왕조별 산과입격자의 관직1

(단위: 명)

구분		선조	광해군	인조	효종	현종	강희1	숙종	강희2	옹정	건륭	정조	순조	헌종	철종	고종	합계
從2	同樞									1	1				1		3
正3	僉樞							1	2								3
正3	正											4	3		2	1	10
從4	僉正												2			2	4
從5	判官												4			1	5
正6	別提	5	5	11	4		4	2	35	3	26	27	43	12	2	2	181
從6	主簿															3	3
	教授	2	4	13	4	4	14	23	1	15	16	16	13				125
	引儀												1	2		1	4
	顯監			1													1
從7	直長															1	1
從8	計士	9	11	38	17	4	47	5	58	8	93	94	114	64	46	130	738
正9	訓導	1	4	8	1	3	11	2	29	2	23	8	23	8			123
從9	參奉															1	1
其他	內醫											1					1
	內針醫										1		1				2
합계		17	24	71	26	11	76	33	125	29	160	150	240	86	51	142	1,205

* 선조 왕조는 선조 33년(1600) 이후의 입격자를 표시함

** 강희1 : 숙종 7년에서 16년까지, 강희2 : 숙종 18년에서 경종 2년까지
옹정 : 영조 3년에서 11년까지, 건륭 : 영조 12년에서 52년까지

〈표 6-9-2〉에서 보면, 산과입격자 중에서 관직2를 가장 많이 받은 시기는 순조 시기로 35명이다. 순조 시기에 높고 많은 관직을 받은 이유는 관직을 남발하는 경우도 있었다. 예컨대 "도감의 상전賞典에서 계사計士 같은 미천한 무리들이 더러 규정 이외의 상을 받기도 하였다"(≪순조실록≫ 권26, 23년 4월 임인)고 하여 산원들이

지나치게 관직을 부여받는 것에 대하여 우려하였다.

산과입격자에게 최고의 관직을 받은 사람은 4명이며, 이들은 관직2에서 정2품인 지추를 받았다. 선조 37년(1604)년 입격한 문홍경文弘慶으로 본관은 곤명昆明이다. 순조 9년(1809)에 입격한 김득언金得彦으로 본관은 악안樂安이며, 자는 숙미叔美이다. 순조 32년(1832)에 입격한 김익현金益顯으로 아버지가 바로 김득언이다. 마지막으로 순조 32년(1832)에 입격한 이예李藝로 본관은 금산金山이며, 자는 성실聖實이다.

〈표 6-9-2〉 조선후기 왕조별 산과입격자의 관직2

(단위: 명)

구분		선조	광해군	인조	효종	현종	강희1	숙종	강희2	옹정	건융	정조	순조	헌종	철종	고종	합계
正2	知 樞	1											3				4
從2	同 樞						1		3		1	1					6
正3	僉 樞			2			2		2		1	1	3	1			12
正3	正									1	7	5	10	1	4	4	32
從4	僉 正								1		1	1	1		2	3	9
正5	贊 儀													1			1
從5	判 官			1								1	3	1		3	9
正6	別 提	1	1	4	1	1	2		1			1	1				13
從6	主 簿	1		10		1			3			2		2	1	1	21
	教 授										1	1	2				4
	引 儀										2	3	8	1	1		15
	顯 監											1	1	1			3
	察 訪											1	2	1			4
	監牧官											1	1				2

구분		선조	광해군	인조	효종	현종	강희1	숙종	강희2	옹정	건융	정조	순조	헌종	철종	고종	합계
從7	直 長													2			2
從8	奉 事		1	1												1	3
	計 士			1								1					2
從9	參 奉	2	1	1													4
	天文官								1					1			2
其他	同 參									1	2			1		1	5
	內針醫								1								1
	內 醫													1			1
合 計		5	3	20	1	2	5		12	2	15	20	35	14	8	13	155

* 선조 왕조는 선조 33년(1600) 이후의 입격자를 표시함

다음은 인조와 정조 시기에 각 20명이다. 이 세 시기에 관직2을 받은 사람은 전체 입격자 1,488명 중에서 75명으로 전체의 5%를 차지했다. 그러나 관직2를 받은 155명에 견주어 본다면, 높은 관직을 받은 비율(48%)이 상당히 높은 편이다. 한편 당상관의 관직을 받은 사람은 22명이다.

이상이 분석을 통해 볼 때, 산과입격자의 신분상승은 전체 입격자 1,488명에 비추어 보면 한미한 것을 나타났다. 이는 산원이나 산사는 정원제가 아니라 취재에 의하여 선발되기 때문이다. 그래서 산관은 그때그때의 필요에 따라 자의적으로 채용하였다. 또한 산과에 특이한 점은 식년시와 증광시가 구분 없이 시행되었다는 것이다. 이는 특별채용이라 할 수 있는 취재에 의해 산원을 선발하였기 때문이다.

〈별표 6-1〉 조선후기 산과 설행 연도와 입격자 수

(단위: 명)

설 행 연 도		인원	설 행 연 도		인원	설 행 연 도		인원	설 행 연 도		인원
1601	宣祖33	1	1644	仁祖22	2	1794	正祖18	6	1842	憲宗8	6
1604	36	5	1646	24	5	1795	19	6	1843	9	8
1606	38	9	1647	25	5	1796	20	7	1844	10	14
1607	39	2	1648	26	7	1797	21	5	1846	12	6
광해군			효종			1798	22	7	1847	13	9
1608	光海1	1	1650	孝宗1	3	1799	23	6	1848	14	13
1610	2	1	1653	4	4	1800	24	6	1849	15	2
1611	3	2	1654	5	3	순조			철종		
1612	4	3	1655	6	2	1801	純祖1	6	1850	哲宗1	3
1613	5	1	1656	7	12	1803	3	12	1852	3	9
1615	7	1	1657	8	1	1804	4	6	1853	4	4
1616	8	6	1658	9	1	1806	6	12	1854	5	9
1617	9	3	현종			1807	7	6	1856	7	4
1618	10	1	1662	顯宗3	1	1808	8	6	1857	8	18
1619	11	1	1663	4	1	1809	9	6	1859	10	11
1620	12	2	1664	5	5	1814	10	6	1860	11	7
1621	13	1	1665	6	4	1812	12	30	1861	12	4
1622	14	1	康熙1		86	1813	13	6	1863	13	4
인조			숙종			1814	14	6	고종		
1623	仁祖 1	2	1681	肅宗18	12	1817	17	15	1864	高宗1	7
1624	2	5	康熙2		185	1818	18	5	1864	2	4
1625	3	1	雍正		15	1819	19	10	1867		5
1626	4	4	乾隆		175	1821	21	12	1868	5	4
1627	5	4	정조			1822	22	5	1869	6	5
1628	6	2	1777	正祖1	24	1824	24	8	1870	7	3
1629	7	5	1778	3	15	1825	25	11	1871	8	90
1630	7	5	1770	4	9	1827	27	16	1873	10	31
1631	9	4	1771	5	17	1828	29	22	1876	13	13
1632	10	4	1773	7	12	1831	31	14	1879	16	12

설 행 연 도		인원	설 행 연 도		인원	설 행 연 도		인원	설 행 연 도		인원
1633	11	1	1774	7	6	1832	32	26	1880	17	5
1634	12	1	1776	10	12	헌종			1882	19	15
1635	13	1	1777	12	9	1835	憲宗1	16	1884	21	11
1637	15	1	1779	13	6	1836	2	5	1885	22	6
1638	17	1	1790	14	6	1837	3	4	1886	23	29
1640	18	3	1791	15	9	1838	4	12	1888	25	18
1641	19	3	1792	16	6	1839	5	11	합 계		1,488
1643	21	5	1793	17	6	1840	6	3			

* ≪朝鮮時代雜科合格者總覽≫을 참조하였음.

제7장

중인교육과 조선후기의 사회변동

1. 신분적 지위의 변화

1) 중인신분의 세전성

조선후기의 신분변동은 특히 18세기 이후에 크게 동요되었다. 이는 실학사상의 발전으로 18세기에 이르면 양반제도에 대한 비판이 거세게 일어났고, 동시에 소위 양반도 생산자의 일에 종사하도록 반상班常의 차별을 폐지하자는 주장이 체계적으로 전개되었다. 그리고 조선후기의 신분구조에 변화를 초래한 원인은 조선후기의 사회현상과 관련된다. 즉 관직을 제수하는 원칙에 혼란이 일어났다. 이에 대한 전거를 제시하면 다음과 같다.

> 문·무·음蔭의 환로宦路(벼슬길)가 분간이 없어 벼슬에 오른지 10년이 채 못되어 6품에 오르는 것을 4, 5품으로 올리고, 두어 달이 못되어 품계를 올리는가 하면, 무신이 곧장 병사兵使에 제배되고, 음관蔭官이 곧장 군수로 뛰어 올라도 전혀 괴이쩍어 하지 않습니다. 근래 승문원 관원 30여명을 변통하여 6품에 오르게 한 일은 조급히 승진하는 풍습만 열어 놓았습니다. 이

> 제부터는 차서次序와 격례格例를 건너뛰어 승인하는 일이 없도록 규율을 중히 여기게 하소서(≪경종실록≫ 권14, 4년 4월 무오).

그러나 조선후기에 신분구조를 급격하게 변화시킨 중심 세력의 하나는 바로 중인이었다. 즉 역관 중인들은 중국을 왕래하면서 인삼 등 특산품을 교역하면서 막대한 부를 축적함으로써 경제적 성장을 도모하였고, 이를 통해 신분상승을 꾀하였다. 의관 중인들은 약재 무역을 통한 부의 축적, 약재의 공납과정에서의 중간 수탈과 퇴직 후의 의료활동을 통해 상당한 재산을 축적함으로써 신분상승을 도모하였다. 중인의 신분상승을 위한 운동은 18세기부터이다. 특히 통청운동通淸運動을 계기로 더욱 발전하는데, 통청운동은 양반이나 사대부처럼 서얼과 중인에게도 청직의 관리로 임명하라는 요구이다. 조선시대 사회에서 피리미드 구조를 이루었던 신분구조가 숙종 시기 이후 점차로 상층부가 증가하는 추세로 변동되었다.

조선후기의 신분구조에 어떤 변화가 일어났는지를 잡과입격자를 통해서 살펴보고자 한다. 조선후기의 잡과입격자는 총 6,303명이다. 이 중에서 역과(1600-1891)는 2,812명이고, 의과(1600-1894)는 1,422명이고, 율과(1600-1861)는 581명이고, 산과(1601-1888)는 1,488명이다.

먼저, 잡과입격자의 신분이 어느 정도 세전되었는가를 분석할 필요가 있다. 왜냐하면 잡과입격자의 세전성을 통해 조선후기의 신분 변화를 파악할 수 있기 때문이다. 그래서 잡과입격자의 부父가 얼마나 잡과에 입격했는가를 분석해 보았다. 이를 표로 나타내면 〈표 7-1〉과 같다.

〈표 7-1〉 조선후기 잡과입격자의 부父의 잡과입격 현황

(단위: 명)

구 분	父의 역과	父의 의과	父의 율과	父의 산과	합 계
역 과	1,008(35.8)	89(3.2)	23(0.8)	74(2.6)	1,194(42.4)
의 과	108(7.6)	465(32.7)	5(0.4)	151(10.6)	729(51.2)
율 과	8(1.4)	11(1.9)	27(4.6)	0	46(7.9)
산 과	34(2.3)	59(4.0)	1(0.1)	647(43.4)	741(49.8)

〈표 7-1〉에 의하면, 조선후기에 동일한 잡과에 합격한 경우는 산과가 43.4%로 가장 높고, 역과는 35.8%이며, 의과가 32.7%의 순이다. 부의 잡과 입격율을 전체적으로 보면 의과가 51.2%로 가장 높고, 산과가 49.8%로 그 다음이다. 결국 의과와 산과에 입격한 사람은 반수 정도가 잡직에 종사하였다고 볼 수 있고, 이로 보아 의과와 산과는 세전성이 매우 높았다고 볼 수 있다.

한편, 조선시대의 잡과입격자의 세전성을 파악하기 위해 부와 조부 및 증조부의 잡과입격자를 분석한 연구가 있다. 이 연구에 따르면, 의과는 조부에서 33.6%, 증조부에서 27.3%로 나타났으며, 산과는 조부에서 56.1%, 증조부에서 54.7%로 세전성이 나타났다(이성무 · 최진옥 · 김희복, 1990). 이 결과에 의하면 산과는 세대가 바뀌어도 큰 변화없이 강한 세전성을 나타냈다.

그리고 〈표 7-1〉에서 보면, 역과에서 타과 합격 순위는 의과 · 산과 · 율과이며, 의과에서 타과 합격 순위는 산과 · 의과 · 율과이며, 율과에서 타과 합격 순위는 의과 · 율과이며, 산과에서 타과 합격 순위는 의과 · 역과이다.

2) 중인의 지방관 진출

다음으로, 이미 앞장에서 분석한 중인의 관직을 토대로 중인이 지방관에 진출한 경우를 살펴보고자 한다. 왜냐하면 지방관은 실직으로서 임금을 대신하여 직접 백성을 다스리는 중요한 자리였기 때문에 이를 통해서 중인의 신분상승을 검토할 수 있을 것이다. 중인이 지방관인 수령으로 임명하는 것을 조정에서 반대하였다. 그래서 중인으로 벼슬길에 통한 자는 찰방察訪을 지낸 뒤에 수령으로 임명하는 것을 허락하도록 명하였다(≪숙종실록≫ 권31, 23년 8월 경술). 조선후기의 중인이 지방관에 진출한 경우를 나타내면 〈표 7-2〉와 같다(김양수, 1995).

〈표 7-2〉에 의하면, 중인 출신이 수령으로서 280관직을 차지하였다. 그러나 잡과방목에 누락된 것을 생각한다면, 더 많은 수가 지방관으로 진출하였을 것이다. 그 중에서도 의관 출신이 수령이나 기타의 지방관으로 가장 많이 진출하였으며[73], 그 다음은 역관, 산원, 율관의 순으로 지방관에 진출한 것으로 나타났다.

조선후기의 중인이 지방관에 진출한 것을 세기별로 분석해 보면, 18세기에 131관직으로 가장 많았다. 이것은 18세기 중반 이후의 중인직에 대한 정책적 배려와 관련 있다. 예컨대, 잡과입격자가 6품에 오르는 법을 정하였고(≪영조실록≫ 권53, 17년 1월 신묘), 또한 사간원에서 중인 오지절吳志哲이 교자轎子를 타자 방자하게 금법을 어겼다하여 파직할 것을 아뢰었으나 윤허하지 않았다(≪영조실록≫ 권53, 17년 2월 임술). 또한 임금이 잡과입격자를 거느리고 입시하여 친시제강親試製講하고 사과賜科토록 하였고(≪정조실록≫ 권

73) 의관이 수령직에 제수되는 예는 제4장의 설명주 57을 참조하기 바란다(이 책의 121~122쪽에 설명되어 있다).

31, 14년 8월 경오), 잡과입격자를 임금이 친히 부르는 각별한 관심을 보였다(≪정조실록≫ 권34, 16년 4월 신유). 이런 정책적 배려 때문에 중인의 신분상승은 조선후기에 지속적으로 이루어졌고, 또한 조선후기 사회에 있어 과거제도의 폐단은 중인의 신분적 변동을 촉진시켰다.

〈표 7-2〉 조선후기 중인의 지방관 진출 현황

(단위: 명)

구분		수령							찰방	감목관	무관	합계
		판윤 정2	부사 정3	목사 정3	군수 종4	현령 종5	현감 종6	소계	종6	종6		
17세기	역 관		4			2		6			8	14
	의 관		10	1	21	8	18	58	3		4	65
	율 관				2		1	3	1		2	6
	산 원		2		1	1	4	8	1		1	10
	계		16	1	24	11	23	75	5		15	95
18세기	역 관		4	5	4		10	23	3	1	5	32
	의 관		11	3	13	6	23	56	4	6	4	70
	율 관											
	산 원		8	1	3		8	20	8	1		29
	계		23	9	20	6	41	99	15	8	9	131
19세기	역 관	5	13		6	2	13	39	1	2		42
	의 관		9	2	15	9	16	51	3	3	1	58
	율 관		1					1				1
	산 원		6		2	2	5	15	7	3	1	26
	계	5	29	2	23	13	34	106	11	8	2	127
합 계		5	68	12	67	30	98	280	31	16	26	353

그리고 19세기에 역관들이 수령직에 많이 기용되면서 시대가 내려오면서 중인 수령직이 많아지는 원인이 되었고, 또한 의관들은 왕실의 의료를 책임진 덕분에 지방관으로 승진하는 경우가 많았다. 그러나 19세기에는 의관에게 부사나 목사 이상의 높은 관직이 줄어드는 것을 볼 수 있다.

한편, 조선후기의 잡과입격자를 대상으로 관직을 구체적으로 분석해 보았다(〈표 7-3〉을 참조). 이 분석에 따르면, 당상관의 관직에 제수된 잡과입격자는 관직1과 관직2를 포함해서 전체 442명이다. 이 중에서 역과가 299명으로 가장 많았고, 그 다음은 의과, 산과 순으로 나타났다. 앞에서 이미 설명하였지만, 역과와 의과입격자가 당상관의 관직에 가장 많이 제수된 이유는 역관과 의관의 역할이 국가통치에 있어 매우 중요했기 때문이며, 아울러 조선후기의 과거제도의 문란과 국가기강의 해이 때문이라고 볼 수 있다. 또한 참상관의 관직에 제수된 잡과입격자는 관직1과 관직2를 포함해서 전체 2,707이다. 마찬가지로 역과가 1,052명으로 가장 많았고, 그 다음은 의과, 산과 순으로 나타났다.

그러나 이를 종9품 이상의 실직 관직에 대한 비율로 나타내면, 의과입격자들이 높은 것으로 나타났다. 이를 통해서 의관들이 신분상승을 가장 많이 했음을 알 수 있다. 예컨대, 참상관 이상의 관직을 받은 입격자는 관직1에서 89.7%를 차지했고, 관직2에서 86.7%를 차지했다. 조선후기 잡과입격자의 관직을 나타내면 〈표 7-3〉과 같다.

〈표 7-3〉에 의하면, 참상관 이상의 관직을 역과와 의과 및 율과 입격자들이 절반 이상을 차지했다. 이는 잡과입격자들이 잡과에 입격하였을 때 주어지는 관직보다는 높은 것으로 나타났다. 이것은 바로 잡과입격자의 신분상승을 검증하는 전거라고 볼 수 있다.

〈표 7-3〉 조선후기 잡과입격자의 관직 현황

(단위: 명)

구 분		역 과	의 과	율 과	산 과	합 계
		인 원(%)	인 원(%)	인 원(%)	인 원(%)	인 원(%)
당상관	관직1	48(6.3)	19(2.2)	2(0.8)	6(0.5)	75(2.5)
	관직2	251(21.3)	94(26.9)		22(14.8)	367(20.4)
참상관	관직1	361(47.2)	741(87.5)	165(68.2)	333(27.7)	1,600(52.3)
	관직2	691(58.6)	201(57.6)	165(68.2)	113(76.4)	1,107(61.6)
참하관	관직1	355(46.5)	87(10.3)	75(31.0)	863(71.8)	1,380(45.1)
	관직2	237(20.1)	54(15.4)	18(15.0)	13(8.8)	322(18.0)
소 계1	관직1	764	847	242	1,202	3,055(100)
	관직2	1,179	349	120	148	1,796(100)
합 계		1,943	1,196	362	1,350	4,851

* %는 종9품 이상의 관직에 대한 비율임.

그리고 〈표 7-4〉에서 볼 수 있듯이, 18세기 이후에 잡과입격자가 관직을 받는 비율이 상당히 증가하였다. 이것은 18세기 중반 이후의 중인직에 대한 정책과 관련 있다. 즉 앞에서 언급하였듯이, 잡과입격자가 6품에 오르는 법을 정하였고(≪영조실록≫ 권53, 17년 1월 신묘), 또한 잡과입격자를 거느리고 입시하여 친시제강親試製講하고 사과賜科토록 하였으며(≪정조실록≫ 권31, 14년 8월 경오), 잡과입격자를 임금이 친히 부르는 각별한 관심을 보였다(≪정조실록≫ 권34, 16년 4월 신유). 조선후기의 잡과입격자가 받은 관직을 세기별로 나타내면 〈표 7-4〉와 같다.

〈표 7-4〉 조선후기 잡과입격자의 세기별 관직 현황

(단위: 명)

<table>
<tr><td colspan="2" rowspan="2">구 분</td><td colspan="4">역 과</td><td colspan="4">의 과</td><td colspan="4">율 과</td><td colspan="4">산 과</td><td rowspan="2">합 계</td></tr>
<tr><td>17C</td><td>18C</td><td>19C</td><td>계</td><td>17C</td><td>18C</td><td>19C</td><td>계</td><td>17C</td><td>18C</td><td>19C</td><td>계</td><td>17C</td><td>18C</td><td>19C</td><td>계</td></tr>
<tr><td rowspan="2">당상관</td><td>관직1</td><td>7</td><td>26</td><td>15</td><td>48</td><td>7</td><td>8</td><td>4</td><td>19</td><td>1</td><td>1</td><td></td><td>2</td><td>1</td><td>4</td><td>1</td><td>6</td><td rowspan="2">442</td></tr>
<tr><td>관직2</td><td>45</td><td>94</td><td>112</td><td>251</td><td>27</td><td>48</td><td>19</td><td>94</td><td></td><td></td><td></td><td></td><td>6</td><td>9</td><td>7</td><td>22</td></tr>
<tr><td rowspan="2">참상관</td><td>관직1</td><td>113</td><td>167</td><td>81</td><td>361</td><td>167</td><td>248</td><td>326</td><td>741</td><td>41</td><td>68</td><td>56</td><td>165</td><td>96</td><td>143</td><td>94</td><td>333</td><td rowspan="2">2,707</td></tr>
<tr><td>관직2</td><td>208</td><td>283</td><td>200</td><td>691</td><td>54</td><td>87</td><td>60</td><td>201</td><td>20</td><td>50</td><td>32</td><td>102</td><td>23</td><td>34</td><td>56</td><td>113</td></tr>
<tr><td rowspan="2">참하관</td><td>관직1</td><td>60</td><td>101</td><td>194</td><td>355</td><td>20</td><td>35</td><td>32</td><td>87</td><td>15</td><td>42</td><td>18</td><td>75</td><td>161</td><td>345</td><td>387</td><td>863</td><td rowspan="2">1,701</td></tr>
<tr><td>관직2</td><td>47</td><td>54</td><td>125</td><td>234</td><td>18</td><td>27</td><td>9</td><td>54</td><td>3</td><td>4</td><td>8</td><td>18</td><td>7</td><td>2</td><td>3</td><td>12</td></tr>
<tr><td colspan="2">소 계</td><td>481</td><td>75</td><td>727</td><td></td><td>293</td><td>353</td><td>450</td><td></td><td>80</td><td>168</td><td>114</td><td></td><td>294</td><td>507</td><td>549</td><td></td><td>4,851</td></tr>
<tr><td colspan="2">합 계</td><td colspan="4">1,943</td><td colspan="4">1,196</td><td colspan="4">362</td><td colspan="4">1,350</td><td>4,851</td></tr>
</table>

한편, 중인들은 신분구조의 변혁에 새로운 전기를 마련했다. 즉 조선후기에 이르면, 중인들은 신분상승을 위한 운동을 전개하였다. 이것이 바로 통청운동通淸運動(청직 등용의 허용)이다. 통청운동이 일어난 계기는 바로 서얼허통庶孼許通(과거 응시의 허용)에서 비롯되었다.[74]

74) 영조가 1724년에 즉위하자 서얼들은 자신의 자손들을 현직顯職에 임용할 것을 상소하였다(≪영조실록≫ 권2, 1년 12월 병술). 그러나 조정의 대신들은 서얼들의 통청 운동을 조정의 기강이 문란해진 탓으로 돌렸다. 그럼에도 영조 시기에는 서얼들이 문과와 생원시·진사시에 합격하였고, 관료로 진출하기도 하였다. 정조에 원년(1777)에 〈정유절목丁酉節目〉, 서얼 허통의 범위를 정함)을 반포하자 서얼의 허통 운동은 실마리가 풀렸고, 이의 결과로 검서관에 이덕무李德懋·유득공柳得恭·박제가朴齊家·서이수徐理修가 서얼로 등용되었다. 그리고 철종 2년(1851)에 서얼을 허통하여 벼슬에 채용하도록 하는 조치가 내려졌다(≪철종실록≫ 권3, 2년 4월 신미).

서얼허통에서 충격을 받은 중인들은 철종 2년(1851) 4월 25일 통례원通禮院에 모여 통문을 만들었다. 통문의 내용은 “서얼이 허통되어 현관에 임용되고 있는데 반하여 중인은 여전히 차별을 받고 있으니 이를 철폐하기 위하여 모임을 갖자”는 것이었다. 그래서 중인들은 도화서圖畵署에서 모여 통례원, 관상감, 사역원, 전의감, 혜민서, 율학, 산학, 내의원 등의 대표를 정하고, 상소문을 올리기도 했다.[75] 그러나 중인들의 통청운동은 좌절되고 만다. 이에 대한 이유를 김양수(1995)는 두 가지로 지적하고 있다. 하나는 중인들은 특수 신분층으로 구성되어 나름대로 사회 경제적 지위와 안정된 생활을 하였고, 다른 하나는 무사안일에 빠져 기존 체제에서 탈피하려는 과단성의 결핍을 들고 있다.

조선후기의 중인들이 전개하였던 통청운동이 중도에 좌절되었지만 이것은 조선후기에 상당한 영향을 끼쳤다. 즉 19세기에 조선왕조의 왕권을 약화시켰고, 기존의 신분적 제약에 대한 강력한 반발을 촉구하였다. 또한 중간층의 신분상승에 대한 욕구를 더욱 가속화시켰다고 볼 수 있다. 통청운동 뿐만 아니라 신분제의 동요 및 국가기강의 해이 등과 같은 원인으로 조선 왕조는 19세기에 심각한 사회적 혼란을 겪고, 결국 왕조가 해체되는 계기를 맞이하였다.

---

75) 방우도方禹度를 총책임자로 하고 별유사別有司에는 현일玄鎰(역관, 숭록대부와 지추 역임), 변형식卞亨植(역관, 교회와 정 역임), 장지완張之琬(율관, 훈도와 겸교수 역임) 등이 임명되었고, 그 후에 새로운 총책임자로 전의감 소속 방윤중方允中을 임명하였고, 제술製述 책임자로 현일, 정지윤鄭芝潤, 장지완 등이 임명되었다. 다시 최필문崔必聞(산학, 훈도 역임)이 책임자가 되어 거사 자금을 모으고 상소문을 올렸다.

2. 새로운 사회세력의 등장

1) 중인 가문의 등장

중인의 가계家系는 조선 말기까지 일부 명문씨족에 편중되면서 문벌을 형성하였고, 세습화되어 나간 것이 하나의 특징이었다. 중인가계는 기술직인 역관, 의관, 산원, 율관 등의 전문직에 종사하면서 그 관직을 계승하였고, 또한 중인 안에서 신분 내의 결혼을 행함으로써 자신들의 신분 속성을 더욱 공고히 유지하였다. "이것은 상급 전문직에서 아버지와 아들 2대에 걸쳐 잡과 합격자가 30-40%나 나왔던 사실에서도 입증된다"(한국고문서학회, 1996).

중인 신분층은 자신들의 전문직을 세전하기 위해 많은 노력을 했었다. 특히 중인신분 중에서도 역관과 의관이 핵심적인 신분층이었고, 그래서 역관과 의관의 과거에는 치열한 경쟁이 항상 존재했었다. 이로 말미암아 경제적인 부를 축적한 역관들은 자기의 자제가 역과 시험준비를 할 나이가 되면 집안에 가숙家塾을 설치하여 동료 역관들 중에서 최고 실력자를 전공별로 2-3명을 초빙하여 시험준비를 시키는 것이 관행이었다. 실제로 오경석은 그의 아들 오세창에게 가숙을 설치하여 공부시켰다. 오세창이 8세(1871) 때에 가숙을 설치하여 16세(1879)에 역과에 합격하자 바로 가숙을 철거시켰다(신용하, 1985).

2) 오경석 가문의 세전성

조선후기의 새로운 사회세력으로 등장한 중인은 자신의 전문성을 가계家系에 의해 전수했다. 해주 오씨인 오경석과 인동 장씨인 장현, 그리고 청주 최씨인 최유태 가문의 세전성을 분석하였다. 먼저 오경석 가문의 세전성을 표로 나타내면 〈표 7-5〉와 같다.

〈표 7-5〉 오경석 가문의 역관 세전표

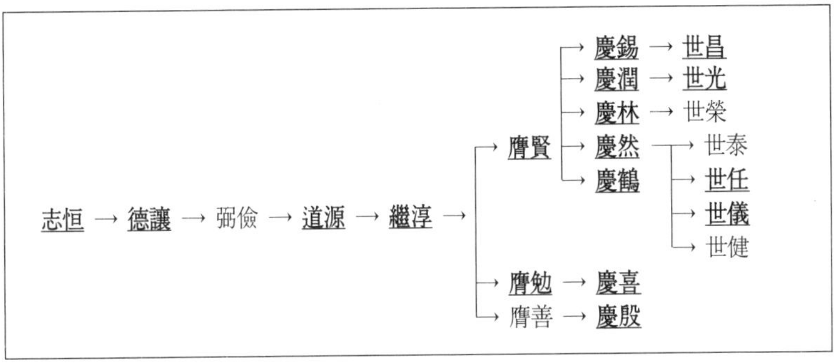

* 밑줄과 진하게의 표시는 역관 출신자를 나타냄.

〈표 7-5〉에서 볼 수 있듯이, 오경석 가문은 직계 8세대에 걸쳐 남자 22명 중에서 17명이 역관으로 진출하였다. 이것은 직계 가문의 남자 중에서 77%에 해당하는 남자가 역관임을 보여주는 것이다. 특히 오경석의 아버지 오응현吳膺賢(1810-1877)은 매우 성공한 역관이었다. 그는 1825년에 16세의 나이로 역과 식년시에 한학으로 1등급의 2등으로 합격하였다(≪역과방목≫). 그는 역관의 실직으로는 최고위직인 당상역관을 거쳐 지중추부사知中樞府事(정2품)의 명예 지위에 임명되었다.

그리고 오경석은 1846년(헌종 12년)에 16세의 나이로 역과 식년시에 한학으로 합격하였다(≪역과방목≫). ≪역과방목≫에 의하면, 1846년 식년시에서 1등 3명, 2등 7명, 3등 9명으로 모두 19명이 합격하였는데, 오경석은 19명의 합격자 중에서 2등급에 속한 10번째의 합격자로 기록되어 있다. 오경석 가문에서 배출된 17명의 역관은 다음과 같은 이력履歷을 가졌다.

〈표 7-6〉 오경석 가문의 역관 이력

성 명	입 격 년 도	자	과 별	관 직(1,2)	품 계(1,2)
오지환	숙종22년(1696,식)	季常	역과(한)	교회, 정	
오덕양	숙종40년(1714,식)	德哉	역과(한)	직장	
오도원	영조44년(1768,식)	時進	역과(한)	주부	
오계순	정조19년(1795,식)	性厚	역과(한)	교회, 지추	숭록대부
오응현	순조25년(1825,식)	敬揚	역과(한)	교회, 지추	정헌, 숭록대부
오응면	헌종6년(1840,식)	敬益	역과(한)	교회, 첨정	
오경석	헌종12년(1846,식)	善汝	역과(한)	교회, 첨추	정헌, 숭록대부
오경윤	철종9년(1858,식)	雨卿	역과(왜)	교회, 참봉	
오경림	철종6년(1855,식)	子七	역과(한)	교회, 정	
오경연	고종13년(1876,식)	欣敬	역과(왜)	교회, 봉사	숭록대부
오경학	고종1년(1864,증)	雲衢	역과(한)	별선, 직장	
오경희	고종7년(1870,식)	元起	역과(한)	봉사, 총민	
오경은	고종22년(1855,식)	壽人	역과(청)	상동사	
오세광	고종19년(1882,식)	國寶	역과(한)	삼압물,부봉사	
오세창	고종16년(1879,식)	重明	역과(한)	무어신체아	
오세임	고종17년(1880,증)	豈元	역과(한)	무어신체아	
오세의	고종22년(1855,식)	鳳來	역과(한)	무어신체아	

오경석은 18세(1848) 때에 사역원 첨정僉正(종4품)을 지낸 이정李挺의 딸과 결혼했다. 오경석의 처가(금산 이씨)도 대대로 역관의 집안이었다. 그러나 첫부인이 전염병에 걸려 일찍 죽자 오경석은 3년

후에 중인 집안인 김승원金承源 딸과 재혼하여 딸과 아들 오세창을 낳았다. 딸은 사역원 판관(종5품)을 지낸 역관 이석주李碩柱의 아들인 이용백李容白(산학별제를 지냄)에게 출가시켰고, 아들 오세창은 역관이며, 지중추부사의 직위를 가진 우봉 김씨 김재신金載信의 딸과 결혼시켰다.

〈오경석, 사진 출처 : 한국민족문화대백과〉

3) 장현 가문의 세전성

다음으로, 장현 가문의 세전성을 표로 나타내면 〈표 7-7〉과 같다.

〈표 7-7〉 장현 가문의 역관 세전표

壽 → 敬仁 → **炫** → 天翼 → 聖維(醫)
　　　　　　　炫 → 天憲 → **釆維** → **濂** → 漢相(醫) → **世基**
　　　　　　　　　　　　　　釆維 → **潛** → **翼相**
壽 → 敬仁 → 燦 → **瑞羽**
　　　　　　　燦 → **天翻** → **璘維** → **寔**
　　　　　　　燦 → 天翮(醫)

* 밑줄과 진하게의 표시는 역관 출신자를 나타냄.
* 괄호 속의 醫는 의과 출신자를 나타냄.

〈표 7-7〉에서 볼 수 있듯이, 장현 가문은 직계 7세대에 걸쳐 남자 17명 중에서 11명이 역관으로 진출하였다. 이것은 직계 가문의 남자 중에서 65%에 해당하는 남자가 역관임을 보여주는 것이다. 특히 장현 가문 중에서는 당상관의 반열에 오른 역관 출신이 많았다. 예컨대, 장현 자신이 숭록대부(종1품)와 지추(정2품)에 제수되었고, 손자인 장채유도 숭록대부와 지추를 역임하였고, 증손자인 장렴도 숭정대부(종1품)와 지추를 역임하였다(≪역과방목≫). 인동 장씨 가문이 정치적으로 성장할 수 있었던 이유는 장현이 장희빈의 숙부였기 때문이라고 볼 수 있다.

특히 장현은 청나라에 자주 왕래하면서 중요한 문서를 가져왔다. 그것으로 말미암아 장현은 숭록대부의 품계를 이미 받았으니, 그의 공을 자손에게 녹용錄用하도록 했다(≪숙종실록≫ 권20, 15년 3월 경술). 또한 장현은 진주사陳奏使의 행차를 따라 연경에 가서 역관의 일을 잘 처리하고 돌아왔으므로 그에게 가자하려고 하였으나 숭록대부이기 때문에 그의 자질子姪에게 벼슬을 제수하라고 했다 (≪숙종실록≫ 권22, 16년 1월 신유).

이렇게 정치적으로 인동 장씨 가문이 성장하자, 장현의 아우 장찬이 거창한 누각을 짓고 사치스런 생활을 하였다. 이에 신하들이 이것을 헐어버리도록 상소하였다(≪숙종실록≫ 권25, 19년 6월 병술조). 또한 장현과 장찬을 유배하도록 논핵論劾하기도 하였다(≪숙종실록≫ 권26, 20년 5월 기묘). 즉 "장현과 장찬은 장희재張希載와 가까운 친족으로서 타고난 성질이 매우 흉악하고 교활하여 재물은 온 집안에서 으뜸이요, 가옥이나 의복의 장식은 사치하여 법도를 넘었음으로 절도絶島에 유배하라"고 논핵하니 그에 따랐다. 장현 가문에서 배출된 11명의 역관은 다음과 같은 이력履歷을 가졌다.

〈표 7-8〉 장현 가문의 역관 이력

성 명	입 격 년 도	자	과 별	관 직(1,2)	품계(1,2)
장 현	인조17년(1639,식	公明	역과(한)	교회, 지추	숭록대부
장서우	현종7년(1666,식)	儀叔	역과(한)	총민, 첨정	
장천익	숙종16년(1690,증)	聖雲	역과(한)	주부	
장채유	숙종43년(1717,식)	叔亮	역과(한)	교회, 지추	숭록대부
장인유	영조14년(1738,식)	子儀	역과(왜)	교회	동정, 철충장군
장 렴	영조20년(1744,식)	伯剛	역과(한)	교회, 지추	숭정대부
장 체	영조29년(1753,식)	士昭	역과(한)	상동사	동정, 절충장군
장 식	영조38년(1762,식)	大源	역과(한)	구압물, 삼압물	숭정, 절충장군
장익상	영조50년(1774,증)	子敬	역과(한)	상동사, 첨정	
장 도	순조1년(1801,식)	子厚	역과(한)	차상동사, 주부	
장세기	순조28년(1828,식)	仲喬	역과(한)		

4) 최유태 가문의 세전성

마지막으로, 최유태 가문의 세전성을 표로 나타내면 〈표 7-9〉와 같다.

〈표 7-9〉 최유태 가문의 의관 세전표

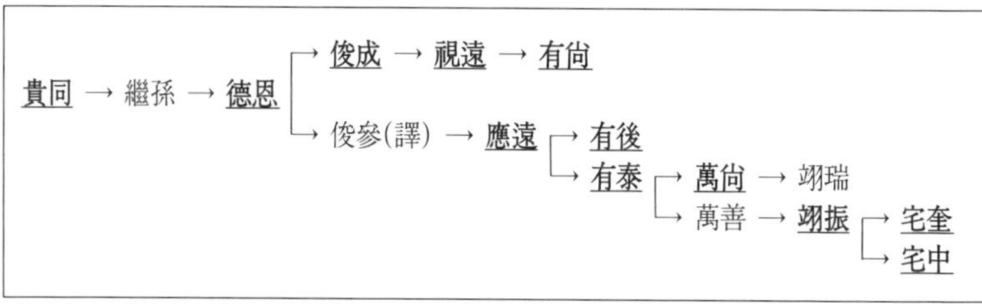

* 밑줄과 진하게의 표시는 의관 출신자를 나타냄.
* 괄호 속의 譯은 역과 출신자를 나타냄.

〈표 7-9〉에서 볼 수 있듯이, 최유태 가문은 직계 9세대에 걸쳐 남자 16명 중에서 12명이 의관으로 진출하였다. 이것은 직계 가문의 남자 중에서 75%에 해당하는 남자가 의관임을 보여주는 것이다. 특히 최유태는 종1품의 품계인 숭정대부崇政大夫를 받았고, 그의 아들 최만상은 정2품의 품계인 자헌대부資憲大夫를 받았다. 최유태의 명성이 높아지자 관료들이 견제하기도 하였다. 즉 "의관 최유태崔有泰가 입시하였다가 나온 후에야 제조 이하가 비로소 옥후가 편찮으심을 들었다고 하였는데, 신들로서는 너무나도 놀랐습니다. (중략) 성상의 체후가 혹시라도 편찮으시면 제조가 여러 의관을 거느리고 입진한 이후에 약을 의논하는 것이 예로부터 내려온 규례인데, 지금 일개 의관으로 하여금 먼저 입시하게 하고 제조는 까마득히 듣지도 못했다면, 사리와 체모에 크게 손상되는 일입니다"(≪현종실록≫ 권3, 1년 6월 갑오)라고 하였다. 약방의 도제조는 문신이 겸직

하였는데, 도제조의 허락 없이 왕을 진찰한 것에 대하여 문신들이 의관들을 비판하였다. 최유태 가문에서 배출된 12명의 의관은 다음과 같은 이력履歷을 가졌다.

〈표 7-10〉 최유태 가문의 의관 이력

성 명	입 격 년 도	자	과 별	관 직(1,2)	품계(1,2)
최덕은				사과	가선대부
최준성	선조36년(1603,식)			정	
최준참	광해1년(1609,증)	宿賢	역과(한)	동추	가선대부
최시원	광해13년(1621,식)				
최유상	현종1년(1660,식)				
최유후	인조17년(1639,식)	永叔	의과	내의, 첨추	
최유태	효종2년(1651,식)	大叔	의과	내침의, 현감	숭정대부
최만상	숙종1년(1675,증)	志卿	의과	내의, 수의	자헌대부
최익진	숙종40년(1714, 식)	起甫	의과	주부	
최택규	숙종46년(1720,식)	汝辰		첨정	
최택중	영조17년(1741, 식)	汝剛	의과	첨추, 내의	

5) 개화관료와 교회지도층으로 진출한 중인

조선후기, 특히 개항(1876) 이후에는 중인신분의 잡과출신이 통상과 개화의 전문적 지식과 기능적 필요성에 따라 정치적 지배세력으로 등장하게 되었다. 잡과출신은 개화와 근대화에 필요한 전문적 신지식과 기능적 기술을 소유하였다. 또한 이들은 주로 사신을 수행하면서 외래의 근대문물에 쉽게 접할 수 있었고, 따라서 외래의 문화 수용에 적극성을 보였다. 뿐만 아니라 중인들은 그들의 직업과 우수한 역량을 통해 상당한 경제력과 실력을 쌓았으며, 이를 배경으로 한말 이후 근대화에 앞장섰던 인물과 개화관료로 많이 배출되었다.

예컨대, 1880년대의 통리기무아문統理機務衙門의 관료 중에서 13.4%가 잡직 출신이었고, 갑오개혁[76] 직후 신내각의 21.6%가 잡직출신 관료였다(김영모, 1977)고 하였다. 특히 개화관료의 신분배경 중에서 잡과출신은 주로 역관 집안이 많았다. 역관 중인으로 해주 오씨(오경석, 오경림, 오세광, 오세창)와, 제주 고씨(고영희, 고영주, 고영철) 및 천녕 현씨(현석운, 현보운, 현영운), 원주 변씨(변수) 등이다(김영모, 1977). 이들의 신분배경을 표로 나타내면 〈표 7-11〉과 같다.

〈표 7-11〉 조선후기 중인출신의 개화관료의 신분배경

성명	입격년도	본관	자	과 별	관직(1,2)	품 계(1,2)
오경석	1846년(식)	해주	善汝	역과(한)	교회, 첨추	가선대부, 자헌대부
오경림	1855년(식)	해주	子七	역과(한)	교회, 정	
오세광	1882년(식)	해주	國寶	역과(한)	삼압물, 부봉사	
오세창	1879년(식)	해주	重明	역과(한)	우어신체아	
고영희	1867년(식)	제주	子中	역과(왜)	교회	
고영주	1859년(증)	제주	士允	역과(왜)	차상통사, 주부	
고영철	1876년(식)	제주	允明	역과(한)	직장	
현석운	1858년(식)	천녕	德民	역과(왜)	교회, 직장	숭록대부
변 수	1819년(식)	원주	致秀	역과(한)	교회, 교수	통정대부
현제복	1874년(증)	천녕	元禮	역과(한)	별선, 직장	

76) 조선의 근대화는 갑오경장甲午更張을 통하여 획기적인 계기를 마련했다. 갑오경장을 주도했던 인물은 주로 문과(김홍집, 김윤식, 어윤중)나 무과(조희연) 출신이었다. 그러나 이 갑오경장의 관료 중에도 중인신분이 한 사람 있었는데, 그가 바로 고영희高永喜이다. 그는 고종 4년(1867)에 식년시에서 역과(전공은 왜어)로 입격하였고, 관직은 교회敎誨를 역임하였다.

〈표 7-11〉에서 제시된 역관 중에서 해주 오씨와 밀양 변씨는 주로 청국과의 접촉에서, 그리고 천녕 현씨와 제주 고씨는 주로 일본과의 접촉에서 성장한 역관 집안이었다. 조선시대의 유명한 역관 가문들의 족보를 정리해 놓은 ≪역과팔세보譯科八世譜≫에 의하면, 99명의 왜역관倭譯官을 배출한 대단한 집안을 발견할 수 있는데, 그 가문이 바로 역관 현상정玄商禎의 집안인 천녕 현씨玄氏이다. 특히 현석운玄昔運은 조선 말기의 정치 지배층의 한 사람이다. 그는 1837년에 출생하여 21세 때 식년시로 역과의 왜학倭學에 합격하였으며, 관직은 사역원 참봉과 부산훈도를 역임하였고, 1876년 수신사의 수원隨員으로 일본에 다녀왔다. 중인신분으로 적성 현감과 괴산 군수를 지냈으며, 갑오개혁 이후에는 친일내각의 중추원 찬의를 역임하였다.

그리고 중인들의 개화활동과 관련하여 주목되는 것은 1870년대 활발하게 활동하였던 육교시사六橋詩社이다. 육교시사는 중인들의 문학 활동을 위한 모임이라 할 수 있다. 육교시사에는 초기 개화 운동에 중요한 역할을 수행하게 되는 김석준, 김경수, 현은, 박영선, 백춘배, 지운영·지석영 형제 등이 참여하고 있다(정옥자, 1986). 여기서 김석준[77]과 김경수[78]는 저명한 역관으로 오경석과 함께 중국을 통해 서양 문물의 수입에 중요한 역할을 담당하였다.

한편, 독립협회의 초기 간부 21명 중에는 중인신분의 잡과출신이 3명이나 되었다. 그들은 오세창(해주, 32세, 農商局長), 현제복玄濟復(천녕, 52세, 書記官), 홍우관洪禹觀(남양, 31세, 學校長)이었다. 여

---

77) 김석준金奭準은 철종 3년(1852)에 식년시에서 역과(전공은 한어)로 입격하였으며, 본관은 선산이며 자는 대규大規였다. 관직은 총민과 정正을 역임하였다.

78) 김경수金景遂는 헌종 3년(1837)에 식년시에서 역과(전공은 한어)로 입격하였으며, 본관은 설성雪城이며 자는 성여成汝였다. 관직은 교회와 지추, 품계는 숭록대부와 숭정대부를 역임하였다.

기서 현제복은 역과에 입격했을 뿐만 아니라 고종 8년(1871)에 이미 산학에 취재되어 계사計士를 역임했었다.

조선후기에 탄생한 중인은 조선시대 신분사회에서 독특한 집단이었으며, 중인의 형성은 조선후기 봉건제의 해체에 상당한 역할을 하였다. 그러나 중인의 신분적 특성과 사회적 지위는 조선후기 봉건국가에 기생하는 성격을 가졌다. 이것은 중인들이 새로운 사회의 개혁세력으로 성장할 가능성을 방해하는 하나의 한계였다. 그러나 중인은 서양문물을 적극적으로 받아들였고, 자신들의 경제적 힘을 키워 조선의 근대화와 개화세력으로 변신하여 한말의 지배층으로 진입할 수 있는 계기를 만들었다. 실제로 "조선 말기의 정치 지배층 가운데 잡과출신이 1.5% 이상이나 되었고, 개화 관료 중에는 11.6%가 잡과출신이었다"(김영모, 1986)고 분석하였다.

한편, 조선에 서학西學이 전파된 이후 교회 지도층은 초창기에는 양반세력이 주도하였으나, 그 이후에는 중인출신이 교회지도층의 주류가 되었다. 실제로 진산사건[79] 이후 10년간에는 교회지도층이 38명으로 확대되었는데, 이를 신분별로 분석해 보면 양반이 정약종 등 9명(23.7%), 중인이 김계완 등 21명(55.2%), 양인이 이존창 등 5명(13.2%), 성명 미상이 3명(7.9%)으로 나타났다(김양수, 1995). 중인이 교회지도층의 절반 이상을 차지했다. 중인이 교회의 지도층이 될 수 있었던 이유는 전문적 기술과 지식을 바탕으로 상당한 경제적 부를 축척할 수 있었으므로 서학의 전도傳道를 지원할 수 있었기 때문이다. 그래서 잡과 중인들이 서학인 천주교를 전파하기

---

79) 1791년(정조 15년) 전라도 진산珍山에 사는 윤지충尹持忠, 권상연權尙然이라는 두 선비가 부모의 제사를 거부하고 위패를 불태운 사건이다. 당시 조선은 주자학의 예학을 중시하여 이 사건을 매우 위중한 것으로 받아들였다. 진산 군수 신사원이 윤지충과 권상연을 체포하여 공주감영으로 압송하였고 감사 정민시鄭民始의 추궁에 위패를 불태웠다고 자백했다. 윤지충과 권상연은 천주교 신자였으며 교리에 따라 조상의 제사를 거부하고 위패는 불태웠던 것이다.

위해 교회를 창설하고 전교傳教를 위한 조직적인 활동을 전개하였다. 예컨대, "의관계 중인은 약방을 큰 거리에 설치하여 운영하면서 집회장소를 제공하고 약국을 출입하는 사람을 대상으로 자연스럽게 전교활동을 폈다"(조광, 1984)고 주장한다.

결국 중인들은 조선후기의 사회적 혼란을 계기로 신분상승을 도모하였고, 서양 문물을 적극적으로 수용하여 조선의 근대화를 위한 개화세력으로 성장하였다. 뿐만 아니라 서학인 천주학을 전파하기 위한 교회활동에도 적극적으로 참여하게 되었다.

제8장

결론

중인교육의 교육사적 함의

조선시대에 독특한 신분구조를 발견할 수 있다. 즉 양반에는 미치지 못하고 양인보다는 우월한 중간신분층이다. 이들은 중간신분층이기 때문에 중인이라 칭하였다. 여기에는 역·의·산·율학 등에 종사하는 기술직 관리가 대부분을 차지했고, 중인의 형성 시기는 17세기 초엽부터라고 본다. 중인신분이 출현한 이유는 기술학이나 기술관직이 양반들로부터 천시되거나 관념적인 차별을 받았기 때문이며, 또한 중인신분이 기술학을 세전하고 나아가 스스로 통혼권을 형성하여 새로운 가문들이 출현함으로써 자연스럽게 중인신분을 형성하였기 때문이다.

한편, 중인교육은 조선후기의 교육사를 이해하는 데에 있어 반드시 필요하고, 동시에 조선후기의 새로운 신분 출현이라는 측면에서 설명되어야 한다. 이 책에서 중인교육을 정의하면, 중인교육은 17세기 초에 새로운 사회세력으로 등장한 중인신분에 의해서 중인을 양성할 목적으로 중인으로서 갖추어야 할 전문적 지식과 기술을 전수하고 습득하는 과정을 말한다. 여기에는 역학·의학·음양학·산학·율학 등이 있다.

역학이란 잡학교육의 한 분야이며, 일반적으로 역관의 양성과 공급, 외국어 번역 등에 종사하는 인재를 양성하는 교육이다. 역학교육은 고려 이전에도 설치되었던 것으로 보이며, 고려시기에 와서 비로소 역학교육이 확대되고 정비되었다. 또한 조선은 사대교린을 외교의 기본 정책으로 삼았기 때문에 역학을 중시했고, 인접 국가와의 외교나 무역 및 문화교류 등에 필요한 역관양성을 위해 역학을 강조하였다. 조선시대의 역학교육은 주로 사역원에서 담당하였고, 선발은 역과와 취재에 의해서 이루어졌다. 교육과정은 강서講書, 사자寫字, 역어譯語의 3개 영역으로 구분되었고, 역과입격자의 대우는 1등은 종7품, 2등은 종8품, 3등은 종9품의 관직에 제수되었다.

의학 혹은 의술에 관한 기록이 문헌상에 나타난 것은 삼국시대였다. 고구려의 의학제도에는 시의侍醫 제도가 있다. 이는 중국제도로서 시의는 왕의를 의미하며, 상약국 소속으로 황제를 비롯한 고관의 치료를 담당하던 의관이었다. 백제의 의학제도에는 의박사, 채약사, 주금사 등의 의직醫職을 설치하였다. 신라의 의학제도에는 약전을 설치하여 의학교육을 실시하였다.

고려시대의 중앙의료기구로는 상약국과 태의감이 있었다. 지방의료기구에는 의학원과 약점을 설치하여 백성의 질병을 관리하였다. 조선시대에는 중앙의료기관에는 제생원, 내의원, 전의감, 혜민서, 동서활인서, 치종청이 있었다. 이 중에서 내의원, 전의감, 혜민서를 삼의사라 칭하였고, 전의감이 의학행정의 중추적 기관으로써 의학교육의 주무 관청이었다. 지방의 의학교육기관에는 각 도마다 의원을 설치해 의서로서 교육하였다.

의관의 선발은 의과와 취재를 통해서 이루어졌고, 교육과정은 동인경, 직지맥, 찬도맥, 득효방, 화제방, 본초 등이다. 교육방법은 정밀한 기술을 수련하기 위해서 의생방제와 분문강습법을 마련하였다. 의과입격자의 대우는 1등이 종8품, 2등이 정9품, 3등이 종9품의 관직에 제수되었다.

우리나라에서 율학교육이 시작된 것은 통일신라 시대부터였다. 통일신라는 집권체제를 확립하고 왕권을 강화하고자 율령체제의 개혁을 단행했다. 신문왕 때에는 육전六典 체제가 확립되었고, 성덕왕과 경덕왕 때에 이르러서는 육전을 더욱 확대하였다. 고려의 율학은 경사육학의 하나로 국자감에 소속되어 있었다. 고려의 인종 시기에는 식목도감에서 학식을 상정하여 국자감 제생의 입학자격과 수업연한, 교육과정 등에 관한 규정을 마련하였다.

조선시대는 사회기강의 해이에서 오는 법질서와 규범을 강화하기 위해서 태조 즉위년(1392)에 대명률大明律을 공포하였고, 율학의 중요성을 강조하여 율학청을 설치하여 율학교육을 맡도록 하였다. 그러나 조선시대에서 율학은 기술교육제도라 할 수 있는 육학六學에 설치로 시작되었고, 그러다가 십학十學이 확립됨으로써 율학은 기술학으로 발전하게 되었다.

율과의 정원은 초시가 18인, 복시가 9인이었으며, 응시자격은 제한이 없었다. 교육과정은 중국의 ≪대명률大明律≫을 의용依用하였고, 이를 우리의 실정에 맞게 해설한 ≪대명률직해大明律直解≫가 있었다. 율과입격자의 대우는, 1등은 종7품을, 2등은 종8품을, 3등은 종9품을 주었다.

우리나라의 산학은 실용 본위의 수단이나 기술로서 발전되어 왔다. 예컨대, 산학이 학문적인 측면보다는 농업생산의 이용되거나 토지의 측량이나 관료의 녹봉을 책정하기 위해서 사용되었다.

삼국시대부터 산학이 설치되었다고 본다. 왜냐하면 삼국시대의 역사기록에 산학에 관한 조목이 언급되어 있고, 산학박사를 배치하였다는 것이 존재하기 때문이다. 그리고 고려의 산학은 국자감에 경사육부제가 확립되면서부터 편성되었다. 또한 조선시대는 태조 시기에 잡학제도와 태종 시기에 십학의 설치에 따라 산학이 정비되었다. 그러다가 세조 12년에 산학이 호조에 속하면서 산사와 계사를 두어 산원의 업무를 수행하게 하였다. 산원의 선발은 취재에 의해 이루어졌고, 교육과정은 ≪상명산법詳明算法≫, ≪양휘산법楊輝算法≫, ≪산학계몽算學啓蒙≫, ≪지산地算≫ 등이 있었다.

조선후기의 역과입격자는 154회에 걸쳐 2,812명이다. 이는 매회 평균 18.3명을 입격시켜 전체적으로 본다면 정원 18명을 거의 지켰고, 왕조별로 보면 숙종·영조·고종 시기에 두드러지게 많았다. 그리고 품계를 가진 역과입격자는 전체 입격자의 30%였고, 세기별로 보면 18세기에 품계를 받은 입격자가 가장 많았으며, 관직별로는 관직1에서 역과입격자는 전체의 81%, 관직2에서 역과입격자는 전체의 53%였고, 실제적인 관직이라 할 수 있는 종9품 이상의 관직을 가진 입격자는 관직1에서 27%, 관직2에서 42%였다. 그리고 종9품 이상의 관직이 전체의 69%였는데 이는 조선신분 사회에서 역관의 신분이 결코 낮지 않았음을 검증해 준다.

조선후기의 의과입격자를 살펴보면, 151회에 걸쳐 1,422명을 배출하였다. 이는 매회 평균 9.4명을 입격시켜 전체적으로 본다면 정원 9명을 약간 초과하는 것으로 나타난다. 왕조별로 보면, 고종 연간에 의과 설행 횟수가 17회임에도 불구하고 입격자는 274명으로 평균 16.1명이다. 품계를 가진 의과입격자는 전체 입격자의 7% 밖에 되지 않아 품계를 받은 의과입격자는 매우 낮은 편이다. 왕조별로 보면, 정2품의 품계를 받은 것이 순조에 3명, 숙종과 영조가 각 2명이었다. 이는 숙종과 영조 시기에 의학이 매우 발달했을 뿐 아니라 의학 발전에 공헌한 사람들이 많았던 것으로 추론된다. 세기별로는 17세기에 다른 세기에 비해 많은 품계를 받았다. 이는 병자호란(1636년)으로 백성들이 전장에서 부상당하여 이들은 치료할 의관이 국가에서 필요하였고, 자연 재해로 말미암아 백성들이 질병에 감염되었고, 이를 치유하는데 의관들의 역할이 중요했었기 때문이다. 이에 대한 보상으로 높은 품계를 의관들에게 부여했다. 관직별로는 전체 입격자 중에서 관직1에서 78%, 관직2에서 32%가 관직을 가졌다. 그러나 실질적인 관직이라 할 수 있는 종9품 이상의 관직을 가진 입격자는, 전체 입격자 중에서 관직1에서 60%, 관직2에서 25%이다. 의과입격자가 관직을 갖는 비율도 높았다고 볼 수 있다.

조선후기의 율과입격자를 살펴보면, 115회에 걸쳐 581명이다. 왕조별로 보면, 순조 시기가 129명으로 가장 많은데 1회 평균 7.2명을 선발하였다. 다음은 영조 시기가 123명으로 1회 평균 4.9명이다. 이는 율과의 정원에 비하면 모자라는 인원이다. 품계별로 보면, 품계를 받은 사람은 전체 입격자 581명 중에 겨우 11명으로 2%를 차지했다. 왕조별 품계를 보면, 숙종과 영조 시기에 상대적으로 많이 받았다. 관직별로 보면, 관직1에서 242명, 관직2에서 120명이 관직을 받았다. 또한 당상관 이상의 높은 관직을 가진 사람은 관직1에서 2명뿐이었다. 참상관은 관직1에서 165명, 관직2에서 102명이며, 참하관은 관직1에서 75명, 관직2에서 18명이다. 결국 율관의 신분 상승은 한미한 것으로 나타났다. 이는 조선시대의 사회에서 율관의 업무가 행정의 보조 기능을 수행했기 때문이다.

조선후기에 산과에 입격한 사람은 신분 미상자를 포함하여 1,488명이다. 그러나 신분이 밝혀진 입격자는 141회에 걸쳐 1,027명을 배출하여 1회 평균 7.3명이 입격하였다. 왕조별로 보면, 광해군 1(1609)년에서 인조 말(1649)까지 35회 걸쳐 113명을 입격시켜 1회 평균 3.2명이 선발되었다. 또한 순조 1년(1801)부터 철종 말(1863)까지 45회 걸쳐 428명을 입격시켜 1회 평균 9.5명이 채용되었다. 17세기에 비하여 그 이후의 세기에 갑작스럽게 선발 인원이 증가하는

데, 이는 영조 시기의 산학의 학생인 산생의 정원을 15명에서 60명으로 대폭 늘렸기 때문에 나타나는 현상이다. 품계별로 보면, 품계를 받은 사람은 산과입격자 전체의 0.5% 밖에 안 된다.

관직별로 보면, 관직1에서 1,205명, 관직2에서 155명이다. 또한 당상관 이상의 높은 관직을 가진 사람도 관직1에서 6명, 관직2에서 22명으로 모두 28명이다. 참상관은 관직1에서 333명으로 전체 입격자의 22%, 관직2에서 113명으로 7%를 차지했다. 참하관은 관직1에서 863명으로 전체 입격자의 58%, 관직2에서 134명으로 9%를 차지했다. 특히 19세기에 관직을 받은 사람이 다른 시기에 비하여 많은 것은 고종이 즉위하면서 양전사업量田事業을 추진함으로써 산원이 필요했고, 그에 따라 적당한 관직을 주었기 때문에 나타나는 현상이다.

조선시대의 봉건사회를 개혁하려는 요구는 각 사회계층에 따라 다양하게 전개되었다. 특히 문명개화에 적극적이었던 중인들의 활동이 두드러지게 표출되었다. 그 결과로 조선후기의 사회에 있어 중인들은 개화운동의 선구자나 고위직 관료로 진출하는 사례가 빈번하였다. 초기 개화사상의 형성과 발전에 중추적 역할을 수행했던 역관 오경석과 유홍기 등은 중인 출신이었다.

또한 조선에 서학西學이 전파된 이후 교회 지도층은 초창기에는 양반세력이 주도하였으나, 그 이후에는 중인 출신이 교회지도층의 주류가 되었다. 중인들이 조선후기의 서학의 발전에 중요한 역할을 할 수 있었던 이유는 서구문물에 일찍 개안할 수 있었기 때문이며, 경제적 부를 축적함으로써 서학의 전도傳道를 지원할 수 있었기 때문이다.

조선후기에 신분구조를 급격하게 변화시킨 중심세력은 바로 중인들이었다. 조선후기에 이르면, 중인들은 신분상승을 위한 운동을 전개하였다. 이것이 바로 통청운동通淸運動,(청직 등용의 허용)이다. 또한 조선후기의 새로운 사회세력으로 등장한 중인은 해주 오씨와 인동 장씨였다. 해주 오씨인 오경석 가문은 직계 8세대에 걸쳐 남자 22명 중에서 17명이 역관으로 진출했고, 인동 장씨인 장현 가문은 직계 7세대에 걸쳐 남자 17명 중에서 11명이 역관으로 진출했다. 특히 개항(1876) 이후에는 중인신분의 잡과 출신이 통상과 개화의 전문적 지식과 기능적 필요성에 따라 정치적 지배세력으로 등장하게 되었다. 잡과 출신은 개화와 근대화에 필요한 전문적 신지식과 기능적 기술을 소유하였다. 또한 이들은 주로 사신을 수행하면서 외래의 근대문물에 쉽게 접할 수 있었고, 따라서 외래의 문화수용에 적극성을 보였다. 뿐만 아니라 중인들은 그들의 직업과 우수한 역량을 통해 상당한 경제력과 실력을 쌓았으며, 이를 배경으로 한말 이후 근대화에 앞장섰던 인물이 많이 배출되었다. 예컨대, 갑오개혁의 내각에 중인 출신이 많았고, 독립협회의 간부에도 중인 출신인 오세창, 현제복 홍우관 등이 있었다.

이 연구를 통해서 도출한 결론은 다음과 같다.

첫째는 이 연구를 계기로 새로운 학술용어, 즉 중인교육을 정의해 보았다. 그동안 교육사에서 사용했던 기술교육이나, 역사분야에서 논의했던 기술직 중인교육이라는 용어는 조선후기의 역사적 맥락에서 이해한 것이 아니라 그 당시의 지배이념에 따른 개념 설정이라고 할 수 있다. 주지하다시피, 조선시대가 유학의 이념을 숭상했던 명분 사회였기 때문에 유학 이외의 학문을 잡학 혹은 기술학이라고 하였으며, 그것을 위한 과거를 잡과라 칭하였다. 이는 분명히 조선시대의 지배 이념이라 할 수 있는 유학의 측면에서 보았기 때문에 불린 용어이다. 그러나 조선후기에 새롭게 등장한 중인신분을 고려다면, 기술교육보다는 중인교육이라는 용어가 더 적합할 것이다. 그래서 연구자는 중인교육을 다음과 같이 정의한다. 중인교육은 17세기 초에 새로운 사회세력으로 등장한 중인신분에 의해서 중인을 양성할 목적으로 중인의 전문적 지식과 기술을 전수하고 습득하는 과정의 교육을 말한다. 여기에는 역학·의학·율학·산학 등이 있다.

둘째는 잡과입격자 중에서도 핵심 중인이라 할 수 있는 역관·의관·율관·산관을 왕조별, 세기별, 품계와 관직별로 분석했다. 이런 분석을 통하여 이 연구에서 각 왕조의 중인교육 정책과 과거제도의 변화를 밝혔으며, 각 세기의 사회적 특징과 중인교육의 관련성을 구명하였고, 또한 중인의 신분이동을 파악할 수 있었다. 예컨대, 고종 시기에는 과거제도의 문란으로 잡과입격자가 많이 입격하였을 뿐만 아니라 신분상승도 상당한 정도로 이루어졌다. 특히 역과와 의과에서는 개항(1876) 이후에 많이 입격하였고, 산과에서는 고종이 즉위하자 산관이 관직을 많이 받게 되는데 이는 양전사업量田事業에 따른 산원의 필요성 때문이라고 볼 수 있다. 그리고 잡과입격자의 신분이동을 분석해 보면, 부父의 잡과 합격률은 의과와 산과 순으로 나타났는데 이는 의과와 산과가 다른 잡과보다도 세전성이 높다는 것을 나타낸다. 지방관의 진출은 의관이 잡과 출신자의 절반을 차지하였고, 그 다음은 역관, 산관, 율관의 순이었다.

셋째는 중인교육과 조선후기의 사회적 관련성을 보다 구체적으로 검증했다. 잡과 입격자의 인원과 관직을 분석해 볼 때, 조선후기의 사회적 변화는 중인교육과 밀접한 관련성을 지니고 있었다. 예컨대, 잡과입격자가 19세기에 갑작스럽게 증가하는데, 이는 바로 조선후기의 사회적 현상, 즉 과거제의 문란과 국가기강의 해이에 기인하는 현상이었기 때문이다. 또한 의과입격자의 관직이 국가에 전염병이 발생하거나 왕실의 질병이 빈번할 때 높아졌는데, 이는 의관들의 공로가 지대했었기 때문이다. 아울러 율과입격자를 분석해 볼 때, 18세기에 품계를 많이 받은 것으로 나타났는데, 이는 영조와 정조 시기에 법전 체제를 정비했기 때문이다.

한편, 조선후기에 이르면 새로운 신분구조를 창출한 중인이 등장하게 된다. 중인들은 주로 역학, 의학, 율학, 산학 등 기술직에 종사하였다. 이들은 기술직에 종사함으로써 경제적 이익을 도모할 수 있었다. 즉 역관들은 중국의 사신을 수행하면서 인삼 등 특산품을 교역하면서 막대한 부를 축적할 수 있었고, 또한 의관들은 국왕이나 왕실의 질병을 치료함으로써 많은 포상을 받았다. 그래서 의역醫譯 중인을 중심으로 신분상승 운동이 전개되는 데 이것이 바로 통청운동이었다. 이것은 조선후기의 중세적 봉건질서의 해체와 신분적 구성의 와해현상을 촉진시켰다. 이런 구체적인 전거를 통해서, 우리는 중인교육과 조선후기의 사회적 변화는 긴밀한 관계성을 지녔다고 볼 수 있다.

넷째는 중인교육에 의해 세전된 중인의 전문적 지식과 기술은 조선후기 사회의 근대화 의식을 발흥케 한 도화선으로 작용하였음을 검증했다. 중인들은 기술 관직을 세전하였고, 나아가 새로운 가문을 형성함으로써 그들의 전문적 지식을 가계에 의해서 전수하였다. 아울러 중인교육의 교육과정이 선진한 외국의 신서新書를 포함하고 있었기 때문에 외국 문물의 도입과 정보에 민첩했고, 사고방식이나 행동이 현실적이며 이해타산적이어서 유학에 얽매이지 않았다. 그 결과로 중인들은 개화운동의 선구자나 한말의 고위직 관료로 진출하는 사례가 허다했다.

실제로 조선후기의 서학, 즉 천주학이나 신학문의 발전에 중인들의 역할이 지대하였다. 예컨대, 역관 출신으로서 김범우는 서학을 동전東傳하는데 공헌하였고, 또한 역관 출신인 오경석은 중국의 신서新書를 구입하여 연구한 결과로 개화사상을 형성할 수 있었다. 이들 중인신분에 의하여 통상과 개화를 이룰 수 있었고, 이로 말미암아 중인이 조선후기의 새로운 지배세력이라 할 수 있는 갑오개혁의 내각이나 독립협회의 간부로 진출하였다.

참고문헌

1. 기본 자료

1) 연대기

≪三國史記≫

≪高麗史≫

≪高麗史節要≫

≪承政院日記≫

≪象院科傍≫

≪備邊司謄錄≫

≪承政院日記≫

2) 법전류

≪經國大典≫

≪大典續錄≫

≪大典會通≫

≪續大典≫

≪受敎集錄≫

3) 각종 방목 및 기타

≪譯科榜目≫

≪譯科八世譜≫

≪律科榜目≫

≪醫科榜目≫

≪籌科入格案≫

≪說文解字≫

≪隨書≫

≪與猶堂全書≫

≪增補文獻備考≫

≪東國通鑑≫

≪文獻通考≫

≪通文官誌≫

2. 단행본

具滋均(1974), ≪朝鮮平民文學史≫, 서울: 民學社.

近代史硏究會 編(1991), ≪韓國中世社會 解體期의 諸問題≫(上下), 서울: 한울아카데미.

金斗鐘(1979), ≪韓國醫學史≫, 서울: 探究堂.

金泳謨(1977), ≪朝鮮支配層硏究≫, 서울: 一潮閣.

金容雲·金容局(1977), ≪韓國數學史≫, 서울: 科學과人間社.

世宗大王記念事業會·民族文化推進會 편(1995, 1997), ≪CD-ROM 朝鮮王朝實錄≫, 서울: 서울시스템.

孫仁銖(1985), ≪敎育史 敎育哲學≫, 서울: 文音社.

신용하(1994), ≪한국근대사회의 구조와 변동≫, 서울: 一志社.

역사문제연구소 편(1993), ≪역사비평≫, 서울: 역사비평사.
延正悅(1996), ≪韓國法制史≫, 서울: 學文社.
劉承源(1987), ≪朝鮮初期 身分制硏究≫, 서울: 乙酉文化社.
윤국일(1990), ≪경국대전연구≫, 서울: 도서출판 신서원.
李成茂(1994), ≪韓國의 科擧制度≫, 서울: 집문당.
李成茂·崔珍玉·金喜福 編(1990), ≪朝鮮時代雜科合格者總覽: 雜科榜目의 電算化≫, 城南: 韓國精神文化硏究院.
李元浩(1974), ≪韓國技術敎育史≫, 서울: 瑞文堂.
李離和 編(1985), ≪朝鮮庶孼關係資料集≫ 서울: 驪江出版社.
李正圭(1996), ≪韓國法制史≫, 서울: 國學資料院.
이해준 외(1993), ≪조선시기 사회사 연구법≫, 성남: 한국정신문화연구원.
李弘稙(1971), ≪韓國古代史의 硏究≫, 서울: 新丘文化社.
梨花女子大學校 史學科硏究室 編譯, ≪朝鮮身分史硏究≫, 서울: 法文社.
林東錫(1983), ≪朝鮮譯學考≫, 서울: 亞細亞文化社.
정옥자(1993), ≪조선후기 역사의 이해≫, 서울: 一志社.
河岐洛(1992), ≪韓國哲學史≫, 대구: 螢雪出版社.
한국고문서학회 엮음(1996), ≪조선시대 생활사≫, 서울: 역사비평사.
韓沽劤(1970), ≪韓國通史≫, 서울: 乙酉文化社.
홍희유·채태형(1996), ≪조선교육사≫, 서울: 사회과학출판사.

3. 논 문

姜周鎭(1971), 〈李朝政治史硏究의 諸問題〉, ≪韓國政治學報≫, 5, 34-55.
琴章泰(1984), 〈社會變動과 儒敎의 役割〉, ≪思想과 政策≫, 1-3, 88-97.
김경택(1993), 〈한말 중인층의 개화활동과 친일개화론〉(오세창의 활동을 중심으로), ≪역사비평≫(여름호), 21, 250-263.

金良洙(1986), 〈朝鮮後期 譯官身分에 관한 研究〉, 박사학위논문 연세대학교 대학원.

金良洙(1995), 〈중간신분층의 향상과 분화〉, ≪한국사 34: 조선후기의 사회≫, 64-105.

金容燮(1976), 〈朝鮮後期의 農業問題와 實學〉, ≪東方學誌≫, 17, 213-25.

金雲泰(1971), 〈朝鮮後期社會의 解體過程과 政治 行政文化의 變遷〉, ≪民族文化研究≫, 5, 136-49.

김필동(1989), 〈조선후기 향약의 보급과 그 사회적 의미〉, ≪한국의 사회와 문화≫, 254-87.

김필동(1991), 〈신분 이론 구성을 위한 예비적 고찰〉, ≪사회계층: 이론과 실제≫, 447-65.

김필동(1993), 〈조선시대 '중인' 신분의 형성과 발달〉, ≪유교적 전통사회의 구조와 특성≫, 21, 217-68.

김현영(1987), 〈朝鮮後期 中人의 家系와 經歷〉, ≪韓國文化≫, 8, 103-25.

盧正祐(1968), 〈韓國醫學史〉, ≪韓國文化史大系≫(과학기술사), 2, 305-55.

朴東緖(1967), 〈韓國行政의 史的 變遷模型〉, ≪行政論叢≫, 5-2, 67-85.

朴星來(1985), 〈朝鮮 儒教社會의 中人技術教育〉, ≪大東文化研究≫, 17, 267-90.

裵宗鎬(1984), 〈轉換期 性理學說의 展開〉, ≪韓國思想大系≫, 6, 343-59.

孫洪烈(1987), 〈조선전기 의관의 임용과 그 사회적 지위〉, ≪史叢≫, 30.

신용하(1985), 〈吳慶錫의 開化思想과 開化活動〉, ≪歷史學報≫ 107, 107-87.

尹絲淳(1971), 〈韓國儒學의 諸問題〉, ≪韓國學報≫, 1, 124-41.

李建衡(1975), 〈朝鮮王朝의 醫療機構와 그 政策〉, ≪大邱教育大學論文集≫, 4, 167-85.

李基白(1970), 〈韓國史의 時代區分 問題〉, ≪韓國史時代區分論≫, 5-26.

李南姬(1997), 〈朝鮮時代 雜科榜目의 資料的 性格〉, ≪古文書研究≫, 12, 121-58.

이동기(1996), 〈조선후기 역과입격자의 분석〉, ≪教育哲學≫, 14, 125-49.
이동기(1997), 〈朝鮮後期 醫科入格者의 分析〉, ≪韓國教育史學≫, 19, 105-29.
李成茂(1971), 〈朝鮮初期의 技術官과 그 地位〉, ≪柳洪烈博士華甲紀念論叢≫.
李成茂(1977), 〈朝鮮前期 中人層의 成立問題〉, ≪東洋學≫, 8, 234-65.
李乙浩(1974), 〈李朝後期 新儒學의 經學思想史的硏究〉, ≪哲學≫, 8, 56-75.
李泰鎭(1974), 〈朝鮮性理學의 歷史的 機能〉, ≪創作과 批評≫, 33, 143-55.
李洪烈(1967), 〈雜科試取에 관한 一考〉, ≪白山學報≫, 3, 323-77.
鄭武龍(1991), 〈朝鮮朝 中人階層 試考(I)〉, 慶星大學校 論文集, 12, 41-72.
丁淳睦(1981), 〈韓國教育史 認識의 諸問題〉, ≪韓國教育史學≫, 3, 27-45.
鄭玉子(1986), 〈朝鮮末期의 技術職中人〉, ≪震檀學報≫, 61, 214-35.
趙珖(1984), 〈朝鮮後期 天主教史硏究〉, 박사학위논문 고려대학교 대학원.
曺佐鎬(1985), 〈教育·科擧制度〉, ≪韓國史論≫, 4, 37-54.
지승종(1991), 〈신분개념과 신분구조〉, ≪사회계층: 이론과 실제≫, 156-75.
陳德奎(1982), 〈朝鮮後期 政治社會의 權力構造에 관한 政治史的 認識〉, ≪十九世紀 韓國社會의 變貌와 民衆意識≫, 324-35.
崔珍玉(1993), 〈朝鮮時代 生員進士硏究: 司馬榜目의 分析〉, 박사학위논문 한국정신문화연구원 한국학대학원.
韓永愚(1985), 〈조선초기 사회계층에 대한 재론〉, ≪韓國史論≫, 12, 234-65.
韓永愚(1986a), 〈조선후기 「中人」에 대하여: 哲宗朝 中人通淸運動 자료를 중심으로〉, ≪韓國學報≫, 45, 67-89.
韓永愚(1986b), 〈象院科榜 수록 中人通淸運動資料〉, ≪韓國學報≫, 45, 256-80.
韓永愚(1988), 〈朝鮮時代 中人의 身分·階級的 性格, ≪韓國文化≫, 9, 179-209.

부록

〈표 1〉 조선시대 과거의 선발 인원

(단위: 명)

① 생원시와 진사시의 선발 인원

구분	초시										복시
	한성시	향시								계	
		경기	충청	전라	경상	강원	평안	황해	영안		
생원	200	60	90	90	100	45	45	35	35	700	100
진사	200	60	90	90	100	45	45	35	35	700	100

② 문과시험 선발 인원

구분	초시										복시	전시		
성균관시	한성시	향시								계		갑과	을과	병과
		경기	충청	전라	경상	강원	평안	황해	영안					
진사	40	20	25	25	30	15	15	10	10	240	33	3	7	23

③ 무과시험 선발 인원

초시									복시	전시		
훈련원시	향시							계		갑과	을과	병과
	경상	충청	전라	강원	황해	영안	평안					
70	30	25	25	10	10	10	10	190	28	3	5	20

④ 잡과시험의 선발 인원

구 분	시험 관청	전 공	초 시	복 시
역 과	사 역 원	한 학	23	13
		몽 학	4	2
		왜 학	4	2
		청 학	7	2
	황 해 도	한 학	7	
	평 안 도		15	
의 과	전 의 감	의 학	18	9
음 양 과	관 상 감	천 문 학	10	5
		풍 수 학	4	2
		명 과 학	4	2
율 과	형 조	율 학	18	9
계			111	46

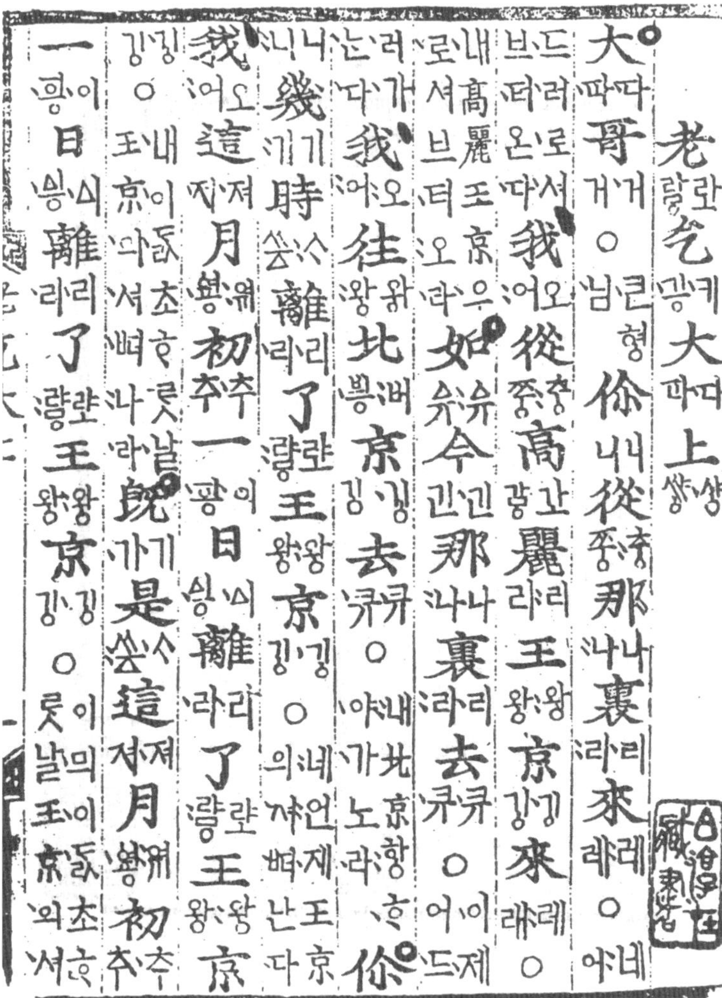
老乞大上

大哥你從那裏來 ○ 큰 형님 네 어드러로셔브터 온다 ○ 我從高麗王京來 ○ 내 高麗 王京으로셔브터 오라 ○ 如今那裏去 ○ 이제 어드러 가ᄂᆞ다 ○ 我往北京去 ○ 내 北京 향ᄒᆞ야 가노라 ○ 你幾時離了王京 ○ 네 언제 王京의셔 떠난다 ○ 我這月初一日離了王京 ○ 내 이 ᄃᆞᆯ 초ᄒᆞᄅᆞᆺ날 王京의셔 떠나라 ○ 旣是這月初一日離了王京 ○ 이믜 이 ᄃᆞᆯ 초ᄒᆞᄅᆞᆺ날 王京의셔

〈자료 1〉 번역노걸대

大哥你從那裏來我從高麗王京來如今那
裏去我往北京去你幾時離了王京我這月
初一日離了王京既是這月初一日離了王
京到今半箇月怎麼纔到的這裏我有一箇
火伴落後了來我沿路上慢慢的行着等候
來因此上來的遲了那火伴如今赶上來了
不曾這箇火伴便是夜來纔到你這月盡頭
到的北京麼到不得知他那話怎敢說天可
憐見身已安樂時也到你是高麗人却怎麼

〈자료 2〉 노걸대

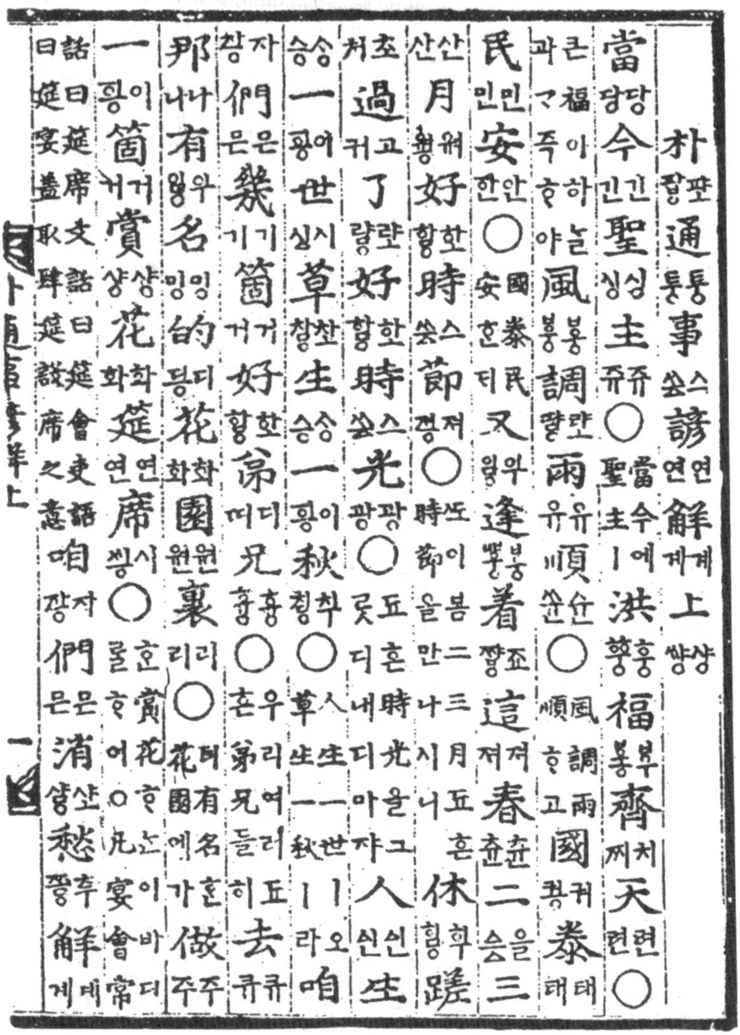

〈자료 3〉 박통사언해

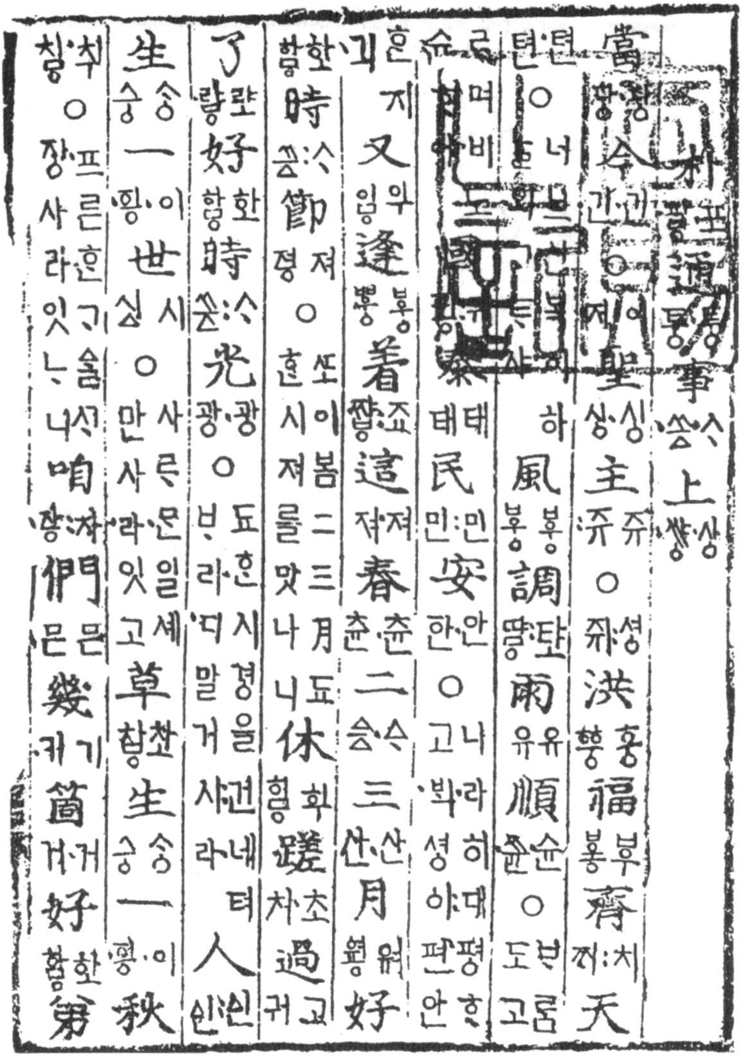

〈자료 4〉 번역박통사

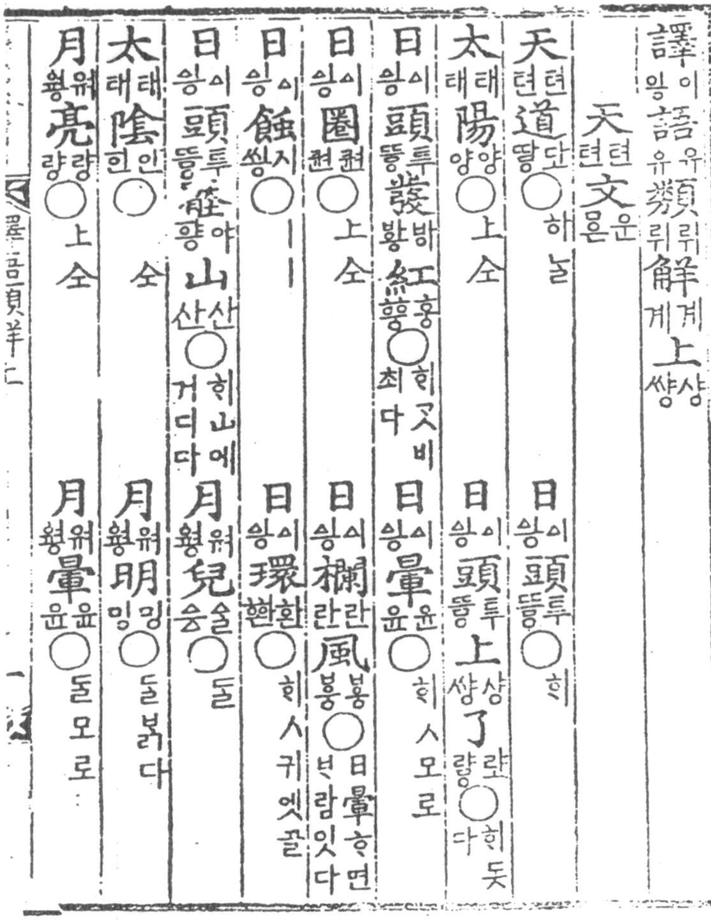
譯語類解上
天文
天道 ○ 하ᄂᆞᆯ
日頭 ○ 히
太陽 ○ 上仝
日頭上了 ○ 히 돋다
日頭發紅 ○ 히 ᄀᆞᆺ비최다
日暈 ○ 히ㅅ모로
日圈 ○ 上仝
日襴風 ○ 日暈ᄒᆞ면 ᄇᆞ람 잇다
日蝕 ○ ㅣ
日環 ○ 히ㅅ귀엣골
日頭落山 ○ 히 山에 거디다
月兒 ○ ᄃᆞᆯ
太陰 ○ 仝
月明 ○ ᄃᆞᆯ ᄇᆞᆰ다
月亮 ○ 上仝
月暈 ○ ᄃᆞᆯ모로
譯語類解上 一

〈자료 5〉 역어유해

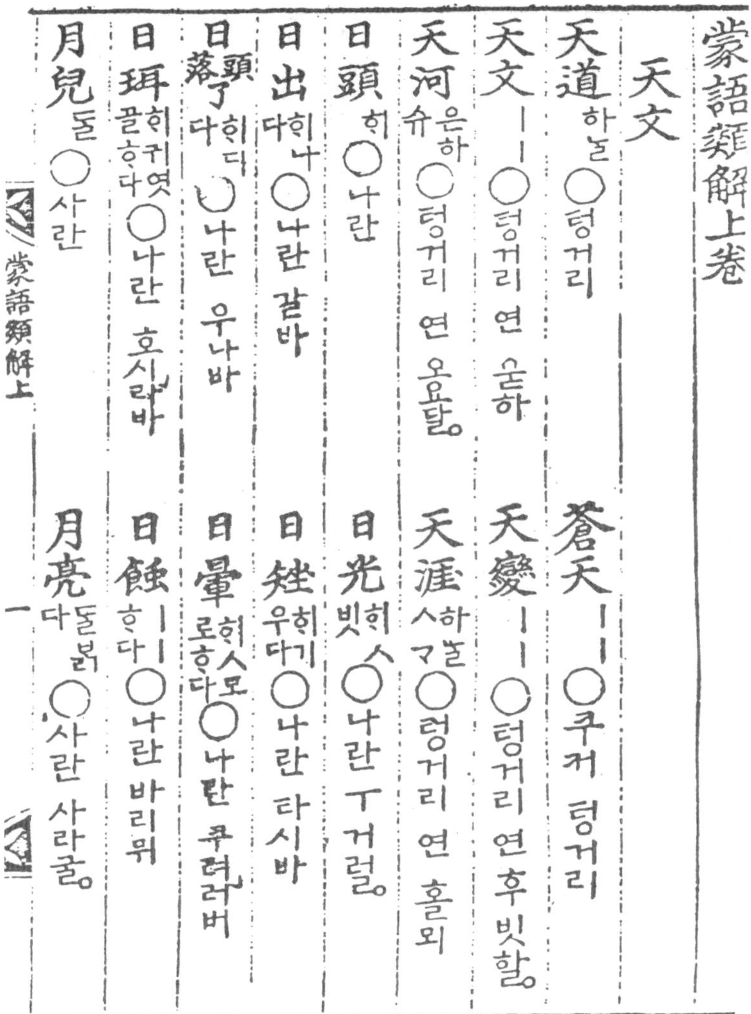
蒙語類解上卷

天文

天道 하ᄂᆞᆯ ○텅거리　蒼天 ── ○쿠커 텅거리

天文 ── ○텅거리 연 운하　天變 ── ○텅거리 연후 빗할

天河 은하슈 ○텅거리 연 오요달　天涯 하ᄂᆞᆯᄉᆞ마 ○텅거리 연 홀뢰

日頭 ᄒᆡ ○나란　日光 ᄒᆡᆺ빗 ○나란 丁거럴

日出 ᄒᆡ나다 ○나란 갈바　日烓 ᄒᆡ기우다 ○나란 타시바

日頭落了 ᄒᆡ디다 ○나란 우나바　日暈 ᄒᆡᆺ모로ᄒᆞ다 ○나란 쿠려러버

日珥 ᄒᆡ귀엿골ᄒᆞ다 ○나란 호시라바　日蝕 ── ᄒᆞ다 ○나란 바리뮈

月兒 ᄃᆞᆯ ○사란　月亮 ᄃᆞᆯ ᄇᆞᆰ다 ○사란 사라굴

蒙語類解上 一

〈자료 6〉 몽어유해

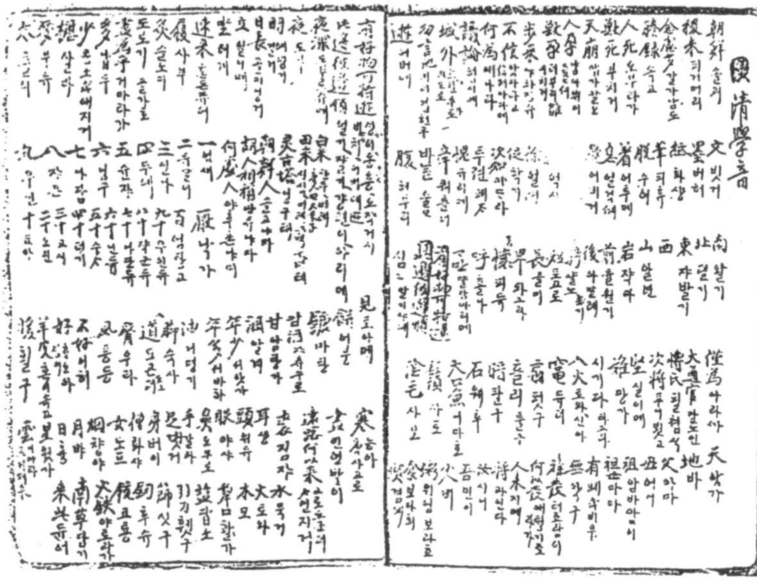

〈자료 7〉 청학음

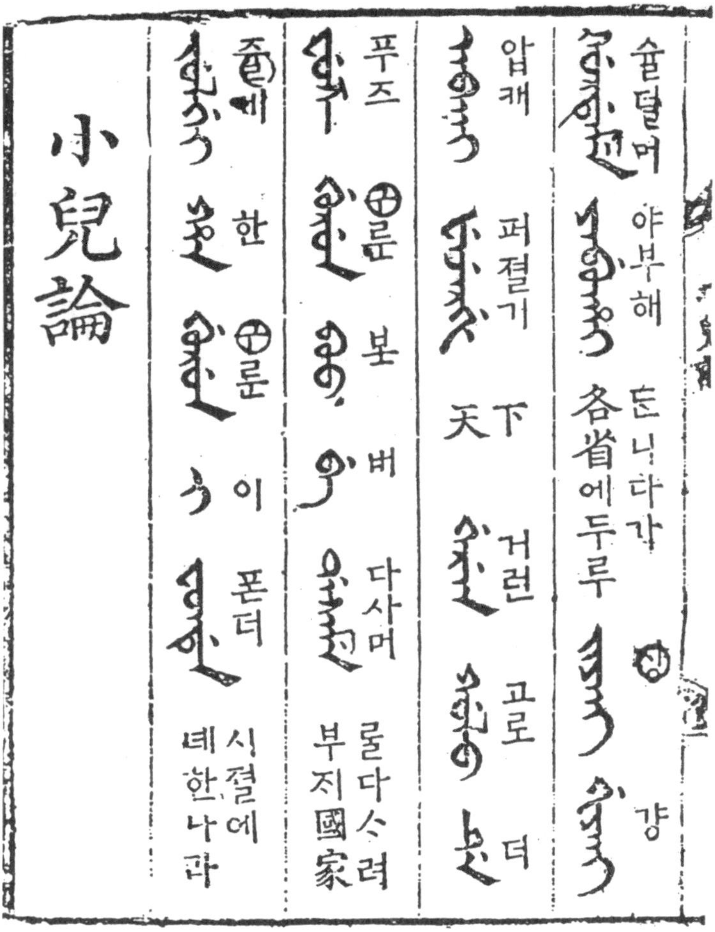

〈자료 8〉 소아론

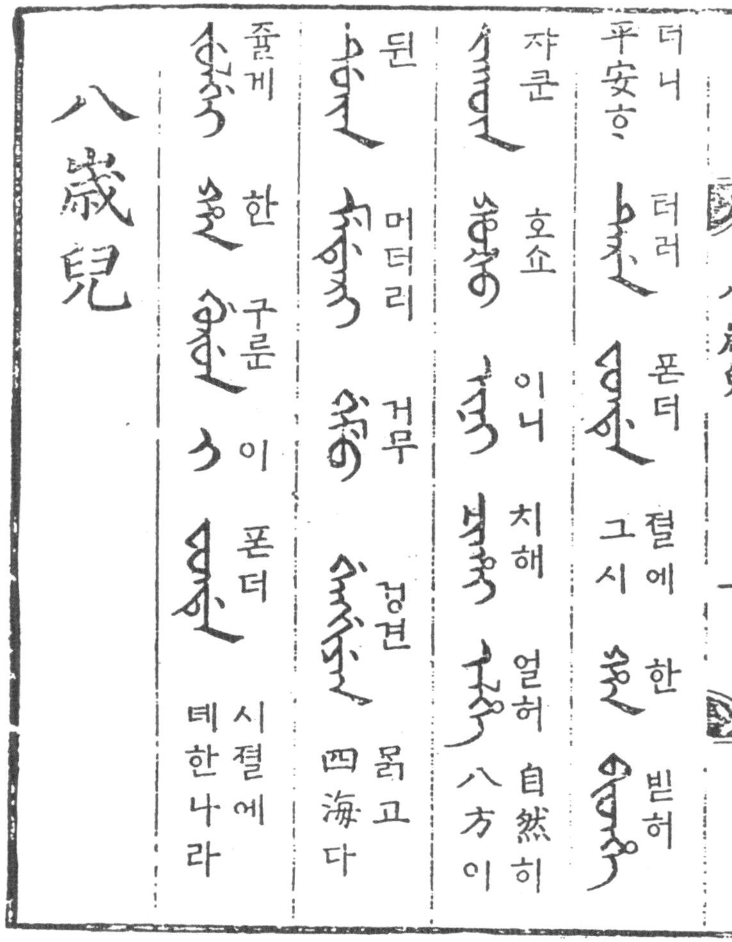

〈자료 9〉 팔세아

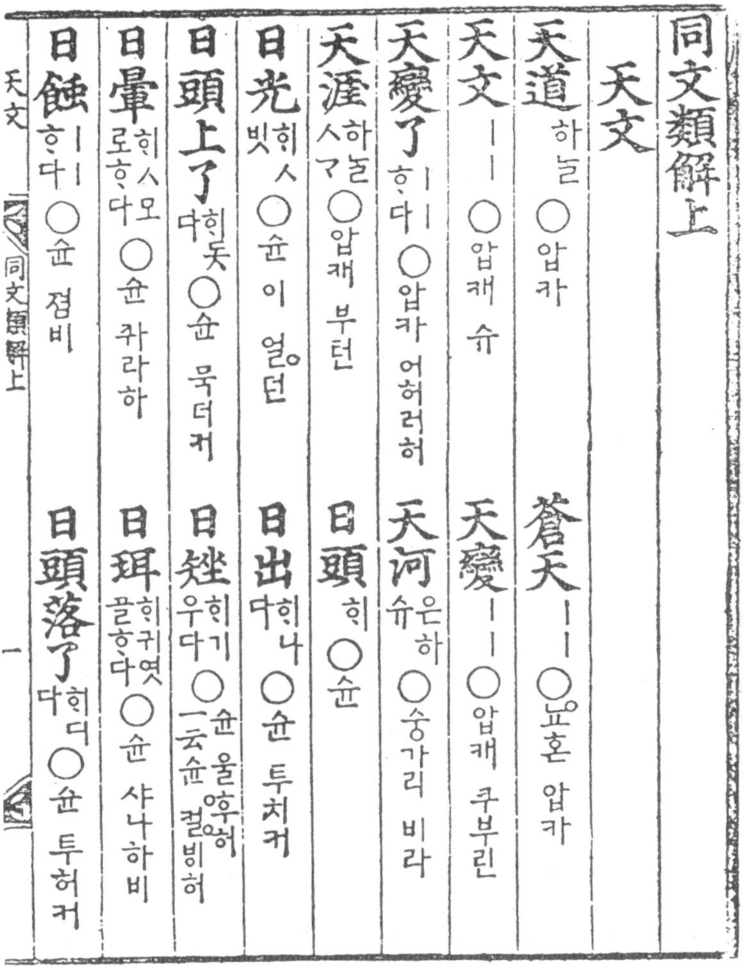

同文類解上

天文

天道 하ᄂᆞᆯ ○압카　蒼天 ㅣㅣ ○쇼혼 압카

天文 ㅣㅣ ○압캐 슈　天變 ㅣㅣ ○압캐 쿠부린

天變了 ㅣㅣᄒᆞ다 ○압카 어허러허　天河 은하슈 ○숭가리 비라

天涯 하ᄂᆞᆯᄉᆞᄆᆞ ○압캐 부턴　日頭 ᄒᆡ ○슌

日光 ᄒᆡᆺ빗 ○슌 이 얼。던　日出 ᄒᆡ나다 ○슌 투치커

日頭上了 ᄒᆡ돗다 ○슌 묵더커　日矬 ᄒᆡ기우다 ○슌 울후허 一云슌 컬빙허

日暈 ᄒᆡᄉᆞ모로ᄒᆞ다 ○슌 쿠라하　日珥 ᄒᆡ귀엿골ᄒᆞ다 ○슌 샤나하비

日蝕 ㅣㅣᄒᆞ다 ○슌 졉비　日頭落了 ᄒᆡ디다 ○슌 투허커

天文　同文類解上　一

〈자료 10〉 동문유해

색 인

ㄱ

가숙家塾 202
가자加資 173
강서講書 51
개항 70
개화관료 210
개화활동 211
거관去官 161
견당유학생遣唐留學生 43
경국대전 31, 48
경사육부제京師六部制 168
경사육학京師六學 139, 141
경사육학經四六學 168
경세가 23
경학經學 33
계몽산啓蒙算 172
계사計士 175, 188
계층 21
고문서 18
공궤供饋 57
과거제도 19, 64, 77
관련성 17
관료제 21
관수용官需用 166
교류증대 64, 69
교육사 13
교육정책 19
교육제도 14
교육현상 13
교회지도층 212
구급방救急方 101
구장九章 164
국가기강 64
국보國寶 31
국시國是 23
국학 142
군후소軍候所 36
권지權知 33
근대사회 14
금조金曹 174
급가給暇 169
급사제給仕制 56
급전給田 169
기술관 20
기술관원 22
기술교육 35, 36, 39
기술직 중인 37, 40
기술학 31, 39
기초자료 14
김득언金得彦 189
김승원金承源 205
김이주金履周 61
김익현金益顯 189
김진하金振夏 60
김취하金就夏 149
김필정金必禎 176
김효순金孝舜 71

ㄴ

내의원內醫院 96
내직內職 48
녹용錄用 206
농본사상農本思想 47

ㄷ

다모茶母 113
단망의차單望擬差 57
당률소의唐律疏議 145
당상관 75, 121, 198
당하관 31
대동법 181
대명률大明律 143
대명률직해大明律直解 147
대외관계 45, 81
대장臺帳 179
대전통편 144
대전회통 145
도목都目 172
도화서圖畫署 201
독립협회 211
독서삼품과讀書三品科 139
동당감시東堂監試 168
동반東班 30
동서활인서東西活人署 96
동인경銅人經 100
득효방得效方 100
등제자登第者 141

ㅁ

매관매직 77
명경과明經科 36
몽고어蒙古語 45
몽어 70
몽학 51
무공랑務功郎 31
무역 47
무원록언해無寃錄諺解 149
무위자無位者 140
문가상文可尙 55
문홍경文弘慶 189
문화교류 47
민본애민民本愛民 108
민정중閔鼎重 55

ㅂ

박사제도 165
박희태朴熙泰 156
반상班常 193
반상제班常制 21
반포頒布 49
방목榜目 19
방방放榜 168
방예남方禮男 82
방원법方圓法 175
배강背講 51
배송背誦 51
백패白牌 31
번문飜文 42
법전 18
병조兵曹 174
병학 36
복시 62
복시覆試 31
본초本草 101
봉건제도 77

봉건질서 15
봉어奉御 93
부거자赴擧者 169
부경통사赴京通事 59
부인대전婦人大典 101
북벌운동 161
분담지도자법分擔指導者法 56
분문강습법分門講習法 103
붕당朋黨 23

ㅅ

사대교린事大交隣 47
사대부 23
사역원 36, 47, 48
사역원司譯院 44
사율원司律院 144
사일수仕日數 58
사자寫字 51
사행使行 82
사회관습 34
사회구조 14
사회변동 17
사회세력 15
사회적 변화 17
사회현상 193
사회혼란 77
산가지셈 174
산과입격자 177
산관算官 23
산관직散官職 33
산사算事 169
산사算士 175, 178
산생算生 173, 181
산원算員 178
산학 18, 164
산학계몽 171
산학교육 164
산학박사 164
산학별제算學別提 171
산학제도 166
삼개三開 164
삼의사三醫司 96
상명산詳明算 172
상약국尙藥局 92, 94
상한常漢 21
서경유수西京留守 169
서리 20
서얼 20
서얼庶孼 38
서얼허통庶孼許通 200
서운관 36
서운관습산국書雲觀習算局 170
서종법書從法 54
서학西學 212
서학범西學凡 153
설문해자說文解字 42
성균관成均館 36
세기별 68
세도정치 77
세습화 88
세전世傳 38
세전성 19, 195
소아론小兒論 60
속대전 48, 144
송사訟事 142
송사訟詞 138
쇄환刷還 72
수교집록 144

수기치인修己治人 32
수령 196
수령직 198
수직受職 32
습어고시규정習語考試規定 60
승문원承文院 47
시문詩文 33
시어의侍御醫 92
시의侍醫 92
시취試取 58, 99
식년시 62
식목도감式目都監 143
신분계층 21
신분범주 22
신분변동 193
신분변화 19
신분상승 135, 194
신분상승운동 16
신분이동 17
신분제 21
신분차별 88
실록 18
십학 37
십학도시지법十學都試之法 96
십학천전사의十學遷轉事宜 96

ㅇ

악학樂學 36
약동藥童 94
약부藥部 92
약전藥典 92
양인良人 20
양전사업量田事業 179
양천제良賤制 21
양휘산揚輝算 172
양휘산법楊輝算法 171, 173
어의御醫 107
억불숭유抑佛崇儒 47
역과방목 18
역과입격자 63
역과팔세보譯科八世譜 211
역관譯官 23
역산학관曆算學官 170
역산曆算 164
역설譯舌 54
역어譯語 45, 51
역어도감譯語都鑑 45
역학 18, 42
역학교수 57
역학교원 57
역학교육 43
역학훈도 49, 57
연구방법론 14
예조인禮曹印 31
예학禮學 36
오경석 202
오세창 202
오순吳淳 60
오응현吳膺賢 203
오조산五曹算 172
오조산경五曹算經 173
오지절吳志哲 196
와해현상 15
왕도정치王道政治 32, 95
왕세자 132
왕조별 65
왜어 70
왜통사倭通事 71

왜학 51
왜학훈도 49
외교 47
외교관계 71
외교문서 45
외임外任 48
우어청偶語廳 55
원점법圓點法 56, 103
원주 변씨 210
유교사회 75
육교시사六橋詩社 211
육장六章 164
육전六典 144
육학六學 36
윤하정尹夏楨 187
율과입격자 148, 150, 154
율관律官 23
율령 138
율령박사 139
율령전律令典 139
율학 18, 36, 138
율학교육 138
율학변의律學辯議 147
율학청律學廳 144, 147
음양관陰陽官 23
의과방목 18
의과입격자 106, 115
의관 98
의관醫官 23, 129
의녀醫女 112
의녀교육 113
의료제도 91
의박사 93
의박사醫博士 92
의생방醫生房 110
의생방제醫生方制 103
의생원점법醫生圓點法 110
의서 121
의서醫書 93
의서습독관醫書習讀官 112
의술 91, 103
의원醫院 97
의원근무평점법醫員勤務評點法 111
의원양성 95
의정醫正 94
의좌醫佐 93
의직醫職 92
의침사醫針史 94
의학 18, 36, 92
의학교수 104
의학교육 93
의학원醫學院 94
의학제도 92
의학훈도 104
이경백李景白 187
이붕상李鵬祥 60
이서吏胥 38
이석주李碩柱 205
이속수吏屬數 169
이예李藝 189
이태윤李泰胤 183
이학도감吏學都鑑 45
이학吏學 36
인동 장씨 203
일본견문사건초日本見聞事件草 153
일재강독一齋講讀 103
임문臨文 51
입격안入格案 19

입관보리법入官補吏法 62

ㅈ

자료발굴 17
자의적恣意的 178
자학 36
자학字學 36
잡과 39
잡과방목 63
잡과방목雜科榜目 18
잡과입격자 18, 19
잡과출신 209
잡학 30, 39, 42
장교 20
장현 206
장희재張希載 207
전강殿講 61
전곡田穀 164
전교사典教司 36
전교활동 213
전도傳道 212
전법사典法司 36
전시殿試 31, 62
전시과田柴科 168
전염병 127
전의감典醫監 96
전의사典儀司 36
전의사典醫司 36
전조田曹 174
정선갑鄭先甲 55
정인지鄭麟趾 171
정직正職 33
제생원濟生院 96
제주 고씨 210
제중신편濟衆新編 112
조공사행朝貢使行 43
조선시대 13
조선시대잡과합격자총람 18
조선후기 14
종계변무宗系辨誣 60
종신從臣 61
주과입격안 172
주금사呪禁師 92
주술사呪術師 91
중간계급 21
중간지배신분 15
중인 15, 25
중인교육 14, 35, 41
중인기술교육 38
중인신분 16, 23
중인층 28
중인통청운동中人通淸運動 27
증광시 62
지방관 196
지방의학 102
지배신분 34
지산地算 172
직방외기職方外紀 153
직장直長 93
직전職田 32
직지맥直指脈 100
진대賑貸 170
진사과進士科 36
진산사건 212
진주사陳奏使 206
집조集曹 174

ㅊ

차정제差定制 57
찬도맥纂圖脈 100
찰방察訪 196
참상관 198
창조倉曹 174
창진집瘡疹集 101
채약사採藥師 92
천녕 현씨 210
천주학 213
철경綴經 164
청어 70
청주 최씨 125
청탁 67
청학 51
청학훈장淸學訓長 61
체아직遞兒職 32, 48
초시 62
초시初試 31
최유태 125
최유태崔有泰 208
출사出仕 103
출사일수出仕日數 104, 110
출척黜陟 57
취재 190
치종청治腫廳 96
친림강시제親臨講試制 61
친시제강親試製講 196
침구鍼灸 114
침의鍼醫 115
침의제鍼醫制 114

ㅌ

탁지부度支部 179
태산집요胎産集要 101
태의감太醫監 94
태일산습산국太一算習算局 170
통덕랑通德郎 31
통례원通禮院 201
통리기무아문統理機務衙門 210
통문관 44
통문관通文館 43
통문관지 51
통청운동通淸運動 194, 200
통훈대부通訓大夫 31
특별채용 190

ㅍ

포폄褒貶 58
품계 19, 34
품정品定 168
필선畢選 168

ㅎ

하륜河倫 31
학식상정學式祥定 143
한국교육사 13
한어 70
한어도감漢語都鑑 45
한어이문漢語吏文 61
한어이문교육漢語吏文教育 47
한유상韓有相 59
한족漢族 44
한품서용법 161
한품서용법限品序用法 34
해주 오씨 203, 210
행정직 중인 40
향리 20

허임許任 125
허준許浚 107
현상정玄商禎 211
현제복玄濟復 211
형률刑律 138
형부刑部 142
형율 142
혜민서惠民署 96
홍우관洪禹觀 211
홍패紅牌 31
화제방和劑方 101
환로宦路 56
흥학양사제興學養士制 141